신경망 첫걸음

신경망 첫걸음 수포자도 이해하는 신경망 동작 원리와 딥러닝 기초

초판 1쇄 발행 2017년 4월 3일
초판 7쇄 발행 2024년 6월 24일

지은이 타리크 라시드 / **옮긴이** 송교석 / **펴낸이** 전태호
펴낸곳 한빛미디어(주) / **주소** 서울시 서대문구 연희로2길 62 한빛미디어(주) IT출판2부
전화 02-325-5544 / **팩스** 02-336-7124
등록 1999년 6월 24일 제25100-2017-0 00058호 / **ISBN** 978-89-6848-350-9 93000

총괄 송경석 / **책임편집** 박민아 / **기획·편집** 이상복 / **교정** 백지선 / **진행** 김종찬
디자인 표지 Studio Folio 내지 여동일 / **전산편집** 백지선
영업 김형진, 장경환, 조유미 / **마케팅** 박상용, 한종진, 이행은, 김선아, 고광일, 성화정, 김한솔 / **제작** 박성우, 김정우

이 책에 대한 의견이나 오탈자 및 잘못된 내용은 출판사 홈페이지나 아래 이메일로 알려주십시오.
파본은 구매처에서 교환하실 수 있습니다. 책값은 뒤표지에 표시되어 있습니다.

한빛미디어 홈페이지 www.hanbit.co.kr / 이메일 ask@hanbit.co.kr

지금 하지 않으면 할 수 없는 일이 있습니다.
책으로 펴내고 싶은 아이디어나 원고를 메일(writer@hanbit.co.kr)로 보내주세요.
한빛미디어(주)는 여러분의 소중한 경험과 지식을 기다리고 있습니다.

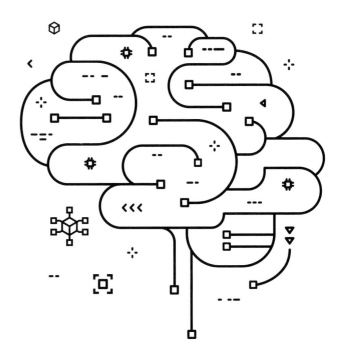

신경망 첫걸음

타리크 라시드 지음 ✕ 송교석 옮김

한빛미디어
Hanbit Media, Inc.

지은이 · 옮긴이 소개

지은이 **타리크 라시드** Tariq Rashid

20년 경력의 베테랑 개발자. 물리학 학사와 머신러닝 및 데이터 마이닝 석사 학위가 있으며, 런던 파이썬 미트업 그룹을 이끌고 있다. 천체물리학, 공공 에너지, 보안 기기, 성능 튜닝, 금융 분야 수치 컴퓨팅, 웹 감정 분석, 통신 네트워크 등 다양한 분야에서 오픈소스와 함께 즐겁게 일했다. 영국 정부의 IT 혁신 사업을 이끌어 오픈소스 도입에 앞장서기도 했다. 기술과 수학을 많은 사람에게 전파하고 싶은 마음에 일반인 대상으로 파이썬과 신경망을 가르치고 있고, 집필과 강연 활동을 펼치고 있다. 트위터 @postenterprise

옮긴이 **송교석** kyoseok@gmail.com

고려대학교 졸업 후 카네기 멜런 대학교에서 컴퓨터 과학 석사 학위를 받았다. 안랩에서 10년간 근무했으며 분사한 노리타운스튜디오의 대표이사를 역임했다. 현재는 인공지능 스타트업 창업을 준비 중이다. 딥러닝 커뮤니티인 딥사이트의 대표를 맡고 있으며, 2017년 초 서울아산병원과 한국마이크로소프트가 주최한 빅데이터 공모전에서 폐암의 분류 및 세그먼테이션 과제를 수행하여 입상한 바 있다.

2016년 3월, 우리는 놀라운 역사의 현장을 눈앞에서 생생하게 목격했습니다. 구글 딥마인드의 알파고가 이세돌 9단에게 승리를 거둔 것입니다. 대다수의 전문가들이 바둑에서 기계가 사람을 이기려면 앞으로도 족히 몇 년은 걸릴 것으로 예상했기에 그 충격은 대단했습니다. 우리는 인공지능으로 촉발될 미래에 대한 희망과 불안함이 공존하는 복잡한 감정을 경험한 바 있습니다.

그로부터 1년, 이제 누구나 인공지능에 대해 이야기합니다. 신문에도 인공지능 관련 기사가 상당 지면을 차지하곤 합니다. 전자 제품에도 인공지능이라는 용어가 들어가야 잘 팔리고, 사업계획서에 인공지능이라는 단어만 들어가면 투자를 받을 수 있다는 우스개 이야기까지 있습니다. 이쯤 되면 거품 논란이 나올 법도 합니다만, 인공지능은 하루가 다르게 놀라운 결과물을 세상에 내놓으면서 그 실체에 대해 스스로 증명해가고 있습니다.

인공지능이 '박사'들만의 전유물이던 시대가 있었습니다. 대부분의 사람은 인공지능 관련 책을 펼치자마자 수식에 압도되어 바로 책을 덮게 됩니다. 수학적 기반 없이는 인공지능에 대해 공부하는 것이 불가능하다고들 했습니다. 하지만 인공지능이라는 지식은 빠른 속도로 민주화되고 대중화되고 있습니다. 인공지능의 선구자인 유명 학자들, 업체들, 그리고 무엇보다도 커뮤니티의 노력으로 인공지능 관련 모델이 공개되고, 무료 개발 도구가 출시되고, 코드가 공유되고 있습니다.

이제 인공지능은 컴퓨터 과학 박사들만의 것이 아니라 누구나 활용할 수 있는 공산품처럼 되어가는 것 같습니다. 인공지능에 대한 전문 지식은 다소 떨어지더라도 누구나 자신의 영역에 인공지능을 활용할 수 있는 세상이 열리고 있는 것입니다. 따라서 지금 이에 대한 준비를 해두는 것은 여러분의 가까운 미래에 훌륭한 자산이 될 것입니다.

저는 작년 초부터 머신러닝을 공부했는데, 오차 역전파의 개념이 잘 이해가 안되어 일주일 넘게 고생했던 때가 있었습니다. 그때 접한 책이 바로 이 책이었습니다. 신경망을 이렇게까지 하나하나 그림으로 설명해주는 친절한 책이 있다는 사실에 놀랐으며, 오차 역전파를 이해하는 유레카를 경험할 수 있었습니다. 제가 직접 이 책의 번역을 맡게 되어 진심으로 기쁘게 생각합니다.

이 책은 정말 쉽게 쓰였습니다. 딥러닝이나 파이썬을 전혀 모르는 분이라도 그 개념을 이해하고 함께 코딩해나갈 수 있도록 구성되어 있습니다. 한 페이지씩 읽어나가다 보면 어느새 '내가 정말 딥러닝을 활용한 코딩을 하고 있네?'라는 생각이 들어 뿌듯함을 느낄 수 있을 것입니다. 그동안 딥러닝에 대해 들어는 봤지만 쉽게 접근할 수 있는 입문서를 찾지 못했던 분들에게 최고의 선택이 될 것입니다.

부디 독자 분들이 이 책을 통해 인공지능과 딥러닝에 대한 기초를 탄탄히 하고 흥미를 키워나감으로써, 이를 자신의 전문 영역에 활용하여 성과를 내고 더 나은 미래를 만들어나갔으면 하는 바람입니다.

마지막으로 이 책을 번역하는 과정에서 큰 조언과 도움을 주신 한빛미디어의 이상복 과장님, 언제나 가장 큰 힘이 되어주는 사랑하는 부모님과 아내 기정, 딸

서영, 항상 같이 고민하고 격려해주는 재한이를 비롯한 절친들, 그리고 딥러닝을 함께 연구하며 항상 자극과 영감을 주는 딥사이트 멤버들에게도 감사의 말씀을 전합니다.

송교석

대상 독자

- 이 책은 딥러닝을 위한 신경망이 무엇인지 이해하기 원하는 모든 분을 위한 책입니다.
- 이 책은 직접 신경망을 만들고 이를 자신의 분야에 적용해보기 원하는 분을 위해 쓰였습니다.
- 이 책은 신경망의 동작에 핵심이 되는 수학을 쉽게 이해할 수 있도록 쓰여진 책입니다.

이 책은 수학이나 컴퓨터 과학 전문가를 위한 책이 아닙니다. 중고등학교 수준의 수학 지식을 가지고 있다면 누구나 이 책의 내용을 소화할 수 있습니다.

다시 말해 더하기, 빼기, 곱하기, 나누기와 같은 사칙연산만 할 줄 알아도 신경망을 구축할 수 있습니다. 이 책에서 가장 어려운 수학적 개념은 경사 하강법일 텐데, 이 개념조차도 대부분의 독자가 이해할 수 있도록 쉽게 설명할 것입니다.

보다 많은 독자들이 이 책을 통해 인공지능이라는 흥미로운 여정에 함께하길 바랍니다. 일단 신경망의 기본을 이해하게 되면 이를 응용해 보다 많은 문제를 해결해나갈 수 있을 것입니다.

학교나 학원에서 학생을 가르치는 일을 하는 독자에게는 특별히 하고 싶은 말이 있습니다. 이 책은 신경망에 대한 쉬운 설명과 구축 사례를 담고 있습니다. 이 책을 통해 학생들이 몇 줄 안 되는 코드만으로 자신만의 인공지능을 만들 수 있다는 점을 깨닫게 하고, 인공지능에 흥미를 가질 수 있도록 독려해주기 바랍니다. 이 책에 나오는 모든 예제는 라즈베리 파이에서도 잘 동작하는 것을 확인했기 때문에 교육 목적으로 사용하는 데에 무리가 없을 것입니다.

저는 이 책을 쓰면서, 신경망의 동작 원리를 이해하려 무던히도 애썼던 저의 학창 시절을 떠올렸습니다. 그때 이런 책이 있었다면 얼마나 좋았을까요? 안타깝게도 당시에는 수학 전문가만이 이해할 수 있는 대학 교재만 존재할 뿐이었습니다.

당시 저는 저와 같은 학생도 이해할 수 있도록 누군가가 신경망을 쉽게 설명해주기를 간절히 바랐습니다. 그때 그 심정을 기억하면서 쓴 책이 바로 이 책입니다.

다루는 내용

이 책을 통해 우리는 손으로 쓴 숫자 이미지를 인식할 수 있는 신경망을 만드는 여행을 떠나게 됩니다.

우선 매우 간단한 인공 뉴런부터 만들어볼 것입니다. 단순한 뉴런의 한계를 직접 눈으로 확인하면서 점차 이를 개선해나갈 것입니다. 이러한 과정 중간중간에, 신경망이 학습을 하고 해법을 예측하는 방법을 이해하는 데 반드시 필요한 수학적 개념 몇 가지를 배우게 될 것입니다.

우리가 배울 수학적 개념에는 함수, 선형 분류자, 반복을 통한 정교화, 행렬곱, 경사 미분, 경사 하강법을 통한 최적화, 기하학적 회전 등이 있습니다. 이런 개념들이 생소하게 느껴지더라도 전혀 걱정할 필요 없습니다! 여러분이 중고등학교 수준의 수학 지식만 가지고 있다는 전제하에 이런 개념들을 친절하고 명확하게 설명할 것입니다.

첫 번째 신경망을 성공적으로 구축하고 나면 이 개념을 좀 더 발전시켜나갈 것입니다. 예를 들어 영상처리를 살펴보며 추가적인 학습 데이터에 의존하지 않고 머신러닝의 성능을 향상하는 방법도 알아볼 것입니다. 더 나아가 우리는 신경망의 마음속을 들여다봄으로써 신경망에 대한 통찰력을 높여갈 것입니다. 이는 다른 책에서는 잘 볼 수 없는 내용일 것입니다.

우리는 단계적으로 신경망을 만들어가는 과정에서 파이썬을 배우게 될 것입니다. 파이썬은 배우기 쉬울 뿐만 아니라 실전 현업에서도 유용하게 사용될 정도로 매우 인기 있는 프로그래밍 언어입니다. 파이썬을 전혀 공부해본 적이 없다고요? 역시 걱정할 필요 없습니다. 이 책은 독자가 프로그래밍에 경험이 없다는 가정하에 쓰였기 때문입니다.

이 책의 구성

이 책은 최대한 많은 분이 신경망과 관련된 개념들을 이해하는 것을 목표로 합니다. 따라서 우리 모두 익숙한 개념들에서부터 시작할 것입니다. 편안한 지점에서 시작해 작은 발걸음들을 조금씩 내디디면서 쿨하고 흥미로운 신경망이라는 세계를 충분히 이해할 수 있도록 안내할 것입니다.

다만 누구나 쉽게 이해할 수 있는 책이 목표이므로, 신경망을 만드는 데 필요한 범위를 벗어나는 주제에 대해서는 언급을 최대한 자제할 것입니다. 만약 이 책을 읽다가 흥미로운 지점을 발견하게 된다면 구글 검색 등을 통해 자발적으로 폭넓게 공부할 것을 권장합니다.

이 책은 신경망에 집중합니다. 머신러닝과 관련된 수많은 최적화 기법이 있지만 이 책의 핵심 목적을 달성하는 데 오히려 혼란을 줄 수 있으므로 이들 모두를 살펴보지는 않을 것입니다.

이 책은 세 개의 파트로 구성됩니다.

- **1부**에서는 간단한 수학적 개념과 함께 신경망을 이해해볼 것입니다. 핵심 개념의 이해에 집중하기 위해 프로그래밍 관련 언급은 하지 않습니다.
- **2부**에서는 파이썬을 학습하면서 파이썬 기반의 신경망을 구축하고 실습합니다. 손으로 쓴 숫자 이미지를 학습한 후 그 성능을 테스트하게 됩니다.
- **3부**에서는 우리의 지적 욕구를 만족시키기 위해 조금 더 나아가 봅니다. 신경망의 성능을 향상하기 위한 몇 가지 시도를 해볼 것이며, 우리의 신경망이 무엇을 학습했는지, 그리고 어떻게 그런 결정을 내렸는지 이해하기 위해 학습된 네트워크 내부를 들여다볼 것입니다.

이러한 과정에 뭔가 비용이 들지는 않을까 걱정할 필요는 전혀 없습니다. 우리가 사용하는 모든 소프트웨어 도구는 **자유 소프트웨어**이며 **오픈소스**입니다. 신경망을 만들기 위해 비싼 컴퓨터를 필요로 하지도 않습니다. 이 책의 모든 코드는 심지어 단돈 4달러에 구입할 수 있는 라즈베리 파이 제로 모델에서도 잘 돌아가는 것을 확인했습니다. 라즈베리 파이를 어떻게 활용할 수 있는지에 대해서는 이 책의 마지막 부분에 정리가 되어 있으니 참고하기 바랍니다.

저자의 한마디

저는 이 책을 통해 독자 여러분이 수학과 컴퓨터 과학에 진정한 흥미를 가지기를 희망합니다.

이 책을 통해 독자 여러분이 사람의 뇌를 모방한 인공지능을 직접 구축해봄으로써, 중고등학교 수준의 수학과 간단한 컴퓨터 프로그래밍이 얼마나 강력한 수단이 될 수 있는지 느낄 수 있기를 희망합니다.

이 책을 통해 많은 독자 여러분이 인공지능이라는 새롭고 도전적인 분야에 더 많이 도전하기를 바랍니다.

이 책을 개선하기 위한 독자 여러분의 피드백을 언제나 환영합니다.

makeyourownneuralnetwork@gmail.com 또는 트위터 @myoneuralnet으로 연락하기 바랍니다.

http://makeyourownneuralnetwork.blogspot.co.uk 웹사이트를 방문하면 다양한 정보를 접할 수 있습니다.

CONTENTS

PART 1 인공 신경망의 동작 원리

PART 2 파이썬으로 인공 신경망 직접 만들기

부록

인간의 지능을 가진 기계를 찾아

인류는 지난 수천 년 동안 인간의 뇌가 어떻게 동작하는지 이해하려고 노력해왔으며, 인간의 뇌를 기계로 재현하려 노력해왔습니다. 생각하는 기계를 만들고자 했던 것이죠.

인간은 불을 피우는 부싯돌이나 무거운 돌을 들어올리는 도르래, 단순한 연산을 하는 계산기처럼 간단한 업무를 처리하는 데 도움을 주는 기계로는 만족하지 못했습니다.

대신 우리는 사진을 유사한 것끼리 분류하거나, 건강한 세포 사이에서 병든 세포를 구분해낸다거나, 심지어 체스를 두는 등의 복잡하고 어려운 업무를 자동화하기를 원해왔습니다. 이러한 업무에는 계산기와 같은 단순한 기계에서는 찾아볼 수 없는 보다 신비하고 깊이 있는 인간의 지능이 필요합니다.

기계가 인간의 지능을 지닌다는 것은 워낙 매력적이고 흥미로운 아이디어이기 때문에 수많은 영화에서 인공지능을 그 소재로 삼아왔습니다. 영화에서 인공지능은 환상과 두려움이 공존하는 대상이었습니다. 스탠리 큐브릭의 영화 〈2001 스페이스 오디세이〉에 등장하는 HAL 9000은 지능을 가진 컴퓨터로서 전지전능하지만 매우 위협적인 존재로 그려집니다. 우리는 영화 〈터미네이터〉에서 나온 무서운 터미네이터 로봇도 알고 있습니다. 또한 1980년대 TV 드라마 〈전격 Z작전〉에 등장했던 말하는 자동차 '키트'는 매우 쿨한 성격을 가진 것으로 묘사된 적도 있습니다.

1997년 당시 체스 세계 챔피언이자 그랜드마스터였던 가리 카스파로프가 IBM의 딥 블루에 패배했을 때 우리는 이 역사적인 순간을 축하하면서도 동시에 기계의 지능에 대한 두려움에 휩싸인 바 있습니다.

어떤 사람들은 지능을 가진 기계를 만들어내고자 하는 욕망이 지나친 나머지 속임수를 쓰기도 했습니다. 18세기 후반에 체스를 두는 기계로 유명했던 투르크 Turk 체스 머신은 사실은 기계 내부에 사람이 숨어서 체스를 뒀던 것으로 밝혀졌습니다.[1]

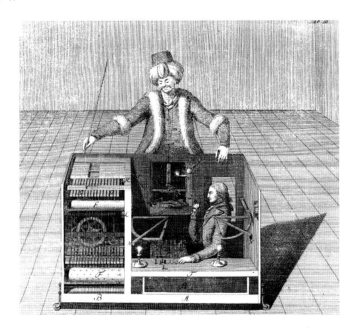

자연에서 영감을 얻어 인공지능의 황금시대를 열다

1950년대 들어 학자들이 인공지능을 수식으로 풀어내기 시작하면서 인공지능을 실제로 만들 수 있다는 낙관적인 전망이 팽배하게 됩니다. 이에 따라 인공지

---

1 투르크 체스 머신은 1770년에 제작되어 선보인 이래 대부분의 체스 시합에서 이겼으며, 대국 상대 중에는 나폴레옹, 벤저민 프랭클린도 있었다고 합니다. 사람이 숨어서 체스를 둔다는 사실은 1820년이 되어서야 밝혀졌다고 합니다. 이하 이 책의 모든 각주는 옮긴이 주석입니다.

능에 대한 도전이 급속히 늘어나기 시작합니다. 그 결과, 컴퓨터가 간단한 게임을 한다거나 이전에 나왔던 가설들이 실제로 증명되는 등 어느 정도 성공적인 행보를 보이기도 합니다. 당시 일부 사람들은 십여 년 후에는 인간 수준의 지능을 가진 기계가 등장할 것이라고 굳게 믿기도 했습니다.

하지만 인공지능을 만들어내는 것은 생각보다 훨씬 어렵다는 것이 증명되면서 이 분야의 연구 활동은 정체되기 시작합니다. 1970년대에는 인공지능 관련 연구 자금이 삭감되고 사람들이 이에 대한 흥미를 잃으면서 인공지능에 대한 도전은 심각한 침체기로 접어들게 됩니다. 이제 사람들은 1과 0으로 구성된 차갑고 딱딱한 논리 기반의 기계가 미묘하고 모호한 생물학적 두뇌의 사고 체계를 달성하는 것은 감히 불가능한 일이라고 믿게 되었습니다.

침체의 늪에서 출구가 보이지 않을 것 같던 어느 날, 기발한 아이디어가 등장했습니다. '인간의 두뇌를 그대로 복제함으로써 인공 두뇌를 만들면 되지 않을까?' 디지털 회로의 논리 게이트 대신 뉴런이 있는 실제 두뇌를 만들고, 딱딱하고 차가운 흑백논리를 가진 알고리즘이 아닌 보다 부드럽고 유기적인 사고 체계를 도입하자는 아이디어였습니다.

과학자들은 꿀벌이나 비둘기가 매우 단순한 뇌 구조를 가졌음에도 불구하고 복잡한 업무를 수행할 수 있다는 점에 주목했습니다. 1그램도 안 되는 무게의 뇌로 하늘을 날고, 바람에 반응하고, 먹을 것을 발견하고, 포식자를 만났을 때 이에 맞서 싸울지 아니면 도망칠지를 즉시 결정한다는 점 말입니다. 우리는 컴퓨터를 이용해 이들의 뇌를 흉내 내고 발전시킬 수 있으리라는 생각을 하게 되었습니다. 게다가 과학기술의 발전과 함께 기존에는 상상할 수 없었던 저렴한 가격으로 컴퓨터의 자원을 방대하게 활용할 수 있게 되었습니다. 꿀벌은 약 950,000개의 뉴런을 가지고 있다고 합니다. 따라서 기가바이트나 테라바이트 이상의 자원을 가지는 최첨단 컴퓨터를 활용하면 꿀벌보다 좋은 성능을 낼 수 있지 않을까라는 생각을 하게 된 것입니다.

하지만 컴퓨터가 아무리 방대한 저장 능력과 빠른 CPU를 가진다고 해도 전통적인 접근 방식으로는 꿀벌이나 비둘기의 작은 뇌가 수행하는 수준의 성능을 달성할 수가 없었습니다.

이렇게 생물학으로부터 받은 영감을 기반으로 **신경망**neural network이 등장하게 됩니다. 이 신경망은 얼마 안 지나 인공지능 분야에서 가장 강력하고 유용한 방법론으로 자리매김하게 됩니다. 구글의 자회사인 딥마인드는 비디오게임을 하는 방법을 스스로 학습하는 기계를 만들었을 뿐만 아니라, 인류 역사상 최초로 바둑의 최고수에게 승리하는 기계를 만들어 전 세계의 사람들을 놀라게 한 바 있는데, 이 기계의 핵심에 자리 잡고 있는 기술이 바로 신경망입니다. 알다시피 신경망은 자동차 번호판 자동 인식 시스템, 손으로 쓴 우편번호 자동 인식 시스템 등에서 이미 우리의 일상생활에서 활용되는 기술로 자리 잡았습니다.

이 책은 바로 이러한 신경망에 대한 것입니다. 이 책을 읽으며 신경망이 어떻게 동작하는지 이해하고 직접 신경망을 구축하게 될 것입니다. 사실 전통적인 접근 방식으로는 손으로 쓴 숫자 이미지를 컴퓨터가 제대로 인식하게 한다는 것은 불가능했습니다. 따라서 우리는 신경망을 직접 만들고 이를 학습시킴으로써 손으로 쓴 숫자 이미지를 기계가 제대로 인식하게 할 것입니다.

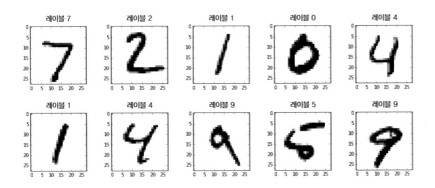

## PART 1

인공 신경망의 동작 원리

"주변의 소소함으로부터 영감을 얻어봅시다."

1부에서는 머신러닝의 핵심인 인공 신경망이 대체 무엇이고 어떻게 동작하는지를 단계별로 살펴볼 것입니다. 다소 길다는 생각이 들 수도 있지만 차근차근 따라올 수 있게 최대한 쉽게 설명했으므로 중단하지 말고 끝까지 읽어나가는 것이 좋습니다.

## CHAPTER 1

인간에게는 쉽고 기계에게는 어려운

사실 컴퓨터는 계산기라고 할 수 있습니다. 수학 연산을 매우 빠르게 수행하는 계산기일 뿐이죠.

따라서 컴퓨터는 판매량을 계산하기 위해 숫자의 합을 구하는 작업, 세금을 계산하기 위해 백분율을 적용하는 작업, 데이터를 기반으로 그래프를 그리는 작업 등 계산기의 범주에 속하는 업무를 하는 데 뛰어난 성능을 보입니다.

사실 우리가 컴퓨터를 통해 영화를 보거나 음악을 듣는 일조차도 컴퓨터에게는 단순한 연산 명령을 반복해서 수행하는 것에 지나지 않습니다. 인터넷을 통해 0과 1이라는 숫자를 우리의 컴퓨터에 받은 다음 이를 영상의 프레임으로 재조합하는 과정조차 사실 우리가 학교에서 배운 더하기 연산보다 조금 더 복잡할 뿐입니다.

컴퓨터가 수천 개, 심지어는 수백만 개의 숫자의 합을 1초라는 시간 내에 빠르게 구할 수 있다는 것은 인상적이기는 하지만, 사실 이런 것은 인공지능의 영역이 아닙니다. 빠른 연산은 그다지 지능을 필요로 하는 작업이 아닙니다. 일반적으로 사람도 빠른 연산에 능하지 않으니까요. 빠른 연산을 하기 위해 필요한 능력이란 단지 매우 단순한 명령을 잘 따른다는 것인데, 컴퓨터는 그 내부의 전자

electronics라는 존재를 통해 이러한 능력을 갖추고 있는 것뿐입니다.

이번에는 다른 측면을 살펴보겠습니다.

다음 사진들을 보고 각각 어떤 사진인지 생각해보기 바랍니다.

사실 생각할 것도 없습니다. 우리는 이 사진들을 보고 순식간에 사람의 얼굴, 고양이, 나무라고 인식할 수 있습니다. 순간적으로 빠르게, 그리고 정확하게 인식할 수 있으며 좀처럼 틀리지도 않을 것입니다.

이처럼 우리 인간은 어떤 이미지가 가지고 있는 대용량의 정보를 처리해 그 이미지 안에 있는 대상들을 식별해낼 수 있습니다. 하지만 이러한 작업은 컴퓨터에게는 쉽지 않습니다. 아니, 사실은 매우 어렵습니다.

문제	컴퓨터	사람
수천 개의 숫자를 빠르게 곱하기	쉬움	어려움
사진에서 사람들의 얼굴 찾기	어려움	쉬움

컴퓨터에게 이미지 인식이 매우 어려운 작업이라면, 이미지 인식이라는 작업은 사람의 지능을 필요로 하는 것이 아닐까요? 우리가 컴퓨터를 아무리 복잡하고 강력하게 만들더라도 결국 컴퓨터는 사람이 아니기 때문에 사람의 지능이 결핍되어 있을 수밖에 없습니다.

빠르고 지치지도 않는 컴퓨터가 더 잘해줬으면 하고 바라는 영역이 바로 이런 영역입니다. 이러한 어려운 문제를 해결해줄 것이라 기대하는 것이 바로 인공지능입니다.

컴퓨터는 전자로 구성되어 있으므로 컴퓨터에 인공지능을 부여한다는 것은 어려운 문제를 해결하는 새로운 방법, 즉 새로운 알고리즘을 찾아주는 것이 될 것입니다. 완벽하지는 않더라도 인간과 비슷한 정도의 지능만이라도 부여할 수 있다면 충분히 도움이 되는 경우가 많을 것입니다.

핵심 정리

- 컴퓨터에게는 쉽지만 사람에게는 어려운 작업이 있습니다.
  예) 수백만 개 숫자의 곱셈 연산
- 컴퓨터에게는 어렵지만 사람에게는 쉬운 작업이 있습니다.
  예) 사진 속에서 사람의 얼굴을 인식하는 작업

## CHAPTER 2

간단한 예측자

매우 간단한 것에서부터 시작하겠습니다.

질문을 받아 생각을 한 다음에 대답을 출력해주는 기계가 있다고 해보죠. 마치 우리가 1장에서 눈을 통해 입력을 받고 두뇌를 통해 그 사진을 분석한 다음에 그 사진에 어떤 대상이 있는지 결론을 냈던 것처럼 말입니다.

이를 그림으로 그려보면 다음과 같습니다.

사실 컴퓨터는 뛰어난 계산기일 뿐, 생각을 하는 것은 아니라는 점을 떠올려봅시다. 따라서 좀 더 적당한 용어를 사용해서 앞의 그림을 다음 그림처럼 표현해보겠습니다.

컴퓨터는 입력을 받아서 이에 적합한 연산을 수행한 후 그 결과를 출력해줍니다. 예를 들어 다음 그림에서와 같이 3 × 4라는 입력을 받게 되면 이를 컴퓨터 내부의 처리 방식인 덧셈 연산으로 변환해 처리하고 결과값인 12를 출력합니다.

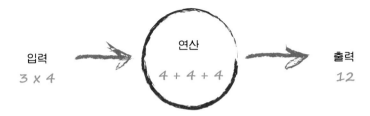

'지금 뭐 하는 거야? 너무 쉬운 이야기잖아?'라고 생각할 수도 있습니다. 조금만 참고 더 읽어주십시오. 가장 단순하고 익숙한 예를 통해, 조금 뒤에 살펴볼 인공신경망에 적용될 개념을 잡아가는 준비 단계이니까 말입니다.

복잡도를 조금 더 올려볼까요?

다음과 같이 킬로미터를 마일로 변환해주는 기계가 있다고 생각해봅시다.

우리는 킬로미터에서 마일로 변환하는 공식을 모른다고 가정하겠습니다. 우리

가 아는 것은 킬로미터와 마일의 관계가 **선형**linear이라는 것뿐입니다. 선형 관계이므로 만약 마일을 2배로 늘리면 킬로미터도 2배 늘어나게 됩니다. 직관적으로 당연한 이야기입니다.

킬로미터와 마일이 선형 관계이므로 우리가 앞의 그림에서 물음표로 표시해뒀던 부분을 다음과 같이 표현할 수 있겠네요.

마일 = 킬로미터 × c (c는 상수)

여기에서 우리는 상수 c의 정확한 값을 아직 알지는 못합니다. c 값을 알아내는 방법 중 하나는 우리가 살아가는 이 현실 세계에서 그 답을 찾아보는 것입니다.[1]

실제 사례	킬로미터	마일
1	0	0
2	100	62.137

상수 c 값을 찾기 위해 우리는 무엇을 어떻게 해야 할까요? 일단 **임의의**random 값을 하나 정해서 대입해보겠습니다. c에 0.5를 대입하면 어떤 일이 벌어지는지 보겠습니다.

마일 = 킬로미터 × c에서 킬로미터는 100, c는 0.5이므로 우리는 50마일이라는 예측 값을 얻게 됩니다. 앞의 표의 실제 사례 2에서 본 바와 같이 킬로미터가

---

1 이처럼 킬로미터를 마일로 변환하는 정답은 존재하지만 여기에서 우리는 이 정답을 모른다고 가정하고 진행하는 것입니다. 정답 값을 전문 용어로는 실제 값(ground truth)이라고 합니다.

100일 때 마일의 값은 62.137이어야 하므로 우리가 예측한 50이라는 숫자는 정확하지 않은 답이라는 것을 알 수 있습니다.

우리가 낸 답은 정답과는 12.137의 차이가 있습니다. 이를 **오차**^{error}라고 합니다. 즉 오차는 우리의 계산 값과 실제 값 간의 차이를 의미하는 용어입니다.

오차 = 실제 값 − 계산 값
　　 = 62.137 − 50
　　 = 12.137

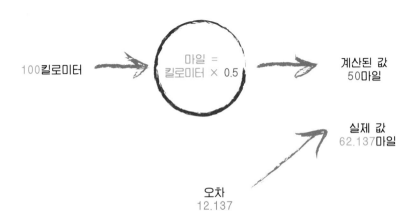

이제 우리는 우리의 계산이 틀렸으며, 또 얼마만큼 틀렸는지를 알고 있습니다. 따라서 이를 거울삼아 두 번째 시도에서는 훨씬 더 나은 추측을 해볼 수 있을 것 같습니다.

오차를 다시 한번 볼까요? 우리의 계산은 실제 값에 비해 12.137만큼 모자랐습니다. 우리는 킬로미터를 마일로 변환하는 식이 선형이라는 사실을 알고 있으므로 상수 c 값을 증가시키면 결과 값이 커진다는 것을 알 수 있습니다.

따라서 이번에는 상수 c 값을 조금 더 증가시켜 0.6을 대입해보겠습니다.

마일 = 킬로미터 × c = 100 × 0.6 = 60

첫 번째 시도에서 얻은 50마일이라는 값보다 훨씬 나아진 것 같습니다! 이제 오차는 2.137입니다. 이 정도 오차라면 우리가 만족하고 넘어갈 수 있을 것 같기도 한데요.

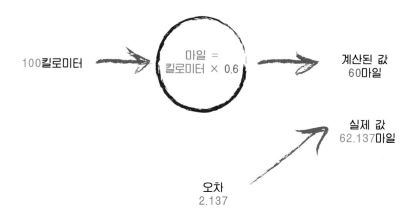

여기에서 중요한 점은 우리가 첫 번째 시도에서 얻은 오차를 거울삼아 두 번째 시도를 했다는 점입니다. 즉, 첫 번째 시도에서 오차가 12.137인 것을 알고 c 값을 조금 더 증가시켰습니다.

c 값을 구하기 위해 동일한 시도를 계속 해보겠습니다. 사실 이쯤 되면 독자 여러분은 '아니, 그냥 계산만 해보면 c 값을 쉽게 구할 수 있는데 왜 이리 어렵게 설명을 하지?'라고 생각할 수도 있을 겁니다. 이렇게 쉬운 문제를 복잡하게 접근하는 데에는 이유가 있습니다. 우리가 앞으로 접하게 될 인공 신경망은 이와 같은 간단한 수학 공식으로 해결되지 않기 때문입니다. 이를 해결하기 위해 가장 단순한 예를 들어 접근 방식을 설명해나가는 것으로 이해해주기 바랍니다.

두 번째 시도에서 나온 결과 값인 60마일은 여전히 실제 값보다 작으므로 세 번째 시도를 해보겠습니다. c 값을 이번에는 0.6에서 0.7로 올려보겠습니다.

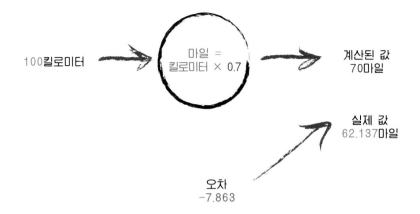

이번에는 우리가 너무 나간 것 같네요! 너무 많이 간 나머지 실제 값을 지나쳐 **오버슈팅**overshooting이 일어났습니다. 두 번째 시도에서 오차는 2.137이었으나 이제 −7.863이 되어버렸습니다. 오차 = 실제 값 − 계산 값이므로 오차가 음수라는 것은 계산 값이 실제 값보다 크다는 것을 의미합니다.

우리는 c 값이 0.7보다는 0.6일 때 더 작은 오차가 나온다는 것을 알았으므로, 이번에는 c 값을 0.6에서 조금만 올려보겠습니다. 0.61로 해볼까요?

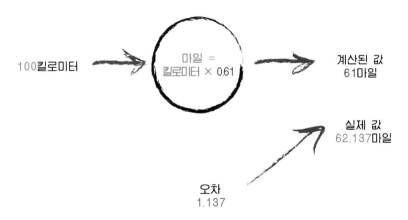

훨씬 나아졌네요. 우리는 결과 값으로 61마일을 얻었으며 실제 값 62.137과의 오차는 1.137 정도입니다.

결국 우리는 직전 시도를 거울삼아 c 값을 조금씩 조정해나가는 법을 배우게 된다는 것을 알게 되었습니다. 결과 값이 실제 값에 접근하게 되면 (즉 오차가 작아지게 되면) 변화를 너무 크게 가져가면 안 됩니다. 이런 식으로 우리는 오버슈팅을 방지할 수 있는 것입니다.

독자 여러분이 감을 잡으셨을지 모르겠지만 우리가 지금까지 한 과정은 사실 인공 신경망을 학습시키는 핵심 과정입니다. 학습이라는 과정을 통해 인공 신경망은 점점 더 정답에 가까운 답을 낼 수 있게 됩니다.

여기에서 잠시 멈추고 한번 생각해보기 바랍니다. 이러한 접근 방법은 우리가 지금까지 학교에서 배운 수학에서의 접근 방법과는 매우 다릅니다. 사실 상수 c 값은 방정식을 이용해 한 번에 구할 수 있습니다. 이게 우리가 평생 살면서 알고 있는 수학의 해결 방식입니다. 하지만 우리는 상수 c 값으로 임의의 값을 넣어보고 오차를 구함으로써 이를 개선해나가는 식으로 시행착오를 거치는 접근 방법을 이용했습니다. 이러한 과정을 **반복**iteration이라고 하는데 여러 번 반복해서 결과 값을 조금씩 개선해나간다는 의미입니다.

핵심 정리

- 컴퓨터는 입력 → 연산 → 출력 시스템입니다. 인공 신경망도 마찬가지입니다.
- 어떤 것의 동작 원리를 정확히 파악할 수 없을 때 취할 수 있는 한 방식은 우리가 조정할 수 있는 매개변수 값을 포함하는 모델을 만들어보는 것입니다. 우리는 킬로미터를 마일로 어떻게 변환해야 할지 모른다고 가정하고, 이를 조정 가능한 매개변수를 포함하는 선형함수 모델로 만들었습니다.
- 모델을 정교화해나가는 좋은 방법은 오차에 기초해 매개변수 값을 조정해나가는 것입니다.

## CHAPTER 3

분류는 예측과 그다지 다르지 않습니다

우리가 앞 장에서 살펴봤던 단순한 기계는 입력 값에 대해 출력 값이 어떻게 나올지를 예측합니다. 그래서 우리는 이 기계를 **예측자**predictor라고 부릅니다. 우리는 예측 값과 실제 값을 비교해 오차를 도출했으며 이 오차를 기준으로 상수 c라는 매개변수 값을 조정함으로써 예측의 정확도를 높였습니다.

이제 다음 그래프를 볼까요? 이 그래프는 우리 앞마당에 흔히 존재하는 두 가지 곤충을 그 폭과 길이에 따라 표현합니다.

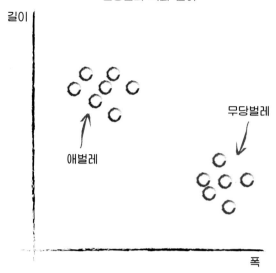

곤충들의 폭과 길이

그래프에는 2개의 그룹이 있는 것을 볼 수 있습니다. 애벌레(빨간색)는 날씬하고 길이가 길며, 무당벌레(초록색)는 통통하고 길이가 짧음을 확인할 수 있습니다.

우리가 앞 장에서 살펴봤던 대로 입력 값으로 킬로미터가 주어졌을 때 마일을 계산해내는 예측자의 핵심에는 선형함수가 있었습니다. 선형함수는 말 그대로 입력 값을 받아 출력 값을 출력했을 때 그 형태가 직선으로 나오게 됩니다. 우리는 선형함수에서 매개변수 값인 c 값을 조정함으로써 직선의 **기울기**slope를 변화시킬 수 있습니다.

이제 위의 그래프에 직선을 하나 얹어보겠습니다. 어떤 일이 일어날까요?

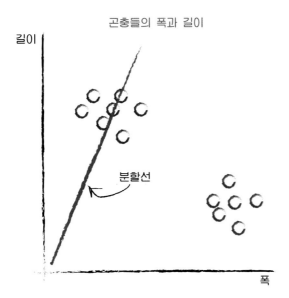

곤충들의 폭과 길이

길이

분할선

폭

이 직선의 활용 용도는 무엇일까요? 앞 장에서 본 것처럼 킬로미터 같은 하나의 숫자를 마일 같은 다른 숫자로 변환하는 용도는 아닌 것 같습니다. 아마 이 직선의 올바른 용도는 서로 다른 그룹을 분류하는 것이 아닐까요?

그렇습니다. 위의 그래프에 있는 직선은 미지의 곤충들을 측정 값(폭과 길이)에 기초해 **분류**classify하는 용도로 사용될 수 있을 것입니다. 하지만 위의 직선은 애벌레의 절반 정도를 무당벌레와 같은 영역에 속하도록 분할하므로 분류의 역할을 제대로 하지는 못하는 것 같네요.

그렇다면 이번에는 직선을 다르게 그어볼까요? 기울기를 조정해서 다음과 같이 직선을 그어봤습니다.

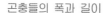

곤충들의 폭과 길이

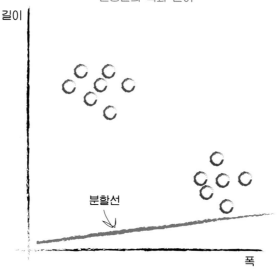

이번에도 뭔가 잘못된 것 같습니다. 직선이 애벌레와 무당벌레를 전혀 분류하지 못했기 때문입니다. 다시 한번 다른 직선을 그려볼까요?

곤충들의 폭과 길이

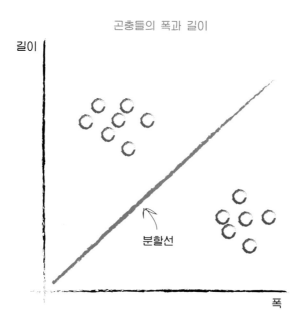

이번에는 훨씬 나아졌네요! 이 직선은 애벌레와 무당벌레를 깔끔하게 분리해줍니다. 우리는 이제 이 직선을 곤충의 **분류자**classifier로 이용할 수 있습니다.

지금까지 우리는 애벌레와 무당벌레만 있다고 가정하고 분류자라는 개념을 그림으로 간단히 살펴봤습니다.

이번에는 애벌레인지 무당벌레인지 알 수 없는 새로운 곤충을 한 마리 발견했다고 합시다. 이 곤충의 폭과 길이는 이미 측정을 마쳤습니다. 이제 우리는 위의 직선을 그대로 이용해 이 곤충이 애벌레인지 무당벌레인지 분류해볼 것입니다.

아래 그래프에서 보면 이 곤충은 직선의 위쪽에 위치하므로 애벌레로 분류됨을 알 수 있습니다. 이처럼 분류라는 것은 간단하지만 매우 강력한 방법임을 확인할 수 있습니다.

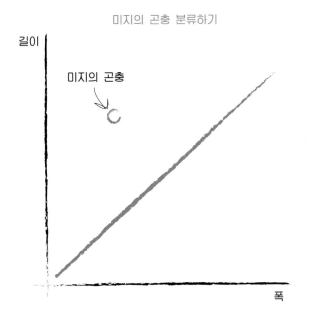

우리는 지금까지 간단한 예측자 안의 선형함수가 미지의 데이터를 어떻게 분류

해내는지 살펴봤습니다.

하지만 한 가지 중요한 점을 언급하지 않고 넘어갔네요. 이 직선의 기울기는 어떻게 구해야 하는 걸까요? 애벌레와 무당벌레를 분류해주는 위와 같은 형태의 직선이 과연 최선일까요? 만약 이 직선이 최선이 아니라면 어떻게 개선할 수 있을까요?

이 질문에 대한 대답은 신경망이 학습하는 방법을 이해하는 데 가장 중요한 부분입니다. 이제부터 이에 대해 살펴보겠습니다.

## CHAPTER 4

분류자 학습시키기

우리는 선형 분류자를 **학습**^{train}시켜서 애벌레와 무당벌레를 잘 분류할 수 있게 만들고자 합니다. 앞에서 살펴본 바와 같이, 이 문제는 2개의 그룹을 분리하는 직선의 기울기를 어떻게 결정하느냐 하는 단순한 문제로 귀결됩니다.

어떻게 하면 될까요?

수학 공식을 직접 언급하기보다는 직접 시행착오를 거쳐보면서 감을 잡아가겠습니다. 이런 과정을 통해 수학적 개념을 더 잘 이해할 수 있을 것입니다.

우선 학습시킬 예제 데이터가 필요합니다. 예제를 단순화하기 위해 2개의 예제 데이터로만 구성된 다음 표를 보도록 합시다.

예제	폭	길이	곤충
1	3.0	1.0	무당벌레
2	1.0	3.0	애벌레

우리에게는 3.0cm의 폭과 1.0cm의 길이를 가지는 무당벌레와 1.0cm의 폭과 3.0cm의 길이를 가지는 애벌레 데이터가 있습니다.

이 예제 데이터들은 실제로 존재하는 곤충들의 실제 값을 의미합니다. 우리는 이러한 실제 값을 가지는 예제 데이터에 기초해 분류자 함수의 기울기를 구하게 됩니다. 우리는 이처럼 예측자 또는 분류자에게 실제 값을 알려주는 역할을 수행하는 예제 데이터를 **학습 데이터**training data라고 부릅니다.[1]

이제 이 2개의 학습 데이터를 그래프로 그려보겠습니다. 대부분의 경우 표만 들여다봐서는 데이터 간에 어떤 관계가 있는지 감을 잡기 어렵습니다. 이런 경우에 데이터의 시각화는 매우 유용합니다.

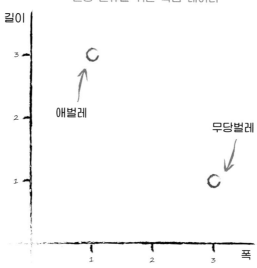

일단 임의의 분할선으로 시작하겠습니다. 우리는 이미 앞 장에서 킬로미터를 마일로 변환하는 예측자에서 선형함수를 이용한 바 있었는데요, 이번에도 분할선이 직선이므로 동일하게 하면 될 것 같습니다.

---

1 예를 들어 손으로 쓴 숫자 이미지 속 숫자를 예측하는 경우에 학습 데이터는 1) 손글씨 이미지와 2) 그 이미지의 실제 숫자(0~9) 쌍으로 구성됩니다. 이 실제 숫자와 같은 '정답'을 보통 레이블(label)이라고 총칭합니다. 이처럼 기계에게 정답을 알려주면서 학습을 시키는 방법을 지도 학습(supervised learning)이라고 합니다. 참고로 학습 데이터와 대비되는 개념으로는 테스트 데이터(test data)가 있습니다. 학습이 모두 끝난 다음에 실제로 예측을 잘하는지 확인하는 용도로 사용되는 데이터를 말합니다. 21장에서 자세히 알아볼 것입니다.

$$y = Ax$$

사실 제대로 된 직선의 방정식은 y = Ax + B로 표현된다는 것을 알고 있을 겁니다. 여기에서는 예제를 최대한 단순하게 하기 위해 B를 생략하겠습니다. 즉 B = 0이므로 이 직선은 원점을 지나가게 된다는 점만 염두에 두기 바랍니다.

매개변수 A는 직선의 기울기를 결정합니다. A가 크면 클수록 기울기도 커집니다.

우선 A = 0.25라고 해보겠습니다. 그러면 분할선은 y = 0.25x로 표현할 수 있는데, 이를 학습 데이터 위에 올려보겠습니다.

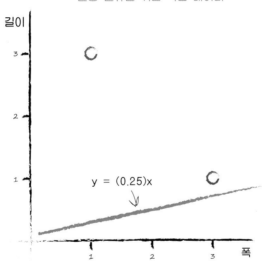

언뜻 보기만 해도 y = 0.25x는 좋은 분류자가 될 수 없음을 확인할 수 있습니다. 이 직선은 두 가지 종류의 곤충을 전혀 분류하지 못합니다. 애벌레와 무당벌레 모두 직선의 위쪽에 위치하므로 '미지의 곤충이 직선 위쪽에 위치하면 애벌레이다'라는 식으로 말할 수 없게 되는 것이죠.

따라서 우리는 직선의 기울기를 좀 더 크게 해야 한다는 것을 직관적으로 파악할 수 있습니다. 그래프를 보고 우리가 적당한 선을 직접 그리면 되지 않겠느냐는 생각이 들겠지만 참아야 합니다. 우리는 직선의 기울기를 반복적으로 조금씩 올려주는 일련의 컴퓨터 명령으로 이루어진 방법을 찾아야 하니까요. 컴퓨터 과학자들은 이러한 특정 목적을 가진 일련의 컴퓨터 명령을 **알고리즘**algorithm이라고 부릅니다.

첫 번째 학습 데이터를 다시 보겠습니다. 폭은 3.0, 길이는 1.0인 무당벌레입니다. 이 학습 데이터를 우리의 함수 y = Ax에 적용해보겠습니다.

$$y = 0.25 * 3.0 = 0.75$$

A = 0.25로 가정한 이 함수에 의하면 폭 3.0을 가지는 벌레의 길이는 0.75로 예측됩니다. 실제 학습 데이터에 의하면 이 벌레의 길이는 1.0이어야 하므로 A는 너무 작은 수라는 것을 알 수 있습니다.

다시 말해 **오차**가 발생했습니다. 앞 장에서 킬로미터를 마일로 변환하는 예측자에서 봤던 것처럼 우리는 이 오차를 활용해 매개변수 A의 값을 조정해나갈 수 있습니다.

이렇게 하기에 앞서 일단 y가 어떤 값이 되어야 하는지 다시 한번 생각해봅시다. x가 3.0일 때 y가 1.0이라면 그 직선은 무당벌레가 위치한 지점 (3.0, 1.0)을 통과하게 될 것입니다. 이건 우리가 원하는 바가 아닙니다. 우리는 직선이 이 지점 위쪽으로 지나가기를 바랍니다. 무당벌레들이 직선의 아래쪽에 위치해야 하기 때문입니다. 여기에서 직선은 무당벌레와 애벌레 간의 분할선이 되어야 합니다. 현재 직선처럼 무당벌레의 폭이 주어졌을 때 무당벌레의 길이(0.75는 거의 1.0입니다)를 예측하는 직선이어서는 안 됩니다.

따라서 x = 3.0일 때 y = 1.1이 되는 것을 목표로 삼아보겠습니다. 물론 y의 값으로 1.2나 1.3을 선택해도 무방합니다. 하지만 10이나 100처럼 큰 값을 선택한다면 직선은 무당벌레뿐만 아니라 애벌레보다도 위쪽으로 그어질 테니 분할 선으로써 전혀 쓸모없는 결과가 나올 것입니다.

y 값의 목표를 1.1이라고 하면 오차 E는 다음과 같이 나타낼 수 있습니다.

오차 = 목표 값 − 실제 출력 값

따라서 이 경우는 다음과 같습니다.

$$E = 1.1 - 0.75 = 0.35$$

오차, 목표 값, 출력 값을 시각화해보면 다음과 같습니다.

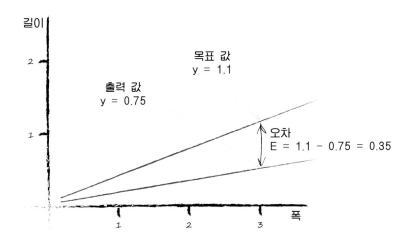

이제 E 값을 어떻게 이용해야만 A 값을 정교화할 수 있을까요? 매우 중요한 질문입니다.

이 문제를 접어두고 잠시 생각해보겠습니다. 우리는 오차 E를 이용해 매개변수 A에 필요한 변화를 알기 원합니다. 이를 알아내기 위해서는 E와 A 간의 관계를 알아야 합니다. 이를 파악하면 하나의 값의 변화가 다른 값에 어떻게 영향을 주는지 이해할 수 있게 되기 때문입니다.

이 분류자에 대한 선형함수로부터 시작해보겠습니다.

$$y = Ax$$

A의 초기 값을 임의로 정해주면 우리는 잘못된 y 값을 얻게 됩니다. 목표 값을 t라고 표기하겠습니다. t를 얻기 위해 우리는 A를 조금씩 조정해나가야 합니다. 수학자들은 '작은 변화'를 나타낼 때 Δ(델타라고 읽습니다)라는 기호를 사용합니다.

$$t = (A + \Delta A)x$$

이해가 쉽도록 이를 시각화해보겠습니다. 새로운 기울기(A + ΔA)를 확인할 수 있습니다.

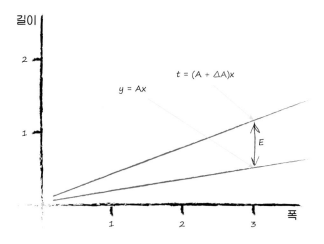

오차 E는 목표 값과 실제 출력 값 간의 차이라는 점을 기억할 것입니다. 다시 말해 $E = t - y$입니다.

$$E = t - y$$
$$= (A + \Delta A)x - Ax$$
$$= Ax + \Delta Ax - Ax$$
$$= \Delta Ax$$

여기에서 우리는 오차 E와 ΔA가 매우 간단한 관계에 있음을 확인할 수 있습니다. 앞으로의 작업이 어렵지 않을 것 같습니다.

이 공식 때문에 혼동될 수도 있으니, 우리가 하고자 하는 바를 다시 다음과 같이 정리해보겠습니다.

우리가 원하는 바는 분류를 더 잘할 수 있게끔 직선의 기울기 A를 개선하는 것입니다. 직선의 기울기는 오차 E 값의 정보에 기초해 조정이 가능합니다. 이를 위해 앞의 방정식을 다음과 같이 ΔA에 관해 다시 써보겠습니다.

$$\Delta A = E / x$$

바로 이겁니다! 우리는 이 식을 통해 E 값에 기초해 기울기 A를 ΔA씩 업데이트하면서 최적의 기울기 A를 찾아나갈 것입니다.

이제 이를 이용해 기울기를 업데이트해보겠습니다.

오차는 0.35이고 x는 3.0이므로 ΔA는 다음과 같이 구할 수 있습니다.

$$\Delta A = E / x = 0.35 / 3.0 = 0.1167$$

이 의미는 현재 0.25라는 값을 가지는 A를 0.1167만큼 업데이트해야 한다는 것입니다. 이에 따라 업데이트를 하면 새로운 A 값은 A + ΔA = 0.25 + 0.1167 = 0.3667이 됩니다. 업데이트된 A를 적용하면 y의 실제 출력 값은 바로 목표 값과 동일한 1.1이 됩니다.

이렇게 우리는 오차에 기초해 매개변수 A를 업데이트하는 방법을 알게 되었습니다.

지금까지는 첫 번째 학습 데이터에 대해 계산해봤습니다. 이제 우리는 두 번째 데이터를 학습하겠습니다. 두 번째 학습 데이터는 x = 1.0, y = 3.0의 값을 가집니다.

A = 0.3667로 업데이트한 선형함수에 x = 1.0을 대입하면 y = 0.3667 * 1.0 = 0.3667이 됩니다. 학습 데이터의 실제 y의 값 3.0과는 차이가 많이 납니다.

앞에서 살펴본 대로 우리는 직선이 학습 데이터를 지나가지 않는 선에서 그 데이터의 바로 위 또는 아래로 지나가기를 원하므로 이번에는 목표 값을 2.9로 설정하겠습니다. 이렇게 하면 애벌레 학습 데이터는 직선과 겹치지 않고 직선의 바로 위쪽에 위치하게 될 것입니다. 이때 오차는 E = 2.9 – 0.3667 = 2.5333이 됩니다.

2.5333이라는 오차는 첫 번째 데이터의 경우보다 큰 오차이지만, 생각해보면 지금까지 우리의 선형함수는 단일 학습 예제만을 통해서 학습했기 때문에 당연한 것입니다. 따라서 직선은 해당 단일 예제 쪽으로 편향될 수밖에 없는 것입니다.

A를 다시 한번 업데이트해보겠습니다. ΔA = E / x = 2.5333 / 1.0 = 2.5333이므로 새로운 A는 A + ΔA = 0.3667 + 2.5333 = 2.9로 업데이트됩니다. 즉 x = 1.0일 때 이 함수는 목표 값인 2.9를 출력하게 되는 것입니다.

지금까지의 내용을 시각화해보면 다음과 같습니다. 이 그래프에서는 1) 최초의 직선, 2) 첫 번째 학습 예제를 학습한 1차 업데이트 직선, 3) 두 번째 학습 예제를 학습한 최종 업데이트 직선을 확인할 수 있습니다.

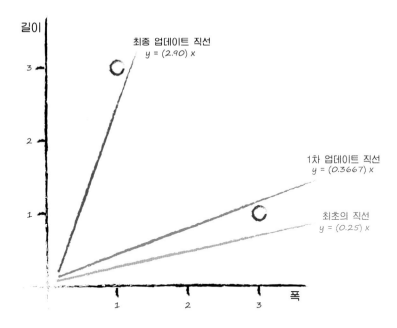

이 그림으로 우리가 확인할 수 있는 것은 아직까지도 우리가 바라던 만큼 직선의 기울기가 개선되지 않았다는 점입니다. 이 직선이 무당벌레와 애벌레를 깔끔하게 분류해주는 것 같지는 않으니 말입니다.

사실 우리는 이에 대한 이유를 알고 있습니다. 직선이 y에 대해 목표 값을 기준으로 업데이트되었기 때문입니다.

이게 왜 문제가 되는지 생각해봅시다. 만약 우리가 이런 식으로 각각의 학습 데이터 예제에 대해 업데이트를 계속해나간다면 최종적으로는 그저 마지막 학습 데이터에 맞춰진 업데이트 결과만을 얻게 될 것입니다. 다시 말해 마지막 학습 데이터에 기반한 업데이트 이전에 수행했던 학습에 기반한 업데이트들은 굳이 할 필요도 없었다는 것이죠.

이를 해결하는 방법은 간단합니다. 이는 머신러닝에서 매우 중요한 개념이기도 한데, 바로 업데이트의 정도를 **조금씩 조정**moderate하는 것입니다. 각각의 새로운 A로 바로 점프하는 것이 아니라 ΔA의 일부씩만 업데이트하는 것입니다. 즉 기존 여러 번의 학습에 기초해 업데이트된 값을 유지하면서, 학습 데이터가 제시하는 방향으로 조금씩만 움직이는 것입니다. 우리는 앞에서 킬로미터를 마일로 변환하는 기계의 사례를 본 적이 있습니다. 이때 매개변수 c 값을 조금씩 변경해나갔던 것과 같은 개념이라고 생각하면 되겠습니다.

이처럼 업데이트의 정도를 조정해가는 방법은 뜻하지 않게 좋은 의미에서의 부작용도 수반합니다. 사실 실제 현업에서는 학습 데이터 자체에 문제가 있는 경우가 많이 있습니다. 학습 데이터 자체가 오차 또는 잡음을 가지므로 완벽하게 정확하지도 않으며 심지어 신뢰할 수 없는 경우가 많이 있는데, 업데이트의 정도를 조정해가는 방법은 이러한 학습 데이터의 오차나 잡음의 영향을 약화시켜 줍니다.

그러면 이 방법을 따라 진행해보겠습니다. 우리의 업데이트 방정식을 다음과 같이 조정이 가능하도록 수정하겠습니다.

$$\Delta A = L \, (E / x)$$

머신러닝에서는 이 조정 인자 L을 **학습률**learning rate이라고 부릅니다. 일단 임의로 L = 0.5로 잡아주겠습니다. L = 0.5라는 것은 조정이 없을 때에 비해 1/2만큼만 업데이트하겠다는 의미가 되겠습니다.

이제 이를 이용해 다시 진행을 하면 A = 0.25에서 첫 번째 학습 데이터에 의해 y = 0.25 * 3.0 = 0.75가 됩니다. 목표 값은 1.1이므로 오차는 0.35가 됩니다. $\Delta A = L \, (E / x) = 0.5 * (0.35 / 3.0) = 0.0583$이 되므로 업데이트된 A는 0.25 + 0.0583 = 0.3083이 됩니다.

업데이트된 A를 학습 데이터에 적용하면 x = 3.0일 때 y = 0.3083 * 3.0 = 0.9250이 됩니다. 이는 1.1보다 작기 때문에 우리의 직선은 아직 학습 데이터의 반대편에 위치해 있지만 첫 번째 업데이트라는 점을 생각하면 문제가 되지는 않습니다. 최초의 직선에 비하면 올바른 방향으로 이동했으니까요.

두 번째 학습 데이터를 적용하겠습니다. x = 1.0이고 A = 0.3083이므로 y = 0.3083 * 1.0 = 0.3083이 됩니다. 목표 값은 2.9이므로 오차는 2.9 − 0.3083 = 2.5917입니다. 따라서 ΔA = L (E / x) = 0.5 * (2.5917 / 1.0) = 1.2958이 됩니다. 다시 한번 업데이트된 A는 이제 0.3083 + 1.2958 = 1.6042가 됩니다.

처음부터 지금까지의 과정을 시각화해봄으로써 과연 학습률을 이용한 업데이트가 더 나은 결과를 가져왔는지 확인해보겠습니다.

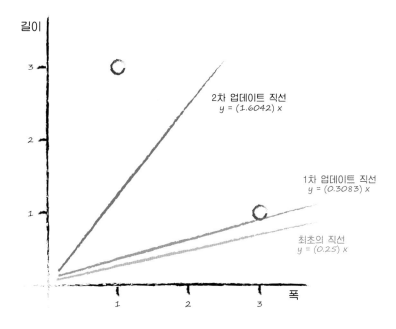

훨씬 좋아졌군요!

단 2개의 간단한 학습 데이터에 비교적 간단한 기법인 **학습률**만 적용했을 뿐인데 y = Ax = 1.6042x라는 분할선에 매우 빠르게 도달한 것을 확인했습니다.

우리가 지금 배운 내용은 매우 중요한 내용입니다. 여러분은 이제 매우 단순한 접근법이긴 해도 데이터를 분류할 수 있는 자동화된 학습 방법을 터득하게 되었습니다.

훌륭합니다!

핵심 정리

- 우리는 간단한 계산을 통해 선형 분류자의 오차와 기울기 매개변수 간의 관계를 이해할 수 있습니다. 즉 오차를 제거하기 위해 얼마만큼 기울기를 조정해야 하는지 알 수 있습니다.
- 이러한 조정 과정의 문제점은 이전의 학습 데이터는 무시하고 최종 학습 데이터에만 맞춰 업데이트된다는 것입니다. 이를 해결하기 위해 학습률을 도입해 업데이트의 정도를 조정해줍니다. 이를 통해 단일 학습 데이터가 학습에 지배적인 영향을 주는 것을 방지할 수 있습니다.
- 현실에서 학습 데이터는 잡음이 섞여 있거나 오차를 가집니다. 학습률을 이용한 업데이트는 이러한 데이터의 오류의 영향을 제한하는 효과도 있습니다.

## CHAPTER 5

분류자 1개로는 충분치 않을 수 있습니다

지금까지 우리는 입력을 받아 연산을 하고 답을 출력해주는 단순한 예측자와 분류자를 살펴봤습니다. 하지만 사실 단순한 예측자나 분류자는 우리가 인공 신경망에 적용하기 원하는 더욱 흥미로운 문제들을 해결하는 데에는 충분치 못합니다.

이 장에서 우리는 간단한 예제를 통해 선형 분류자의 한계점을 확인해보겠습니다. 인공 신경망으로 들어가기 전에 이렇게 뜸을 들이는 이유는 바로 인공 신경망의 설계에서 가장 중요한 요소가 이 한계를 이해하는 데에서 오기 때문입니다. 충분히 지면을 할애할 가치가 있으니 정독해주기 바랍니다.

불 논리^{Boolean logic} 함수를 보겠습니다. 혹시 처음 접하는 독자도 있을 수 있으니 약간 설명하겠습니다. 불 함수는 수학자이자 철학자였던 조지 불^{George Boole}의 이름을 딴 함수로, 논리곱(AND)이나 논리합(OR)과 같은 단순한 논리 함수를 의미합니다.

불 논리 함수는 마치 언어 또는 사고 기능과 유사한 역할을 수행한다고 보면 됩니다. 우리가 '야채를 먹고(AND) 배도 고픈 경우에만 푸딩을 먹을 수 있다'라고 말한다면 우리는 여기에서 불 **논리곱** 함수를 이용한 것입니다. 논리곱에서는 모든 조건이 참인 경우에만 참이 됩니다. 조건 중 1개만 참이면 결과는 거짓이 됩니다. 야채를 먹었지만 배가 고프지 않다면 푸딩을 먹을 수 없는 것입니다.

'주말이거나(OR) 연차인 경우에만 공원에서 시간을 보낼 수 있다'라고 말한다면 불 **논리합** 함수를 이용한 것입니다. 논리합에서는 조건의 일부만 충족되어도 참이 됩니다. 논리곱 함수와는 다르게 모든 조건이 참일 필요가 없습니다. 즉, 우리는 주말이 아니더라도 연차만 냈다면 공원에서 시간을 보낼 수 있습니다.

우리가 이미 앞에서 살펴본 바대로 함수는 입력을 받아 어떤 처리를 하고 그 결과를 출력해주는 기계입니다. 일반적으로 불 논리 함수는 2개의 입력을 받아 1개의 출력을 하는 구조입니다.

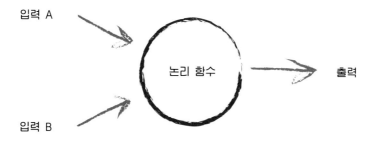

컴퓨터에서 참은 숫자 1로, 거짓은 숫자 0으로 표현하는 것이 일반적입니다. 다음 표는 가능한 모든 입력 값의 조합에 따른 논리곱과 논리합의 결과를 보여줍니다.

입력 A	입력 B	논리곱	논리합
0	0	0	0
0	1	0	1
1	0	0	1
1	1	1	1

논리곱 함수는 입력 A와 입력 B가 모두 참인 경우에만 참이며, 논리합 함수는 입력 A와 입력 B 중 1개만 참이어도 참인 것을 확인할 수 있습니다.

불 논리 함수는 컴퓨터 과학에서 매우 중요한 개념입니다. 실제로 초기 컴퓨터들은 전기 회로를 이용해 만들어졌고 이를 통해 논리 함수를 수행하는 것이 그 역할이었습니다. 단순한 불 논리 함수 기반으로 회로를 조합해 간단한 연산이 가능했던 것입니다.

데이터가 불 논리 함수에 의해 좌우되는지의 여부를 학습 데이터로부터 알아내기 위해 간단한 선형 분류자를 이용하는 경우를 생각해봅시다. 이는 과학자들이 관찰한 현상들 간에 인과관계나 상관관계를 찾아내기 위해 이용하는 일반적인 방법입니다. 예를 들어 비가 오고(AND) 온도도 35도 이상이면 말라리아가 더 많이 발생할까요? 아니면 둘 중에 한 가지 조건만(OR) 충족되어도 말라리아가 많이 발생할까요?

다음 그래프에는 입력 A와 입력 B가 좌표로 표현되어 있습니다. 논리곱 함수이므로 입력 A와 입력 B가 모두 참인 경우에만 결과가 참이며 이는 녹색으로 표시했습니다. 결과가 거짓인 경우는 빨간색으로 표시했습니다.

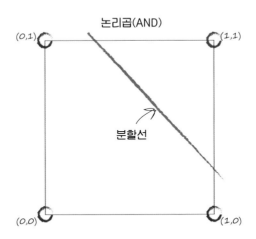

이 그래프에서 직선은 빨간색 지역과 녹색 지역을 잘 분류해준다고 볼 수 있습니다. 우리가 앞에서 살펴본 것처럼, 이 분할선은 선형 분류자가 학습을 할 수

있는 선형함수입니다.

앞에서 해본 것과 별반 다르지 않기 때문에 이 예에서는 굳이 숫자를 써가면서 계산해보지는 않겠습니다. 사실 이 분할선은 다양한 형태로 표현될 수 있기는 하지만, 여기에서 말하고자 하는 핵심은 $y = ax + b$의 형태를 가지는 단순한 선형 분류자가 불 논리곱 함수를 학습하는 것이 가능하다는 사실입니다.

이번에는 불 논리합 함수를 살펴보겠습니다.

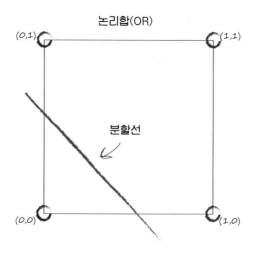

이번에는 입력 A와 입력 B가 모두 거짓인 지점인 (0,0)만 빨간색으로 표시됩니다. 다른 모든 조합은 A와 B 중 적어도 하나는 참이므로 결과도 참이 됩니다. 이 논리합 그래프에서 말하고자 하는 것은 앞의 논리곱 그래프에서와 마찬가지로 선형 분류자가 불 논리합 함수를 학습할 수 있다는 것입니다.

불 함수 중에는 **배타적 논리합**exclusive OR이라는 것도 있습니다. 보통 XOR로 표기합니다. 배타적 논리합에서 결과 값은 입력 A와 입력 B가 서로 다른 값인 경우에 참이 됩니다. 다시 말해 A와 B가 모두 참이거나 또는 모두 거짓인 경우에는 거짓이 됩니다. 다음 표를 통해 정리해봤습니다.

입력 A	입력 B	XOR
0	0	0
0	1	1
1	0	1
1	1	0

XOR을 그래프로 나타내면 다음과 같습니다.

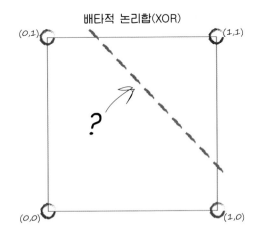

뭔가 좀 이상합니다! 논리곱과 논리합에서 봤던 것과는 뭔가 다르네요.

그렇습니다. 배타적 논리합의 경우에는 1개의 직선을 이용해 빨간색 지역과 녹색 지역을 구분하는 것이 불가능합니다. 다시 말해 단순한 선형 분류자는 XOR 함수에 좌우되는 학습 데이터들을 분류할 방법을 학습하는 것이 불가능하다는 뜻입니다.

이것이 바로 단순한 선형 분류자의 한계입니다. 단순한 선형 분류자는 당면한 문제가 단일 직선에 의해 구분되지 않는다면 아무 소용이 없게 되는 것입니다.

물론 우리는 어떤 문제가 선형적으로 구분 불가능하다고 하더라도 인공 신경망을 통해 해결하기를 바랍니다. 그렇다면 어떻게 해야 할까요?

물론 해결할 방법이 있습니다.

다음 그림이 해결에 대한 실마리를 줍니다. 바로 여러 개의 분류자를 이용하면
되는 것입니다. 이것은 인공 신경망에서 매우 중요한 개념입니다. 여러 개의 선
을 이용하면 매우 이상한 형태의 지역이라 할지라도 분류해낼 수 있다는 사실이
상상이 되나요?

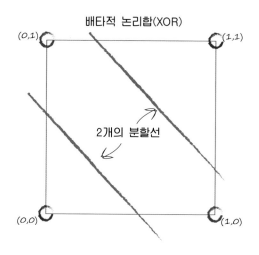

수고하셨습니다! 이제 다음 장에서는 여러 개의 분류자가 함께 동작하는 인공
신경망을 공부하기 전에 인공 신경망의 본질과 인공 신경망적인 접근에 영감을
줬던 동물의 두뇌에 대해 알아보겠습니다.

핵심 정리

- 데이터 자체가 단일 선형 프로세스에 의해 좌우되지 않는 경우라면 단순한 선형 분류자로
  데이터를 분류해낼 수 없습니다. 예를 들어 배타적 논리합에 의해 좌우되는 데이터는 단일
  선형 분류자에 의해 분류가 불가능한 점을 살펴봤습니다.
- 이런 경우 해결 방법은 간단합니다. 여러 개의 선형 분류자를 이용해 데이터를 분류하면
  되는 것입니다.

## CHAPTER 6

대자연의 컴퓨터, 뉴런

앞에서 말했던 대로 과학자들은 동물 뇌의 신비한 능력에 주목하게 되었습니다. 심지어 뇌 크기가 매우 작은 한 마리 비둘기조차, 엄청난 자원을 가지고 빠른 속도로 연산하는 컴퓨터보다 훨씬 광범위한 능력을 가지고 있기 때문입니다.

과학자들은 구조적 차이점에 주목하기 시작했습니다. 전통적인 컴퓨터는 데이터를 순차적으로 처리합니다. 또한 이러한 처리는 명확한 체계에 의해 정확히 수행됩니다. 냉철하고 에누리 없는 연산만이 존재할 뿐 어떤 흐릿함이나 애매함도 존재하지 않습니다. 반면 동물의 뇌는 비록 컴퓨터보다 느리게 동작하지만 신호를 순차적이 아니라 병렬적으로 처리하며, 그 처리 특성 중 하나는 바로 불명확성이었습니다.

생물학적 뇌의 기본 단위인 **뉴런(신경세포)**neuron을 보겠습니다.

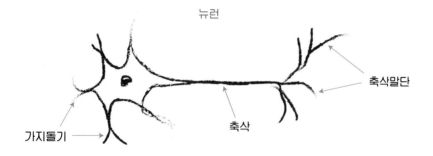

뉴런

축삭말단

축삭

가지돌기

종류에 상관없이 모든 뉴런은 한쪽 끝에서 다른 쪽 끝으로 전기신호를 전송합니다. 즉 가지돌기dendrite에서 축삭axon을 거쳐 축삭말단axon terminal까지 전송하는 것입니다. 이런 식으로 신호를 하나의 뉴런에서부터 다른 뉴런으로 계속해서 전달합니다. 우리의 몸은 이런 과정을 통해 빛, 소리 등 다양한 감각을 인지할 수 있게 됩니다. 감각 뉴런으로부터 전달된 신호는 신경계를 통해 우리의 뇌로 전달되는데, 뇌 역시 대부분 뉴런으로 구성되어 있습니다.

다음 그림은 1899년 스페인의 한 신경과학자가 스케치한 비둘기 뇌의 뉴런의 모습입니다. 가지돌기와 축삭말단 등 주요 부위를 볼 수 있습니다.

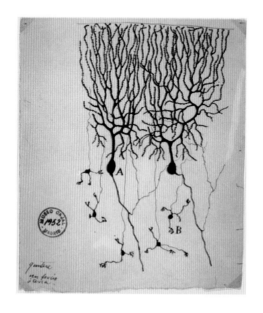

그렇다면, 흥미롭고 복잡한 업무를 수행하기 위해서는 몇 개의 뉴런이 필요할까요?

인간의 뇌는 약 1천억 개의 뉴런을 가지고 있습니다. 초파리는 겨우 10만 개 정도의 뉴런을 갖고 있지만 잘 날아다니고, 음식을 찾아 섭취하고, 위험을 피하는 등 상당히 복잡한 업무를 수행할 수 있습니다. 10만 개 정도라면 오늘날의 컴퓨터가 충분히 복제를 시도할 만한 수준입니다. 심지어 선충은 불과 302개의 뉴런을 갖고 있는데 이는 오늘날의 컴퓨터가 가질 수 있는 자원에 비하면 사실 미미한 숫자이지만, 그럼에도 컴퓨터보다 힘든 업무를 잘 수행합니다.

도대체 그 비밀은 무엇일까요? 도대체 생물학적 뇌는 컴퓨터보다 훨씬 느리고 상대적으로 적은 연산 자원을 가지고 있는데도, 어떻게 출중한 능력을 발휘하는 것일까요? 비록 의식과 같은 뇌의 기능은 여전히 미지의 영역이기는 하지만, 문제를 풀기 위해 계산을 수행하는 방법에 관해서라면 뉴런에 대한 연구가 상당히 진척되었습니다.

뉴런의 동작 원리를 알아보겠습니다. 뉴런은 전기 입력을 받아 또 다른 전기신호를 발생시킵니다. 이는 우리가 앞에서 살펴본 분류 또는 예측자에서 입력을 받아 어떤 처리를 해 결과를 출력하는 것과 매우 유사해 보입니다.

그렇다면 우리는 앞에서 했던 대로 뉴런을 선형함수로 표현할 수 있을까요? 좋은 시도이긴 하지만 그렇게 할 수 없습니다. 생물학적 뉴런에서는 입력을 단순히 선형함수로 처리해 출력을 만들어내지 않습니다. 다시 말해 생물학적 뉴런의 출력은 '출력 값 = (상수 × 입력 값) + (또 다른 상수)'와 같은 형태가 아니라는 것입니다.

과학자들의 관찰에 의하면 뉴런은 입력을 받았을 때 즉시 반응하지는 않습니다. 대신에 입력이 누적되어 어떤 수준으로 커진 경우에만 출력을 하게 됩니다. 즉 입력 값이 어떤 **분계점**threshold에 도달해야 출력이 발생하는 것입니다. 예를 들어 컵에 물을 채울 때 컵을 가득 채워야만 물이 넘치는 것을 연상하면 이해가 될 것입니다. 뉴런이 미세한 잡음 신호 따위는 전달하지 않고 의미가 있는 신호만 전달하게 된다는 점에서도 직관적으로 이해가 될 것입니다. 다음 그림은 입력이 분계점을 통과할 정도로 충분히 커져야만 출력을 생성해낸다는 것을 다이얼을 돌리는 것에 비유해 표현한 그림입니다.

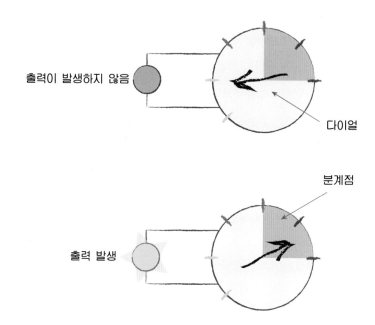

이처럼 입력 신호를 받아 특정 분계점을 넘어서는 경우에 출력 신호를 생성해주는 함수를 **활성화 함수**activation function라고 합니다. 수학적으로 다양한 활성화 함수가 존재합니다. 활성화 함수 중 가장 단순한 형태인 **계단 함수**step function는 다음과 같이 표현됩니다.

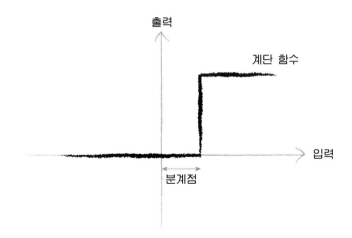

그래프에서 보듯이 입력 값이 작은 경우 출력 값은 0이 됩니다. 하지만 일단 입력 값이 분계점 이상이 되면 출력 값은 갑자기 올라가게 됩니다. 이와 같은 인공 뉴런의 반응은 우리 뇌에 있는 생물학적 뉴런의 반응과 유사한 면이 있습니다. 이처럼 입력 값이 분계점에 이르러 출력을 발생시키는 현상을 일컬어 뉴런이 **작동한다**fire라고 말합니다.

이번에는 계단 함수를 좀 더 개선해볼까요? 다음 그래프에 있는 S자 모양의 함수를 **시그모이드 함수**sigmoid function라고 합니다. 시그모이드 함수는 차갑고 딱딱한 계단 함수보다 부드러운 형태를 가지는데, 이는 보다 자연스럽고 현실에 가깝습니다. 가만히 들여다보면 우리가 살고 있는 대자연의 모든 것은 대부분 날카롭고 딱딱한 모서리를 가지지 않는다는 점을 알 수 있습니다.

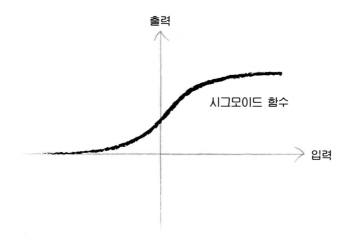

우리는 앞으로 인공 신경망을 만들 때 이처럼 부드러운 S자 형태를 가지는 시그모이드 함수를 활용할 것입니다. 인공지능 연구자들은 시그모이드 외에 다른 함수들을 이용하기도 하지만, 시그모이드는 단순하면서도 전통적으로 많이 쓰여온 함수이므로 인공 신경망을 처음 공부하는 우리에게는 안성맞춤이라고 할 수 있습니다.[1]

시그모이드 함수는 때로 **로지스틱 함수**logistic function라고 부르기도 하며, 수식으로는 다음과 같이 표현됩니다.

$$y = \frac{1}{1 + e^{-x}}$$

---

[1] 활성화 함수에는 시그모이드 함수 외에도 쌍곡탄젠트(tanh), ReLU, Leaky ReLU, Maxout, ELU 등 많은 종류가 있습니다. 활성화 함수는 2016년 현 시점에도 여전히 활발히 연구가 이루어지고 있는 분야이고, 시그모이드 함수는 전통적으로 가장 기본이라 할 수 있는 활성화 함수로서 학습 용도로 적절합니다. 다만 엄밀히 말하면 현업에서는 몇 가지 문제가 있어 더는 사용이 권장되지 않는 상황입니다. 현 시점에서는 ReLU 함수가 가장 많이 사용된다는 점도 참고하기 바랍니다.

의외로 간단하니 수식을 보고 너무 겁부터 먹을 필요는 없습니다. e라는 기호는 2.71828…이라는 값의 상수로서 수학이나 물리학 분야에서 흔히 사용되는 상수입니다.[2] 값의 마지막 부분을 …으로 표현한 이유는 소수점 이하 부분이 영원히 이어지기 때문입니다. 수학에서는 이런 특징을 가지는 숫자를 일컬어 초월수라고 부르는데요, 너무 깊게 생각할 것 없이 우리는 그냥 e는 2.71828이라고 간주하겠습니다. 입력 값 x에 마이너스를 붙이고 이를 e의 지수로 취합니다. 여기에 1을 더하면 $1 + e^{-x}$입니다. 이에 대해 역수를 취하면 위의 식이 나오는 것입니다. 어려울 것 없죠?

예를 들어 x의 값이 0인 경우 e^{-x}는 1이 되므로 $y = 1 / (1 + 1) = 1/2$이 될 것입니다.

우리가 시그모이드 함수를 활성화 함수로 사용하는 또 다른 이유는 바로 시그모이드 함수가 다른 함수들보다 계산이 매우 편리하다는 점인데, 이에 대해서는 조금 뒤에 알아보겠습니다.

이제 뉴런 이야기로 다시 돌아가서 인공 뉴런을 어떻게 모델화할지 생각해보겠습니다.

여기서 인지해야 할 점은 실제 생물학적 뉴런은 한 개의 입력이 아니라, 여러 개의 입력을 받는다는 점입니다. 이미 우리는 불 논리 기계로 2개의 입력을 받아본 적이 있으므로 이러한 사실이 생소하지는 않습니다.

뉴런은 여러 개의 입력을 받아 어떻게 처리할까요? 뉴런에서는 각각의 입력을 더해줍니다. 그다음 이 합을 시그모이드 함수의 입력 값으로 전달합니다. 시그모이드 함수는 이 입력 값을 이용해 출력을 생성합니다. 이러한 과정 역시 생물학적 뉴런의 동작 원리를 반영하는 것입니다. 이러한 과정은 다음과 같은 그림으로 표현할 수 있습니다.

---

[2] 오일러의 수, 자연상수, 네이피어 상수 등으로 불리기도 합니다.

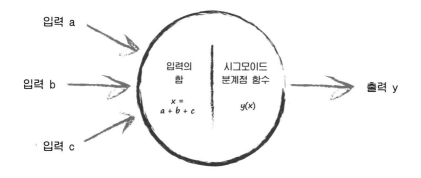

입력 a

입력 b

입력 c

입력의 합
$x = a + b + c$

시그모이드 분계점 함수
$y(x)$

출력 y

만약 입력 a, 입력 b, 입력 c의 합인 x가 분계점을 넘어설 정도로 충분히 크지 않다면 시그모이드 함수는 아무것도 출력하지 않게 됩니다. 반대로 x가 분계점을 넘으면 시그모이드 함수는 이 뉴런을 작동시킵니다. 흥미로운 점은 나머지 입력 값들이 매우 작다고 하더라도 단지 1개의 입력 값만 충분히 크다면 뉴런은 작동할 수 있다는 점입니다. 이런 점을 볼 때 뉴런은 뭔가 복잡하고 쉽게 잡히지 않을 것 같은 연산을 해낼 수 있을 것 같다는 느낌을 직관적으로 받게 됩니다.

전기신호는 가지돌기에 의해 수집된 다음, 하나로 결합되어 더 강한 전기신호가 됩니다. 이 신호가 분계점을 넘어설 정도로 충분히 크다면 뉴런은 축삭으로 신호를 발사해 축삭말단을 통해 다음 뉴런의 가지돌기로 전달하게 합니다. 이런 식으로 결합된 몇 개의 뉴런을 다음 그림에서 확인할 수 있습니다.

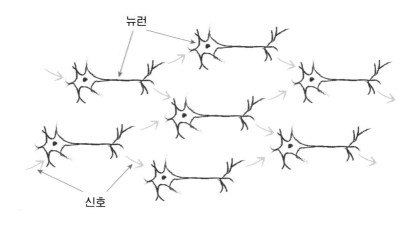

뉴런

신호

이 그림에서 눈여겨볼 점은 각각의 뉴런이 1개가 아니라 여러 개의 뉴런으로부터 입력을 받는다는 점입니다. 또한 각각의 뉴런은 한번 작동될 때 여러 개의 뉴런으로 신호를 전달하게 됩니다.

이러한 생물학적 뉴런을 인공적으로 모델화하려면 어떻게 할까요? 바로 뉴런을 여러 **계층**^{layer}에 걸쳐 위치시키고, 각각의 뉴런은 직전 계층과 직후 계층에 있는 모든 뉴런들과 상호 연결되어 있는 식으로 표현하면 될 것입니다. 이를 그림으로 표현하면 다음과 같습니다.

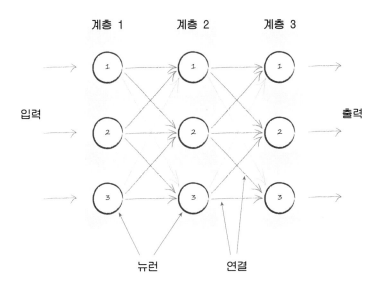

이 그림에는 3개의 계층이 있으며, 각각의 계층에는 뉴런이 3개씩 존재함을 확인할 수 있습니다. 이 각각의 인공 뉴런을 **노드**^{node}라고 부릅니다. 각 노드는 직전 계층과 직후 계층에 존재하는 다른 모든 노드와 연결되어 있다는 점도 확인할 수 있습니다.

그렇다면 이러한 구조에서 과연 어떤 부분이 학습을 하는 것일까요? 학습 데이터를 통해 학습을 진행하게 되면 도대체 무엇을 조정해야 하는 것일까요? 우리가 앞에서 살펴본 선형 분류자의 기울기처럼 우리가 업데이트해나가야 할 어떤 매개변수가 존재하는 것일까요?

우선 분명한 것 한 가지는 노드 간 연결의 강도를 조정해나가야 한다는 점입니다. 하나의 노드 내에서 입력 값들의 합을 조정하거나 시그모이드 함수의 형태를 조정할 수도 있지만, 이는 단순히 노드 간 연결의 강도를 조정하는 것보다 훨씬 복잡한 작업입니다.

단순한 방법이 제대로 동작한다면 그것을 이용하면 됩니다. 다음 그림은 다시 한번 연결된 노드들을 표현합니다. 하지만 이번에는 각각의 연결에 적용할 **가중치**weight를 함께 표현했습니다. 낮은 가중치는 신호를 약화하며 높은 가중치는 신호를 강화합니다.

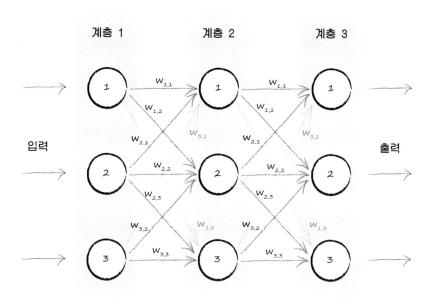

가중치 기호 옆에 있는 숫자들에 대해 설명하겠습니다. 예를 들어 $w_{2,3}$은 특정 계층의 노드 2에서 다음 계층의 노드 3으로 전달되는 신호와 관련된 가중치를

의미합니다. 또 $w_{1,2}$는 특정 계층의 노드 1에서 다음 계층의 노드 2로 전달되는 신호를 강화 또는 약화하는 역할을 하는 가중치입니다. 다음 그림에는 첫 번째 계층과 두 번째 계층 사이에서 $w_{1,2}$와 $w_{2,3}$을 강조해서 표시했습니다.

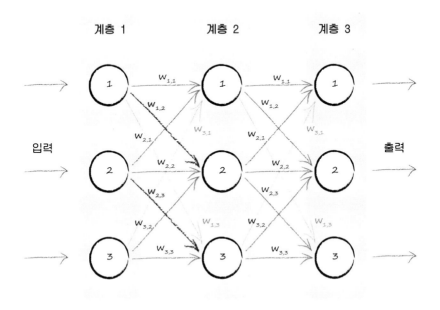

이쯤 되면 여러분은 왜 꼭 하나의 노드가 직전 계층과 직후 계층의 모든 노드와 연결되어야 하는지 의문을 가질 수 있습니다.[3] 사실 꼭 이렇게 모든 노드가 연결되어야 한다는 법은 없습니다. 더 창조적으로 연결할 수도 있습니다. 그럼에도 일반적으로 모든 노드 간에 연결을 하는 이유는, 이렇게 연결해야 프로그램으로 구현하기가 편리하며, 문제를 해결하기 위해 필요로 하는 절대적인 최솟값보다 연결이 몇 개 더 있다고 해서 별문제가 되는 것도 아니기 때문입니다. 꼭 필요한 연결이 아니라고 하면 그 연결은 실제로 학습 과정에서 자동적으로 가중치가 매우 낮아지게 마련입니다.

---

3 이처럼 모든 노드가 연결되는 것을 영어로는 FC(fully-connected)라고 합니다.

이게 무슨 말이냐고요? 다시 말해 우리의 네트워크가 가중치들의 값을 조정해 가며 출력 값을 개선해가는 과정에서, 일부 가중치들은 0에 가까운 값 또는 심지어는 0이 된다는 의미입니다. 가중치가 0이라는 것은 신호를 전달하지 않는 다는 것이므로 결국 이러한 연결은 네트워크에 영향력을 행사할 수 없게 됩니다. 즉, 가중치가 0이라는 것은 신호에 0을 곱한다는 말이므로, 신호가 0이 되는 해당 연결은 사실상 끊어진 것이나 다름없게 됩니다.

핵심 정리

- 생물학적 뇌는 최첨단 컴퓨터에 비해 저장 능력과 연산 속도가 떨어져 보이지만, 하늘을 날고 음식을 찾아내고 언어를 학습하고 포식자로부터 도망가는 등 수준 높고 정교한 업무 를 잘 수행합니다.
- 생물학적 뇌는 손상되었거나 완전하지 않은 신호에 대해 전통적인 컴퓨터 시스템에 비해 놀라울 정도로 탄력적인 반응을 합니다.
- 인공 신경망은 상호 연결된 뉴런으로 구성된 생물학적 뇌로부터 영감을 받아 구축되었습 니다.

## CHAPTER 7

신경망 내의 신호 따라가기

앞 장에서 우리는 뉴런이 3개 계층에 걸쳐 있으며 각각 직전 계층과 직후 계층의 다른 모든 뉴런과 연결되어 있는 그림을 살펴본 바 있습니다.

보기에는 멋진 그림이기는 한데, 신호가 입력되어 계층들을 거쳐서 출력까지 가는 과정에서 우리가 직접 이 신호를 계산해나갈 것을 생각하니 살짝 두려운 생각이 들기도 하는군요.

네, 어려운 작업이기는 합니다. 하지만 신경망을 단계별로 하나하나 그림으로 그려가면서 어떤 일이 벌어지고 있는지 확인해나갈 것이므로 너무 걱정할 필요는 없습니다. 물론 나중에는 컴퓨터를 이용해 이 작업을 할 것이지만, 여기서는 이해를 위해 단계별로 확인해보겠습니다. 더 쉽게 이해하기 위해 다음 그림처럼 2개 계층, 그리고 각 계층에는 2개 뉴런만 존재하는 단순한 신경망을 살펴보며 단계별로 과정을 이해해보겠습니다.

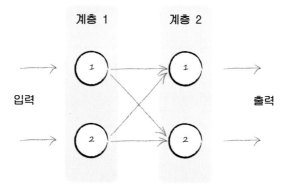

2개의 입력 값이 각각 1.0과 0.5라고 하겠습니다. 이를 그림으로 표현하면 다음과 같습니다.

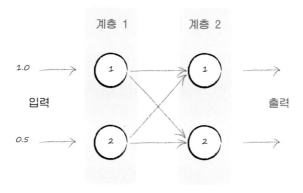

앞에서 본 것처럼 각 노드는 각 입력 값의 합을 구한 후 활성화 함수를 통해 이를 출력합니다. 활성화 함수로는 앞에서 본 시그모이드 함수를 사용할 것입니다.

시그모이드 함수에서 x는 입력 값의 합을, y는 출력 값을 의미합니다.

가중치는 어떻게 초기화해야 할까요? 일단 임의의 값으로 초기화해보겠습니다.

- $W_{1,1}$ = 0.9
- $W_{1,2}$ = 0.2

- $W_{2,1}$ = 0.3
- $W_{2,2}$ = 0.8

이처럼 가중치의 초기 값을 임의의 값으로 지정하는 것은 나쁜 생각이 결코 아닙니다. 사실 우리는 앞에서 선형 분류자의 기울기도 임의의 값으로 초기화한 바 있습니다. 분류자가 예제들을 통해 학습해나가면서 임의의 값이 점점 개선되어가는 것을 확인했죠. 이는 인공 신경망에서도 동일하게 적용 가능합니다.

지금 우리가 보고 있는 작은 인공 신경망에는 겨우 4개의 가중치가 존재합니다. 2개의 계층 각각에 2개의 노드가 존재하니 가능한 조합이 총 4개가 되는 것이죠. 다음 그림에 이를 표현해봤습니다.

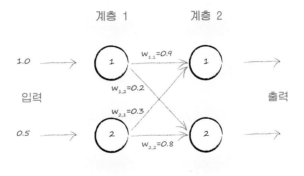

이제 계산을 시작해보겠습니다!

첫 번째 계층은 입력 계층이므로 입력 신호 값을 표현하는 것 외에는 어떤 작업도 필요하지 않습니다. 다시 말해서 입력 노드에서는 입력 값에 활성화 함수를 적용하지 않습니다. 이유를 묻는다면 사실 딱히 답이 있는 것은 아닙니다. 다만 역사적으로 그렇게 해왔다고 설명할 수밖에 없을 것 같습니다. 신경망의 첫 번째 계층은 입력 계층이며, 입력 계층이 하는 일은 그저 입력 값을 표시하는 것뿐입니다. 이렇게만 알면 됩니다.

입력 계층인 계층 1은 어떤 계산도 할 필요 없이 쉽게 끝났습니다.

다음으로 계층 2에서는 계산을 수행할 것입니다. 우리는 계층 2에 존재하는 각각의 노드로 들어오는 입력 값들의 합에 대해 작업을 해야 합니다. 시그모이드 함수에서 바로 x가 해당 노드로 들어온 입력 값들에 가중치를 곱한 값들의 합입니다. 다음 그림은 앞 장에서 봤던 시그모이드 함수 그림과 유사하지만, 들어오는 신호를 조정하기 위해 가중치가 추가되어 있는 것을 확인할 수 있습니다.

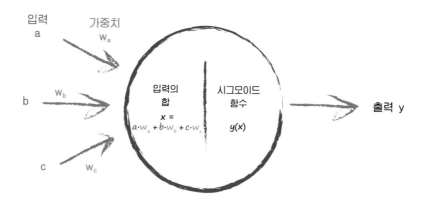

우선 계층 2의 노드 1을 보겠습니다. 입력 계층의 2개 노드가 모두 연결되어 있습니다. 입력 노드의 값은 각각 1.0과 0.5입니다. 첫 번째 노드로부터의 연결은 가중치가 0.9이며, 두 번째 노드로부터의 연결은 가중치가 0.3입니다. 따라서 입력 값들에 대해 가중치를 곱하고 합계를 낸 값은 다음과 같이 계산할 수 있습니다.

$$x = (노드\ 1의\ 출력\ 값\ *\ 가중치) + (노드\ 2의\ 출력\ 값\ *\ 가중치)$$
$$x = (1.0 * 0.9) + (0.5 * 0.3) = 0.9 + 0.15 = 1.05$$

이를 입력의 합이라고 부르며 이렇게 입력의 합을 구하는 것을 조합[combine]한다고 표현하기도 합니다. 우리가 신호를 조정하지 않았다면 1.0 + 0.5 = 1.5라는 단순합을 결과로 얻었을 것입니다. 하지만 신경망에서 학습을 하는 대상은 가중치입니다. 즉 점점 더 나은 결과를 얻기 위해 가중치의 값을 반복적으로 업데이트해가는 것이 바로 신경망의 학습이므로 가중치가 반드시 포함되어야 합니다.

이렇게 우리는 계층 2의 노드 1으로 들어온 입력의 합을 x = 1.05라고 계산했습니다. 이제 우리는 활성화 함수(시그모이드 함수)에 이 입력 값을 넣어줌으로써 최종적으로 이 노드의 출력 값을 계산할 준비가 되었습니다. 계산기를 이용해서 한번 계산해보기 바랍니다. 출력 값 y = 1 / (1 + 0.3499) = 1 / 1.3499 = 0.7408이 됩니다.

훌륭합니다! 이로써 우리는 2개 노드 중 1개 노드의 출력 값을 실제로 계산해낸 것입니다.

이제 남아 있는 계층 2의 노드 2에 대해 동일한 방식으로 출력 값을 알아내겠습니다. 우선 입력의 합 x를 다음과 같이 계산합니다.

x = (노드 1의 출력 값 * 가중치) + (노드 2의 출력 값 * 가중치)
x = (1.0 * 0.2) + (0.5 * 0.8) = 0.2 + 0.4 = 0.6

이 값을 시그모이드 활성화 함수에 입력 값으로 적용하면 y = 1 / (1 + 0.5488) = 1 / 1.5488 = 0.6457이라는 출력 값을 얻게 됩니다.

이제 우리가 계산한 출력 값을 포함해 그림으로 표현하면 다음과 같습니다.

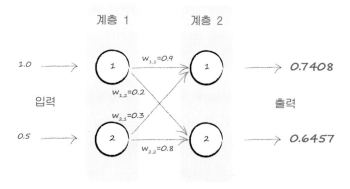

우리는 지금까지 수작업을 통해 2개의 출력 값을 구했습니다. 매우 단순한 네트워크였기에 망정이지, 대형 네트워크에서 이러한 수작업은 사실 불가능에 가깝습니다. 이런 계산을 빠르고 지루하지 않게 처리할 수 있는 컴퓨터가 있어 다행입니다.

우리에게 컴퓨터가 있기는 하지만 2개보다 훨씬 더 많은 계층을 가지고 각각의 계층에는 4개, 8개, 심지어 수백 개의 노드가 있는 네트워크를 생각해보면, 컴퓨터 프로그램을 짠다고 해도 이런 각각의 계층에 존재하는 각 노드에 대해 계산을 수행하라고 일일이 명령하는 것조차도 엄청난 일이 될 것입니다. 지루하기도 하고, 또 하다 보면 실수도 하게 되겠죠.

다행히도 수많은 계층과 노드를 가지는 복잡한 신경망이라고 하더라도 매우 간결하게 출력 값을 구할 수 있는 수학적 방법이 존재합니다. 간결한 방법은 단지 인간뿐만 아니라 컴퓨터에게도 좋습니다. 인간 입장에서는 해석이 용이해서 좋고, 컴퓨터 입장에서는 훨씬 짧은 명령으로 효율적인 실행이 가능하기 때문입니다.

이처럼 간결한 접근 방법을 제공하는 것이 바로 **행렬**입니다. 다음 장에서 행렬에 대해 살펴보겠습니다.

## CHAPTER 8

솔직히 행렬곱은 유용합니다

사실 행렬은 악명이 높습니다. 행렬 하면 고등학교 때 하품이 나올 정도로 지루했던 수학 시간이 떠오르기 마련이죠.

앞에서 우리는 각 계층에 2개 노드가 있는 2계층 네트워크에 대해 수작업으로 계산을 수행했습니다. 이 정도의 작은 네트워크에서라면 수작업은 별 문제가 안 됩니다. 하지만 각각 100개의 노드를 가지는 5계층 네트워크에서 이런 수작업을 해야 한다면 어떨까요? 계산에 필요한 숫자들을 쓰는 것조차 엄청난 일이 되어버릴 겁니다. 모든 신호를 조합하고 여기에 가중치를 곱해주고 시그모이드 활성화 함수까지 적용해줘야 합니다. 그것도 모든 노드에 대해, 또한 모든 계층에 대해... 으악!

그렇다면 행렬이 어떤 도움을 줄 수 있는 걸까요? 행렬은 두 가지 방식으로 우리에게 도움을 줍니다. 우선 행렬은 이 모든 복잡한 계산을 매우 간단한 형태로 압축해서 표현할 수 있도록 도와줍니다. 지루한 작업을 하기 싫어하고 또 반복 작업을 하다 보면 실수를 하게 마련인 우리 인간에게 엄청난 도움이 되겠죠? 두 번째로, 대부분의 컴퓨터 프로그래밍 언어는 행렬 작업을 잘 처리하므로 이런 복잡한 업무를 행렬 기반으로 잘 만들어서 컴퓨터에게 넘기기만 하면 컴퓨터가 알아서 이를 매우 빠르고 효율적으로 처리할 수 있게 됩니다.

간단히 말해서 행렬은 우리가 해야 하는 복잡한 업무를 간결하게 표현해주며, 컴퓨터를 통해 복잡한 연산을 빠르고 효율적으로 할 수 있게 해준다는 겁니다.

이것이 우리가 학창 시절의 안 좋은 추억에도 불구하고 행렬을 살펴봐야 하는 이유입니다. 이제 행렬을 파헤쳐보겠습니다.

행렬matrix이란 사실상 숫자로 구성된 사각형의 격자에 지나지 않습니다. 다시 말해 엑셀 같은 소프트웨어에서 많이 보아온 숫자로 구성된 표일 뿐입니다. 이게 전부입니다. 행렬은 이것보다 복잡할 것이 하나도 없습니다.

엑셀을 사용해본 적이 있다면 이미 표에 나열된 숫자들을 조작하는 작업에 익숙할 것입니다. 어떤 사람들은 그것을 표라고 부르지만 우리는 행렬이라고 부를 것입니다. 다음 그림 같은 것 말입니다.

	A	B	C	D
1	3	32	5	
2	5	74	2	
3	8	11	8	
4	2	75	3	
5				
6				

이 그림처럼 행렬은 단지 숫자들로 구성된 표일 뿐입니다. 다음 그림은 2×3의 크기를 가지는 행렬입니다.

$$\begin{pmatrix} 23 & 43 & 22 \\ 43 & 12 & 54 \end{pmatrix}$$

행렬에서는 관행적으로 행^{row}을 먼저 쓰고 그다음에 열^{column}을 씁니다. 이 행렬은 2개의 행을 가지며 3개의 열을 가집니다. 따라서 이 행렬은 3 × 2 행렬이 아니라 2 × 3 행렬입니다.

행렬을 둘러쌀 때 어떤 사람들은 앞의 그림처럼 둥근 괄호를 사용하지만, 다른 어떤 사람들은 각괄호([ ])를 사용하기도 한다는 점도 참고하기 바랍니다.

참고로 행렬의 원소로 숫자만 가능한 것은 아닙니다. 다음 그림에서처럼 **변수**도 행렬의 원소가 될 수 있습니다.

$$\begin{pmatrix} \text{배의 경도} & \text{비행기의 경도} \\ \text{배의 위도} & \text{비행기의 위도} \end{pmatrix}$$

행렬의 곱셈 연산인 **행렬곱**$^{matrix\ multiplication}$을 보면 행렬이 얼마나 유용한지 감을 잡을 수 있을 것입니다. 학교에서 이미 배워 알고 계신 분들도 있겠지만 여기에서 다시 한번 설명하겠습니다.

행렬 2개를 곱하는 예를 보겠습니다.

$$\begin{pmatrix} 1 & 2 \\ 3 & 4 \end{pmatrix} \begin{pmatrix} 5 & 6 \\ 7 & 8 \end{pmatrix} = \begin{pmatrix} (1*5) + (2*7) & (1*6) + (2*8) \\ (3*5) + (4*7) & (3*6) + (4*8) \end{pmatrix}$$

$$= \begin{pmatrix} 19 & 22 \\ 43 & 50 \end{pmatrix}$$

여기에서 볼 수 있듯이 행렬곱은 단순히 같은 위치에 있는 원소끼리 곱하는 연산이 아닙니다. 예를 들어 결과 행렬에서 좌측 상단 원소는 1 * 5 = 5로 구하는 것이 아니며, 우측 하단 원소도 4 * 8 = 32가 아닙니다.

행렬곱은 다른 규칙에 의해 수행됩니다. 예를 들어 결과 행렬의 좌측 상단 원소를 어떻게 구하는지 다음 그림을 보고 이해해보겠습니다.

$$\begin{pmatrix} 1 & 2 \\ 3 & 4 \end{pmatrix} \begin{pmatrix} 5 & 6 \\ 7 & 8 \end{pmatrix} = \begin{pmatrix} (1*5) + (2*7) & (1*6) + (2*8) \\ (3*5) + (4*7) & (3*6) + (4*8) \end{pmatrix}$$

$$= \begin{pmatrix} 19 & 22 \\ 43 & 50 \end{pmatrix}$$

결과 행렬의 좌측 상단 원소는 첫 번째 행렬의 1행과 두 번째 행렬의 1열을 이용해 구합니다. 즉 첫 번째 행렬 1행의 1과 두 번째 행렬 1열의 5를 곱해 5를 얻고, 첫 번째 행렬 1행의 2와 두 번째 행렬 1열의 7을 곱해 14를 얻게 됩니다. 이제 5와 14을 더해 19라는 값을 얻게 되는데 이 값이 결과 행렬의 좌측 상단 원소의 값이 됩니다.

글로 쓰다 보니 복잡해 보이지만, 실제 해보면 어렵지 않습니다. 혹시 행렬곱에 익숙하지 않은 독자라면 한번 손으로 직접 계산해보기 바랍니다. 아래 그림은 결과 행렬의 우측 하단 원소를 어떻게 계산하는지 보여줍니다.

$$
\begin{pmatrix} 1 & 2 \\ 3 & 4 \end{pmatrix}
\begin{pmatrix} 5 & 6 \\ 7 & 8 \end{pmatrix}
=
\begin{pmatrix} (1*5)+(2*7) & (1*6)+(2*8) \\ (3*5)+(4*7) & (3*6)+(4*8) \end{pmatrix}
$$

$$
=
\begin{pmatrix} 19 & 22 \\ 43 & 50 \end{pmatrix}
$$

여기에서도 마찬가지로, 첫 번째 행렬 2행의 원소들과 이에 대응하는 두 번째 행렬 2열의 원소들을 곱해 $(3 * 6)$과 $(4 * 8)$을 얻게 되며, 이를 더하면 $18 + 32 = 50$이라는 원소 값을 구하게 됩니다.

시작한 김에 끝까지 해보면 좌측 하단의 값은 $(3 * 5) + (4 * 7) = 15 + 28 = 43$이 되며, 우측 상단의 값은 $(1 * 6) + (2 * 8) = 6 + 16 = 22$가 됩니다.

다음 그림에서는 변수를 이용해 행렬곱을 표현해봤습니다.

$$
\begin{pmatrix} a & b & .. \\ c & d & .. \end{pmatrix}
\begin{pmatrix} e & f \\ g & h \\ .. & .. \end{pmatrix}
=
\begin{pmatrix} (a*e)+(b*g)+... & (a*f)+(b*h)+... \\ (c*e)+(d*g)+... & (c*f)+(d*h)+... \end{pmatrix}
$$

$$
=
\begin{pmatrix} ae+bg+... & af+bh+... \\ ce+dg+... & cf+dh+... \end{pmatrix}
$$

위에서는 숫자 대신 문자를 이용함으로써 행렬곱을 좀 더 일반적으로 표현했습니다. 다른 크기를 가지는 행렬에도 적용할 수 있도록 일반화해 표현한 것입니다.

방금 다른 크기를 가지는 행렬에도 적용 가능하다고 말씀드렸는데 사실 여기에는 중요한 제약이 한 가지 있습니다. 2개의 행렬에 대해 행렬곱을 수행할 때 아무 행렬이나 가능한 것은 아닙니다. 2개의 행렬은 '호환'되어야 합니다. 눈치 빠른 분들은 이미 앞에서 첫 번째 행렬의 열과 두 번째 행렬의 행을 보고 이를 파악했을지도 모르겠습니다. 첫째 행렬의 열 수와 둘째 행렬의 행 수가 다르면 행렬곱은 불가능합니다. 예를 들어 2 × 2 행렬과 5 × 5 행렬은 곱할 수 없습니다. 직접 그려서 해보면 왜 안 되는지 감이 올 겁니다. 첫 번째 행렬의 열의 수와 두 번째 행렬의 행의 수가 같아야만 행렬곱이 성립합니다.

이러한 행렬곱을 **점곱**^{dot product} 또는 **내적**^{inner product}이라고 합니다. 사실 행렬곱에는 교차곱^{cross product} 등 다른 종류의 행렬곱도 존재하지만 우리가 관심을 가져야 하는 행렬곱은 바로 점곱(내적) 하나입니다.

대체 이 토끼 굴같이 생긴 재미없는 행렬곱을 왜 공부해야 하는 것일까요? 이유가 있으니 조금만 더 참고 읽어주기 바랍니다!

이번에는 아무 의미 없는 변수 대신 신경망에서 의미가 있는 변수명을 넣어보겠습니다. 두 번째 행렬은 2 × 1 행렬이지만 행렬곱 계산 방법은 앞에서와 동일합니다.

$$
\begin{pmatrix} w_{1,1} & w_{2,1} \\ w_{1,2} & w_{2,2} \end{pmatrix} \begin{pmatrix} input\_1 \\ input\_2 \end{pmatrix} = \begin{pmatrix} (\,input\_1 * w_{1,1}\,) + (\,input\_2 * w_{2,1}\,) \\ (\,input\_1 * w_{1,2}\,) + (\,input\_2 * w_{2,2}\,) \end{pmatrix}
$$

지금 마법 같은 일이 벌어진 것을 눈치채셨나요?

첫 번째 행렬은 2개 계층의 노드 간 가중치로 구성되어 있으며, 두 번째 행렬은 입력 계층의 신호로 구성되어 있습니다. 이 2개 행렬의 행렬곱의 결과는 바로 계층 2의 각 노드로 전달되는 입력의 합을 담고 있습니다. 다시 말해 결과 행렬에서 첫 번째 노드는 input_1이 가중치 $w_{1,1}$에 의해 조정된 값과 input_2가 가중치 $w_{2,1}$에 의해 조정된 값이 더해진 결과인 것입니다. 이 2개 값은 시그모이드 활성화 함수에 입력 값 x로 전달됩니다.

다음 그림을 보면 좀 더 명확하게 이해할 수 있을 것입니다.

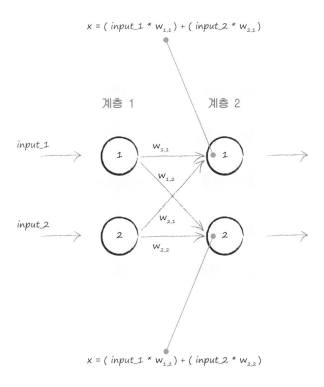

정말 유용하죠? 이제 우리는 계층 2의 각 노드에 전달되는 입력의 합의 계산을 행렬곱을 이용해 표현할 수 있기 때문입니다. 이를 축약해서 표현하면 다음과 같습니다.

$$\mathbf{X} = \mathbf{W} \cdot \mathbf{I}$$

여기에서 **W**는 가중치의 행렬이며 **I**는 입력 값들의 행렬입니다. 그리고 **X**는 계층 2로 들어온 신호들의 조정된 합으로 이루어진 행렬이 됩니다. 보통 행렬을 표기할 때에는 일반 숫자를 담은 변수와 구분하기 위해 **굵은 글씨**^bold로 표현한다는 점도 참고하기 바랍니다.

이제 우리는 각각의 계층에 노드가 몇 개씩 존재하는지 크게 신경 쓸 필요가 없어졌습니다. 만약 더 많은 노드가 존재한다면 그저 행렬이 커질 뿐이지, 뭔가 더 길게 또는 크게 작성할 필요가 없습니다. 우리가 2개의 원소를 가지든 아니면 200개의 원소를 가지든 관계없이 우리는 그저 **W** · **I**라고 표기하면 되는 것입니다.

이제 **X** = **W** · **I**를 풀기 위한 모든 복잡하고 지루한 연산은 컴퓨터가 알아서 해줄 것입니다. 우리 인간이 각 계층에 존재하는 각 노드에 대해 일일이 명령을 내릴 필요가 없다는 것입니다.

정말 대단하지 않습니까? 행렬곱을 이해하는 것만으로 우리는 큰 노력 없이 인공 신경망을 수행할 수 있는 강력한 무기를 얻은 것이나 다름없습니다.

이제 활성화 함수를 살펴보겠습니다. 활성화 함수 계산은 간단하고 행렬곱을 필요로 하지 않습니다. 우리가 해야 하는 일은 그저 행렬 **X**의 각각의 원소에 대해 시그모이드 함수를 적용해주는 것뿐입니다.

너무 간단해서 의아할 수도 있겠지만 사실입니다. 우리는 이미 다른 노드들로부터 오는 신호들을 조합했고 **X**에 이것이 이미 반영되어 있기 때문입니다. 앞에서 본 바와 같이 활성화 함수는 마치 생물학적 뉴런처럼 단지 분계점을 적용해 응답 값을 제어하는 역할을 할 뿐입니다. 따라서 계층 2의 최종 결과물은 다음과 같이 표현할 수 있습니다.

O $= sigmoid(\mathbf{X})$

굵은 글씨로 표현한 **O**는 신경망의 마지막 계층의 모든 결과 값을 포함하는 행렬입니다.

$X = W \cdot I$는 특정 계층과 그다음 계층 사이에 적용되는 계산입니다. 만약 우리가 3개의 계층을 가진다면 우리는 계층 2의 결과 값을 계층 3으로의 입력 값으로 취하고 여기에 가중치를 적용하는 식으로 그저 행렬곱을 한 번 더 반복하면 됩니다.

이론은 이 정도로 하고 다음 장에서는 실제 예를 들어 어떻게 동작하는지를 살펴보겠습니다. 다음 장에서 살펴볼 신경망은 각각 3개의 노드를 가지는 3개의 계층으로 구성된 신경망입니다.

핵심 정리

- 신경망에서 신호를 전달하는 연산은 **행렬곱**을 통해 표현할 수 있습니다.
- 행렬곱을 활용하면 그 크기에 상관없이 신경망을 **간결하게** 표현할 수 있습니다.
- 많은 컴퓨터 프로그래밍 언어는 행렬을 잘 인식하고 행렬 연산을 빠르고 **효율적으로** 처리할 수 있습니다.

## CHAPTER 9

3계층 신경망에 행렬곱 적용하기

이제 우리는 행렬을 이용해서 계층이 3개인 신경망을 통해 신호를 전달^{feed}해보겠습니다. 3계층 신경망에서는 중간에 존재하는 계층 2의 결과 값이 계층 3의 입력 값으로 사용됩니다.

다음 그림은 각각 3개의 노드를 가지는 3개의 계층으로 구성된 신경망입니다. 그림이 복잡해지는 것을 막기 위해 가중치는 일부만 표시했으니 혼동 없기 바랍니다.

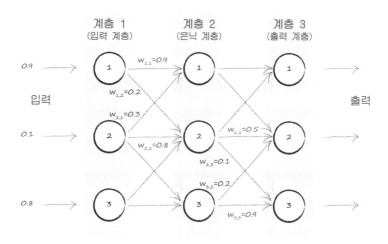

우선 몇 가지 새로운 용어에 대해 설명하겠습니다. 계층 1은 **입력 계층**^{input layer}이라고 부르며 마지막 계층인 계층 3은 **출력 계층**^{output layer}이라고 부릅니다. 중간에 위치하는 계층 2는 **은닉 계층**^{hidden layer}이라고 합니다. '은닉 계층'이라는 표현이 뭔가 좀 어둡게 들릴 수 있을 텐데요. 이런 이름이 된 특별한 이유는 없지만 중간 계층의 결과 값은 마지막 계층과는 다르게 명백히 드러나지 않기 때문에 '은닉'이라고 부른다고 생각하면 되겠습니다.

위 네트워크를 더 가까이에서 들여다보겠습니다. 입력 값은 3개가 존재하며 각각 0.9, 0.1, 0.8입니다. 그러므로 입력 행렬 I는 다음과 같이 표현할 수 있습니다.

$$I = \begin{pmatrix} 0.9 \\ 0.1 \\ 0.8 \end{pmatrix}$$

별것 아니죠? 입력 계층은 항상 이런 식으로 입력 값을 표시만 하면 됩니다.

다음은 중간의 은닉 계층입니다. 은닉 계층의 각 노드는 입력 계층의 모든 노드와 연결되어 있으므로 각 입력 신호로부터 어느 정도씩 영향을 받게 됩니다. 이전에 했던 방식과 마찬가지로 우리가 직접 계산을 하지는 않을 것이기에 이를 행렬로 표현할 필요가 있습니다.

은닉 계층으로 들어오는 입력 값은 **X** = **W** · **I**입니다. 여기에서 **I**는 입력 신호의 행렬이며 **W**는 가중치의 행렬입니다. **I**는 이미 만들어뒀지만 **W**는 어떻게 구해야 할까요? 앞의 그림에서는 가중치의 일부만 표시했는데 이 값들은 임의로 정해준 값입니다. 전체 가중치를 임의로 정해서 다음과 같이 행렬로 표기하겠습니다.

$$W_{input\_hidden} = \begin{pmatrix} 0.9 & 0.3 & 0.4 \\ 0.2 & 0.8 & 0.2 \\ 0.1 & 0.5 & 0.6 \end{pmatrix}$$

이 행렬을 보면 입력 계층의 첫 번째 노드와 은닉 계층의 첫 번째 노드 간의 가중치는 $w_{1,1}$ = 0.9입니다. 입력 계층의 두 번째 노드와 은닉 계층의 두 번째 노드 간의 가중치는 $w_{2,2}$ = 0.8입니다. 앞의 그림에는 없었지만 입력 계층의 세 번째 노드와 은닉 계층의 첫 번째 노드 간의 가중치는 $w_{3,1}$ = 0.4로 정했습니다.

위에서 W_{input_hidden}이라고 표현한 이유는 이 행렬이 입력 계층과 은닉 계층 간의 가중치의 행렬이기 때문입니다. 이와 마찬가지로 은닉 계층과 출력 계층 간의 가중치의 행렬은 W_{hidden_output}이라고 표현합니다.

이 W_{hidden_output} 행렬은 다음과 같이 정하겠습니다. 예를 들어 은닉 계층의 세 번째 노드와 출력 계층의 세 번째 노드 간의 가중치는 $w_{3,3}$ = 0.9입니다.

$$W_{hidden\_output} = \begin{pmatrix} 0.3 & 0.7 & 0.5 \\ 0.6 & 0.5 & 0.2 \\ 0.8 & 0.1 & 0.9 \end{pmatrix}$$

이로써 가중치 행렬은 준비가 끝났습니다.

이제 은닉 계층의 입력 값을 구해보겠습니다. 은닉 계층의 입력 값을 X_{hidden}이라고 부르겠습니다.

$$X_{hidden} = W_{input\_hidden} \cdot I$$

컴퓨터를 이용해 이 행렬곱을 계산하면 다음과 같은 결과를 얻습니다.

$$X_{hidden} = \begin{pmatrix} 0.9 & 0.3 & 0.4 \\ 0.2 & 0.8 & 0.2 \\ 0.1 & 0.5 & 0.6 \end{pmatrix} \cdot \begin{pmatrix} 0.9 \\ 0.1 \\ 0.8 \end{pmatrix}$$

$$X_{hidden} = \begin{pmatrix} 1.16 \\ 0.42 \\ 0.62 \end{pmatrix}$$

컴퓨터로 행렬곱을 계산하는 방법은 이 책의 2부에서 확인하겠습니다. 2부에서는 파이썬을 이용해 이 값을 계산할 것입니다.

이제 우리는 은닉 계층의 입력 값을 구했으며 그 입력 값은 각각 1.16, 0.42, 0.62라는 점을 확인했습니다. 이 값들을 그림에 표현하면 다음과 같습니다.

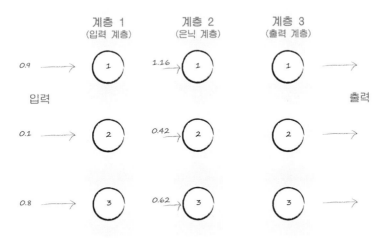

다음 과정을 진행해보겠습니다. 신호를 보다 자연스럽게 전달하기 위해 시그모이드 활성화 함수를 적용했던 것을 기억하시죠? 은닉 계층의 각각의 노드에 이를 적용하겠습니다.

$$\mathbf{O}_{hidden} = \text{sigmoid}(\mathbf{X}_{hidden})$$

이를 행렬로 표현하면 다음과 같습니다.

$$O_{hidden} = sigmoid \begin{pmatrix} 1.16 \\ 0.42 \\ 0.62 \end{pmatrix}$$

$$O_{hidden} = \begin{pmatrix} 0.761 \\ 0.603 \\ 0.650 \end{pmatrix}$$

제대로 계산이 된 건지 확인하기 위해 첫 번째 원소만 살펴보겠습니다. 시그모이드 함수는 y = 1 / (1 + e^{-x})인데 x = 1.16 이고 e$^{-1.16}$은 0.3135가 됩니다. 그러므로 y = 1 / (1 + 0.3135) = 0.761이 나오네요. 컴퓨터가 정확히 계산한 것이 확인되었습니다.

한 가지 더 살펴보면 시그모이드 함수의 결과 값은 항상 0과 1 사이의 값을 가지게 됩니다. 6장에서 시그모이드 함수의 수식과 그래프를 보고 생각해보면 이해가 될 겁니다. 우리의 결과물도 각각 0.761, 0.603, 0.650으로 모두 이 범위 안에 위치함을 확인할 수 있습니다.

지금까지 우리는 입력 계층의 입력 값과 가중치를 행렬곱 연산해 은닉 계층의 입력 값을 구했으며, 이 값에 활성화 함수를 적용함으로써 최종적으로 은닉 계층의 결과 값을 구했습니다.

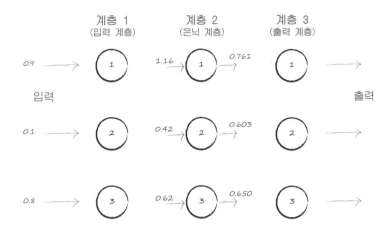

계층 1
(입력 계층)

계층 2
(은닉 계층)

계층 3
(출력 계층)

0.9

입력

0.1

0.8

1.16

0.42

0.62

0.761

0.603

0.650

출력

우리는 계층 2의 결과 값을 구했는데, 만약 이 신경망이 2계층 신경망이었다면 우리의 작업은 이걸로 끝입니다. 하지만 우리는 3계층 신경망에서 작업하고 있으니 한 단계 더 나아가보겠습니다.

사실 계층 3에서도 계층 2에서의 작업과 딱히 다를 것이 없습니다. 계층 2의 결과 값과 가중치를 행렬곱하고 여기에 활성화 함수를 적용하면 됩니다. 즉, 아무리 계층이 많다고 하더라도 방법이 달라질 것은 아무것도 없습니다. 계층이 많아지더라도 각 계층을 동일하게 처리하면 됩니다. 입력 값을 가중치와 조합해주고 여기에 활성화 함수를 적용함으로써 해당 계층의 결과 값을 구하면 되는 것입니다. 3계층이든 53계층이든 103계층이든 달라지는 것은 전혀 없습니다.

이제 최종 계층의 입력 값으로 사용될 X를 구해보겠습니다. 앞에서와 마찬가지로 **X** = **W** · **I**로 표현됩니다.

출력 계층의 입력 값 X는 은닉 계층의 출력 값인 O_{hidden}과 이에 대한 가중치인 W_{hidden_output}의 행렬곱 연산의 결과 값이 될 것입니다.

$$X_{output} = W_{hidden\_output} \cdot O_{hidden}$$

앞에서와 동일한 방법으로 이를 계산하면 다음과 같은 결과를 얻게 됩니다.

$$
X_{output} = \begin{pmatrix} 0.3 & 0.7 & 0.5 \\ 0.6 & 0.5 & 0.2 \\ 0.8 & 0.1 & 0.9 \end{pmatrix} \cdot \begin{pmatrix} 0.761 \\ 0.603 \\ 0.650 \end{pmatrix}
$$

$$
X_{output} = \begin{pmatrix} 0.975 \\ 0.888 \\ 1.254 \end{pmatrix}
$$

이를 반영한 그림은 다음과 같습니다. 초기 입력 신호를 가중치와 조합하여 마지막 계층 쪽으로, 즉 앞쪽으로 전달$^{feed\ forward}$하는 모습을 볼 수 있습니다. 이러한 방식을 **전파법(순전파)**$^{forward\ propagation}$이라고도 합니다.

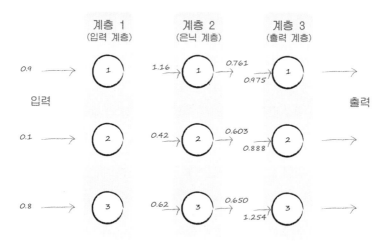

이제 남은 것은 출력 계층에 시그모이드 활성화 함수를 적용하는 것뿐입니다.

$$O_{output} = sigmoid \left(\begin{array}{c} 0.975 \\ 0.888 \\ 1.254 \end{array} \right)$$

$$O_{output} = \left(\begin{array}{c} 0.726 \\ 0.708 \\ 0.778 \end{array} \right)$$

이제 우리는 이 신경망의 최종 결과 값을 얻게 되었습니다. 이를 최종적으로 그림으로 표현해보겠습니다.

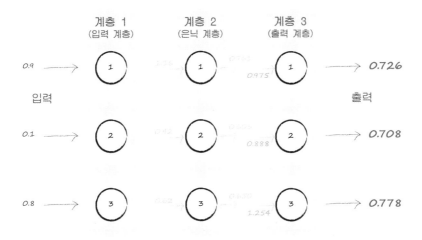

최종 결과 값은 0.726, 0.708, 0.778로 나타나는 것을 확인할 수 있습니다.

이처럼 우리는 신경망에 신호가 입력되어 단계적으로 계층들을 거치면서 최종 결과 값을 내는 과정을 모두 살펴봤습니다.

다음 단계는 지금 얻은 결과 값을 학습 데이터의 실제 값과 비교해 오차를 구하는 것이 될 것입니다. 여기에서 구한 오차를 이용해 우리의 신경망을 정교하게 업데이트해감으로써 보다 개선된 결과 값을 내는 것이 우리가 할 일입니다.

아마도 이 부분이 인공 신경망에서 가장 중요하면서도 이해가 어려운 부분일 것 입니다. 다음 장에서 이를 최대한 상세하게 설명하겠습니다.

여러 노드에서 가중치 학습하기

이 책 앞부분에서 선형함수의 매개변수인 기울기의 값을 조정해감으로써 선형 분류자를 업데이트해나갔던 것을 기억할 겁니다. 그때 오차라는 개념을 공부한 바 있습니다. 오차는 예측 값과 실제 값(정답)과의 차이를 의미하는데, 우리는 이 오차에 기반을 두고 선형 분류자를 정교화해나갔습니다. 오차와 기울기의 관계가 매우 단순했기 때문에 이를 조정해가는 것은 별로 어려운 과정은 아니었습니다.

그렇다면 여러 개의 노드가 결과 값과 오차에 영향을 주는 경우에는 가중치를 어떻게 업데이트해야 할까요? 이를 그림으로 표현하면 다음과 같습니다.

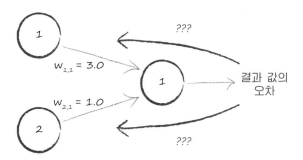

Chapter 10 여러 노드에서 가중치 학습하기 **95**

결과 노드에 영향을 주는 노드가 한 개인 경우에는 훨씬 간단했지만, 이와 같이 2개의 노드를 가지는 경우에는 결과 값의 오차를 어떻게 활용해야 할까요?

오차를 하나의 가중치 업데이트에만 사용하는 것은 합리적이지 못합니다. 나머지 하나의 가중치를 무시하는 것이기 때문이죠. 오차가 발생하는 데에는 이 다른 연결 노드분도 공헌을 했다는 사실을 무시할 수 없다는 말입니다.

물론 수많은 연결 중에 단 하나의 연결만 해당 오차의 발생에 영향을 미치는 경우가 있을 수는 있겠지만, 이런 가능성은 매우 낮습니다. 설령 우리가 이미 정확한 값을 가지게 된 가중치의 값을 변경해 상황을 악화시키게 된다고 하더라도 이런 상황은 다음번의 업데이트를 통해 개선될 것입니다.

한 가지 방법은 다음 그림과 같이 모든 연결된 노드에 대해 오차를 균일하게 나누어 분배하는 것입니다.

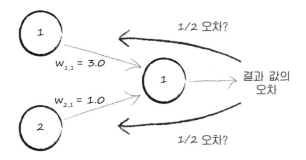

또 다른 방법은 오차를 나누어 분배하지만 차별을 두는 것인데, 더 큰 가중치를 가지는 연결에 더 큰 오차를 분배하는 것입니다. 더 큰 가중치를 가진다는 것은 그만큼 오차의 형성에 더 큰 영향을 줬다는 의미이기 때문입니다. 이를 그림으로 표현하면 다음과 같습니다.

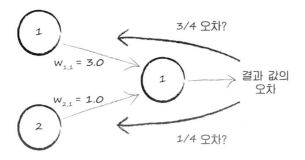

이 그림에서 2개의 노드는 한 노드에 서로 다른 가중치로 영향을 줬습니다. 각 연결의 가중치는 3.0과 1.0입니다. 만약 오차를 이들 가중치에 비례해 나눠준다면 오차의 3/4이 위쪽 가중치를 업데이트하는 데에 사용되고 나머지 1/4이 아래쪽의 가중치를 업데이트하는 데에 사용될 것입니다.

이 방법은 노드가 더 많아지더라도 동일하게 적용 가능합니다. 만약 100개의 노드가 다음 계층의 노드에 연결되어 있다고 한다면 우리는 오차를 100개의 연결에 나누어주되 그 값은 각각의 가중치에 따라, 즉 각각의 연결이 오차에 영향을 주는 정도에 **비례해서** 전달하면 되는 것입니다.

따라서 우리는 가중치를 두 가지 방법으로 활용한다는 점을 확인할 수 있습니다. 우선 앞에서 여러 사례를 살펴본 바와 같이 신호를 하나의 계층에서 다음 계층으로 전파하는 데에 가중치를 이용합니다. 두 번째로 오차를 하나의 계층에서 직전 계층으로, 즉 역으로 전파하는 데에도 가중치를 이용합니다. 첫 번째 방식은 앞에서 이미 본 전파법이고 두 번째 방법을 **역전파**backpropagation라고 부릅니다.

만약 출력 계층이 2개의 노드를 가진다면 우리는 두 번째 노드에 대해서도 동일한 작업을 하게 됩니다. 두 번째 노드의 결과 값 역시 그 자체의 오차를 가지므로 연결되는 노드에 대해 이 오차를 분배해주면 되는 것입니다. 다음 장에서 이에 대해 상세히 살펴보겠습니다.

## CHAPTER 11

여러 노드에서의 오차의 역전파

이번에는 2개의 출력 노드를 가지는 다음 그림을 보겠습니다.

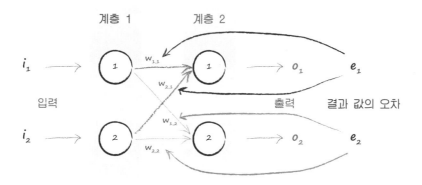

2개의 출력 노드 모두 오차를 가질 수 있습니다. 특히 우리가 아직 네트워크를 학습시키지 않은 경우에는 거의 무조건 오차를 가지고 있겠죠. 그러므로 2개의 오차 모두 가중치를 어떻게 업데이트해야 할지에 대한 정보를 줘야 합니다. 우리는 앞에서 했던 대로 출력 노드의 오차를 앞 단의 각 가중치에 비례해 나누어 주는 접근 방법을 활용할 수 있습니다.

출력 노드가 여러 개라고 해서 변하는 것은 아무것도 없습니다. 그저 첫 번째 출력 노드에서 했던 작업을 두 번째 출력 노드에서 동일하게 반복하면 되는 것입니다. 어떻게 이렇게 간단할 수 있냐고요? 그 이유는 하나의 출력 노드로의 연결은 다른 출력 노드로의 연결과 완전 별개이기 때문입니다. 각각의 연결 간에는 전혀 의존 관계가 존재하지 않는다는 말입니다.

앞의 그림을 다시 한번 보면 첫 번째 출력 노드의 오차를 e_1이라고 표기했습니다. 이 오차는 학습 데이터 i_1에 의해 제공된 실제 값과 우리가 계산한 출력 값 o_1 사이의 차이를 의미합니다. 다시 말해 $e_1 = i_1 - o_1$입니다. 그리고 두 번째 출력 노드에서의 오차는 e_2라고 표기했습니다.

그림을 자세히 보면 e_1은 w_{11}과 w_{21}의 가중치의 값에 비례해 나뉘어 연결된 노드로 전달됩니다. 이와 유사하게 e_2는 w_{12}와 w_{22}의 값에 비례해 나뉩니다.

좀 더 이해가 쉽도록 이를 수식으로 표현해보겠습니다. 오차 e_1은 w_{11}과 w_{21}의 업데이트에 영향을 주게 됩니다. 그러므로 w_{11}을 업데이트하기 위해 사용되는 e_1의 일부는 다음과 같이 표현 가능합니다.

$$\frac{w_{11}}{w_{11} + w_{21}}$$

그리고 w_{21}을 업데이트하기 위해 사용되는 e_1의 일부는 다음과 같이 표현할 수 있습니다.

$$\frac{w_{21}}{w_{21} + w_{11}}$$

이러한 수식의 의미는 결국 무엇일까요? 오차 e_1은 나뉘어 전달될 때, 작은 가중치를 가지는 연결 노드보다 큰 가중치를 가지는 연결 노드에 더 많이 전달된다는 것입니다.

만약 w_{11} = 6이고 w_{21} = 3이라는 값을 가진다고 하면 w_{11}은 w_{21}보다 2배 큽니다. 이때 w_{11}을 업데이트하기 위해 전달되는 오차 e_1의 일부는 6 / (6 + 3) = 6 / 9 = 2/3가 됩니다. 그럼 1/3이 남는데요, 실제로 오차 e_1에서 w_{21}을 업데이트하기 위해 전달되는 부분은 3 / (6 + 3) = 3 / 9 = 1/3입니다.

만약 가중치가 같다면 1/2씩 전달되게 될 것입니다. 예를 들어 w_{11} = 4, w_{21} = 4라면 양쪽으로 나뉘어 전달되는 오차는 2개 모두 4 / (4 + 4) = 4 / 8 = 1/2이 될 것입니다.

지금까지 공부한 내용을 정리해보겠습니다. 우리는 오차를 이용해서 네트워크 내의 매개변수들의 값(가중치)을 조정해나간다는 사실을 알게 되었습니다. 최종 출력 계층으로부터 그 직전 계층으로 가는 연결 노드의 가중치를 업데이트하는 방식을 살펴봤는데 여러 개의 출력 노드가 있는 경우에도 그저 각각의 출력 노드를 개별적으로 처리하면 될 뿐, 복잡해질 것이 전혀 없다는 사실을 알게 되었습니다.

그렇다면 2개보다 더 많은 계층을 가지는 신경망에서는 어떻게 하면 될까요? 다시 말해 최종 출력 계층에 인접하는 계층이 아니라, 멀리 떨어져 있는 계층과 관련된 가중치는 어떻게 업데이트를 해야 할까요? 이에 대해서는 다음 장에서 살펴보겠습니다.

## CHAPTER 12

다중 계층에서의 오차의 역전파

다음은 3개 계층(입력 계층, 은닉 계층, 출력 계층)으로 구성된 간단한 신경망입니다.

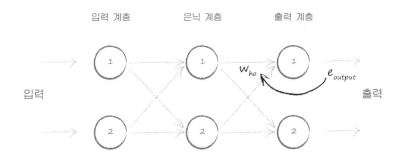

오른쪽 끝의 최종 출력 계층부터 보겠습니다. 출력 계층의 오차를 이용해 출력 계층의 연결된 노드들의 가중치를 업데이트하게 됩니다. 이를 조금 더 일반화해 보면 출력 계층의 오차는 e_{output}으로, 여기에서의 가중치는 w_{ho}로[1] 표현할 수 있

---

[1] w_{ho}에서 h는 hidden(은닉 계층), o는 출력 계층(output)을 나타냅니다. 다음 문단에 나올 w_{ih}에서 i는 입력 계층(input)을 뜻합니다.

습니다. 물론 e_{output}은 가중치의 비율에 따라 나뉘어 전달될 것입니다.

이렇게 시각화해봄으로써 우리는 새로 추가된 계층에 대해 어떻게 하면 좋을지 감을 잡을 수 있을 것 같습니다. 즉 은닉 계층의 노드의 출력 값과 관련된 오차를 e_{hidden}이라고 하고 이 오차를 입력 계층과 은닉 계층을 연결하는 가중치 w_{ih}에 대해 그 비율에 맞게 나누어주면 되는 것입니다. 다음 그림에 이를 표현했습니다.

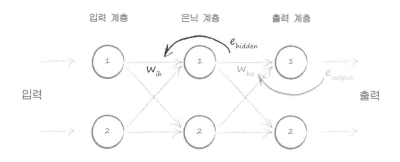

만약 계층이 더 많이 있다면 이처럼 최종 출력 계층으로부터 역방향으로 동일한 과정을 반복하면 될 것입니다. 이처럼 오차 관련 정보가 뒤쪽으로 계속해서 전파되므로 **역전파**라고 부르는 것입니다.

출력 계층의 경우에는 출력 계층의 노드의 결과 값의 오차인 e_{output}을 사용했지만, 은닉 계층의 노드에서 e_{hidden}은 어떤 오차 값을 사용하면 될까요? 만약 이런 의문이 들었다면 지금까지의 내용을 제대로 이해하고 있는 것이라고 볼 수 있을 것 같습니다. 중간에 위치하는 은닉 계층은 사실 명백한 오차를 가지고 있지 않기 때문입니다. 앞에서 배웠던 내용을 다시 상기해볼까요? 은닉 계층의 각각의 노드는 직전 계층으로부터 입력을 받아 적절한 출력 값을 다음 계층으로 전달하게 됩니다. 이때 이 출력 값이란 직전 계층의 입력 값에 가중치를 적용한 다음 이를 모두 더한 값에 활성화 함수를 적용한 값입니다. 그럼 도대체 어떻게 오차를 구해낼 수 있는 것일까요?

은닉 노드에 대해서는 목표로 하는 출력 값이 없습니다. 오직 최종 출력 계층의 노드만이 학습 데이터로부터 얻은 실제 값, 즉 목표로 하는 출력 값을 가지고 있다는 것이죠. 앞의 그림을 보면서 다시 한번 생각해보기 바랍니다. 은닉 계층의 첫 번째 노드는 2개의 연결 노드를 가지는데 이들은 출력 계층의 2개의 노드로 각각 연결됩니다. 그리고 우리는 출력 계층의 노드에서의 오차를 이 연결 노드에 나누어줄 수 있다는 점을 알고 있습니다. 이 말은 결국 중간에 있는 은닉 계층의 노드로부터 오는 2개의 연결 노드 각각에 대해 어떤 오차가 존재한다는 말입니다. 우리는 이러한 2개의 연결 노드의 오차를 재조합^{recombine}함으로써 은닉 계층의 노드의 에러로 사용할 수 있습니다. 즉 중간 계층의 노드는 목표로 하는 출력 값을 가지지 않기 때문에 이처럼 차선의 방법을 사용하는 것입니다. 이와 같은 아이디어를 다음 그림에 표현해봤습니다.

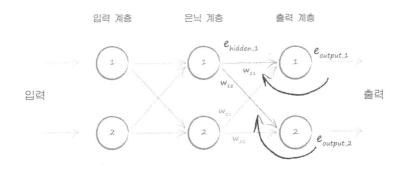

그림을 보면 좀 더 명확해질 것입니다. 우리에게 필요한 것은 은닉 계층의 노드들에 대한 오차입니다. 이 오차를 이용해 직전 계층과의 연결 노드에 존재하는 가중치를 업데이트할 것이기 때문입니다. 은닉 계층의 노드의 오차를 e_{hidden}이라고 하겠습니다. 아직까지 우리는 실제 이 오차의 값이 얼마인지에 대한 답은 가지고 있지 않습니다. 그 이유는 (반복해서 말하지만) 학습 데이터로부터 얻을 수 있는 목표 값은 (은닉 계층이 아니라) 오직 최종 출력 계층의 노드에 대한 것이므로, 은닉 계층에서의 오차를 목표 값과 실제 값 간의 차이라고 정의할 수 없기 때문입니다.

학습 데이터들은 최종 노드의 결과 값이 가져야 할 목표 값에 대해서만 말해줍니다. 그 외의 노드들의 결과 값에 대해서는 아무것도 말해주지 않습니다. 이것이 이 퍼즐의 핵심입니다.

우리는 앞에서 본 대로 오차의 역전파를 이용해 연결 노드에 대해 나뉜 오차를 재조합해야 합니다. 따라서 은닉 계층의 첫 번째 노드의 오차는 이 은닉 계층에서 다음 계층으로 연결되는 모든 연결 노드에 있는 나뉜 오차들의 합이 됩니다. 앞의 그림에서 보면 $e_{output,1}$은 w_{11}과 연결되어 있으며 $e_{output,2}$는 w_{12}와 연결되어 있습니다. 이를 수식으로 써보면 다음과 같습니다.

$$e_{hidden,1} = \text{연결 노드 } w_{11}, w_{12}\text{로 나뉘어 전달되는 오차의 합}$$

$$= e_{output,1} * \frac{w_{11}}{w_{11} + w_{21}} + e_{output,2} * \frac{w_{12}}{w_{12} + w_{22}}$$

수식으로만 보면 이해가 어려울 수 있으니 실제 숫자를 대입해서 보겠습니다. 다음 그림은 오차가 역전파하는 과정을 실제 숫자와 함께 표현한 것입니다.

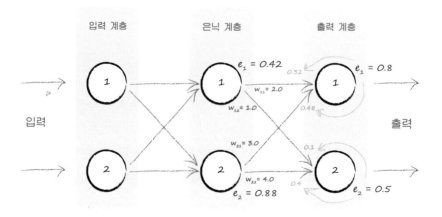

앞의 그림에서 출력 계층의 첫 번째 노드의 오차 0.8은 이와 연결된 2개의 가중
치 2.0과 3.0에 비례해 각각 0.32와 0.48로 나뉘어 전달된다는 것을 확인할 수
있습니다. 출력 계층의 두 번째 노드의 오차 0.5는 연결된 2개의 가중치 1.0과
4.0에 비례해 각각 0.1과 0.4로 나뉩니다. 따라서 은닉 계층의 첫 번째 노드의
오차는 0.32와 0.1의 합인 0.42가 되고 두 번째 노드의 오차는 0.48과 0.4의
합인 0.88이 되는 것입니다.

다음 그림은 한 단계 더 나아가 은닉 계층의 오차 값을 이용해 입력 계층의 오차
를 구하는 것을 보여줍니다.

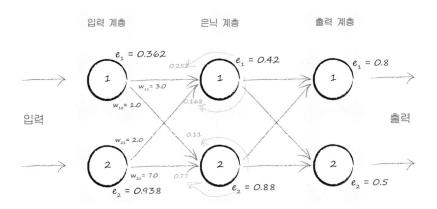

핵심 정리

- 인공 신경망에서 학습이란 연결 노드의 가중치를 업데이트하는 과정을 의미합니다. 가중
  치의 업데이트는 오차에 의해 주도되는데, **오차**는 학습 데이터로부터 주어진 정답과 출력
  값 간의 차이를 의미합니다.
- 출력 노드의 오차는 실제 값(정답)과 출력 값 사이의 차이를 의미합니다.
- 중간 계층에 존재하는 노드들의 오차는 명백하지 않습니다. 한 가지 접근 방법은 출력 계
  층의 노드들의 오차를 이와 연결된 가중치의 크기에 **비례해** 나눠서 역전파하고 이를 재조
  합하는 방법입니다.

## CHAPTER 13

행렬곱을 이용한 오차의 역전파

우리는 앞 장에서 실제 숫자를 대입해 역전파를 이해하고자 했습니다. 하지만 실제 역전파는 매우 복잡하겠죠? 그렇다면 우리는 역전파에도 행렬곱을 이용할 수 있을까요? 기억하겠지만 우리는 이미 9장에서 앞쪽으로 전파법에 대해 행렬곱으로 계산한 바 있습니다.

이번에는 오차의 역전파를 행렬곱으로 간결하게 만들 수 있는지 보기 위해서, 단계별로 기호를 이용해 적어보겠습니다. 이렇게 행렬곱으로 표현하는 방식을 **벡터화한다**vectorize라고 합니다.

수많은 연산을 행렬의 형태로 표현하게 되면 우리가 손으로 쓰기에도 편하지만 무엇보다도 컴퓨터가 반복적인 유사한 연산을 순식간에 처리할 수 있게 되므로 훨씬 더 효율적으로 작업을 수행할 수 있다는 장점을 가지게 됩니다.

최종 출력 계층으로부터 나오는 오차로부터 시작해보겠습니다. 출력 계층에 2개의 노드가 있는 예제를 보고 있었으니 여기에서의 오차는 다음과 같이 표현할 수 있습니다.

$$error_{output} = \begin{pmatrix} e_1 \\ e_2 \end{pmatrix}$$

다음으로는 은닉 계층의 오차를 행렬로 구성해보겠습니다. 어렵게 느껴질 수 있으니 단계별로 차근차근 보겠습니다. 우선 은닉 계층의 첫 번째 노드부터 보겠습니다. 앞장의 그림을 다시 보면 은닉 계층의 첫 번째 노드의 오차에 영향을 주는 것은 출력 계층으로부터의 2개의 경로임을 확인할 수 있습니다. 이 2개의 경로를 통해 전달되는 오차 신호는 각각 e_1 * w_{11} / (w_{11} + w_{21})과 e_2 * w_{12} / (w_{12} + w_{22})입니다. 은닉 계층의 두 번째 노드는 마찬가지로 각각 e_1 * w_{21} / (w_{21} + w_{11})과 e_2 * w_{22} / (w_{22} + w_{12})가 됩니다. 만약 이 식이 혼동이 되는 분은 반드시 12장을 다시 한번 학습하고 돌아오기 바랍니다.

그렇다면 이제 은닉 계층의 오류를 다음과 같이 행렬로 표현할 수 있습니다. 조금 복잡해 보이기는 하네요.

$$error_{hidden} = \begin{pmatrix} \dfrac{w_{11}}{w_{11} + w_{21}} & \dfrac{w_{12}}{w_{12} + w_{22}} \\ \dfrac{w_{21}}{w_{21} + w_{11}} & \dfrac{w_{22}}{w_{22} + w_{12}} \end{pmatrix} \cdot \begin{pmatrix} e_1 \\ e_2 \end{pmatrix}$$

이 행렬을 보다 간결하게 행렬곱으로 다시 쓸 수 있다면 좋을 것 같습니다. 마치 전파법에서 봤던 것처럼 말입니다.

하지만 안타깝게도 전파법에서 봤던 수준으로 간결하게 이 행렬을 다시 쓸 수는 없습니다. 위의 복잡한 수식을 풀어내기가 쉽지는 않기 때문입니다. 그렇다면 어떻게 해야 할까요? 정말 간결하게 쓰고 싶기는 한데 말입니다.

조금 더 대담해집시다!

위의 수식을 다시 봅시다. 이 수식에서 핵심은 출력 오차인 e_n과 가중치 w_{ij}의 곱셈 연산입니다. 가중치가 크면 클수록 더 많은 출력 오차가 은닉 계층으로 돌아오게 됩니다. 이것이 핵심입니다. 분수에서 분모 부분은 일종의 정규화 인자 normalizing factor라고 할 수 있습니다. 만약 이 정규화 인자를 무시한다고 해도 우리는 되돌아오는 오차의 일정 비율 정도를 잃을 뿐입니다. 따라서 $e_1 * w_{11} / (w_{11} + w_{21})$을 간단하게 $e_1 * w_{11}$로 표현해도 되는 것입니다.

이를 적용하면 행렬곱은 훨씬 보기 좋아집니다.

$$error_{hidden} = \begin{pmatrix} w_{11} & w_{12} \\ w_{21} & w_{22} \end{pmatrix} \cdot \begin{pmatrix} e_1 \\ e_2 \end{pmatrix}$$

가중치 행렬은 우리가 8장에서 만들었던 행렬과 유사해 보이지만 자세히 보면 대각선 방향으로 원소가 뒤바뀐 것을 알 수 있습니다. 즉 우측 상단의 가중치와 좌측 하단의 가중치가 바뀌어 있습니다. 이처럼 행렬의 행과 열을 바꾸는 것을 전치transpose한다고 부르며, 행렬 **W**의 전치행렬을 기호로는 $\mathbf{W}^\mathsf{T}$라고 표기합니다.

다음 그림에서 전치 행렬의 두 가지 예를 보겠습니다. 전치 행렬은 행과 열의 개수가 다른 경우에도 가능함을 이해하기 바랍니다.

$$\begin{pmatrix} 1 & 2 & 3 \\ 4 & 5 & 6 \\ 7 & 8 & 9 \end{pmatrix}^\mathsf{T} = \begin{pmatrix} 1 & 4 & 7 \\ 2 & 5 & 8 \\ 3 & 6 & 9 \end{pmatrix}$$

$$\begin{pmatrix} 1 & 2 & 3 \\ 4 & 5 & 6 \end{pmatrix}^\mathsf{T} = \begin{pmatrix} 1 & 4 \\ 2 & 5 \\ 3 & 6 \end{pmatrix}$$

이제 다음과 같이 오차의 역전파를 행렬로 간결하게 표현할 수 있게 되었습니다.

$$error_{hidden} = w^{T}_{hidden\_output} \cdot error_{output}$$

간결하게 표현해서 좋기는 하지만 정규화 인자를 생략했다는 점이 마음에 걸립니다. 이렇게 생략해버려도 괜찮은 것일까요? 결론부터 말하면 이처럼 오차 신호의 피드백을 단순화하더라도 정규화 인자가 있을 때와 마찬가지로 잘 동작한다는 사실이 밝혀져 있습니다. 오차를 역전파하는 몇 가지 방법을 비교한 결과를 블로그에 올렸으니 관심 있는 분들은 참고하기 바랍니다(`http://bit.ly/2m2z2YY`). 간결한 방식이 문제없이 작동한다면, 더 어려운 방법을 쓸 필요는 없겠죠!

이 점에 대해 조금 더 말하면, 설령 다소 크거나 작은 오차가 역전파되었다고 하더라도 우리의 인공 신경망은 다음 학습 단계에서 이를 스스로 바로잡아갑니다. 오차에 대한 책임을 분산시키는 데 지침이 되는 것은 가중치의 크기이므로 역전파되는 오차가 연결 노드의 가중치의 크기를 중시한다는 점이 핵심입니다.

지금까지 정말 많은 것을 학습하느라 고생 많으셨습니다. 이론과 관련한 마지막 장이 될 다음 장으로 넘어가기 전에 잠깐 쉬어도 좋을 것 같습니다. 다음 장은 정말 멋지지만 살짝 골치 아픈 내용을 다루기 때문입니다.

핵심 정리

- 오차의 역전파를 행렬곱으로 표현할 수 있습니다.
- 오차의 역전파를 행렬곱으로 표현함으로써 우리는 네트워크의 크기에 상관없이 이를 간결하게 표현할 수 있으며, 컴퓨터를 통해 보다 효율적이고 빠르게 업무를 처리하게 할 수 있습니다.
- 이제 우리는 전파법과 역전파 모두 행렬곱을 통해 효율적으로 처리할 수 있다는 사실을 알게 되었습니다.

## CHAPTER 14

가중치의 진짜 업데이트

아직 우리는 인공 신경망에서 가중치를 어떻게 업데이트해야 하는가의 핵심적인 질문에 답하지 않았습니다. 지금까지의 과정은 이에 대한 답을 하기 위한 과정이었으며 이제 거의 다 왔습니다. 이 비밀을 풀기 위해 반드시 이해해야 할 핵심 아이디어 한 가지만 더 이해하면 됩니다!

지금까지는 네트워크의 각 계층에 걸쳐 역전파되는 오차를 구해봤습니다. 이처럼 오차를 구하는 이유는 인공 신경망이 보다 나은 답을 출력하게 하기 위해 가중치를 조정해가는 데 지침 역할을 하는 것이 오차이기 때문입니다. 이러한 과정은 이 책의 앞 부분에 나왔던 선형 분류자 예제에서부터 우리가 보아왔던 것입니다.

하지만 신경망에서 노드는 단순한 선형 분류자가 아닙니다. 노드는 입력되는 신호에 가중치를 적용한 후 이의 합을 구하고 다시 여기에 시그모이드 활성화 함수를 적용하는 식으로 좀 더 복잡한 구조를 가집니다. 그렇다면 이처럼 정교한 노드 사이를 연결하는 연결 노드의 가중치를 어떻게 업데이트해야 할까요? 우리는 왜 어떤 끝내주는 대수학 공식을 이용해 가중치를 단번에 구해낼 수 없는 것일까요?

가중치 계산

신경망에는 너무나도 많은 가중치의 조합이 존재합니다. 또한 신호가 여러 개의 계층을 타고 전파되어나갈 때 한 계층을 거칠 때마다 직전 계층의 출력 값이 다음 계층의 입력 값이 되므로 함수의 함수, 함수의 함수의 함수… 같은 식으로 수많은 함수의 조합이 필요하게 됩니다. 따라서 수학 연산의 과정이 너무 복잡하게 되므로 가중치를 한 방에 풀어주는 대수학을 활용할 수 없는 것입니다. 3개 노드로 구성되는 3개의 계층으로 이루어진 간단한 신경망이 있다고 생각해봅시다. 첫 번째 입력 노드와 두 번째 은닉 노드 간의 가중치를 얼마나 바꿔주면 세 번째 출력 노드의 결과 값이 0.5만큼 증가할까요? 이를 쉽게 구할 수는 없습니다. 운이 좋아 구했다고 하더라도 다른 출력 노드의 값을 개선하기 위해 다른 가중치의 값을 변경하는 순간 이 결과는 바로 달라지게 됩니다. 간단한 문제가 아닌 것입니다.

간단한 문제가 아니라는 것을 눈으로 확인하려면 다음의 무시무시한 공식을 보면 됩니다. 이 식은 3개 노드로 구성되는 3개의 계층으로 이루어진 신경망에서 출력 노드의 결과 값을 입력 노드와 가중치의 함수로 표현한 것입니다.

$$o_k = \frac{1}{1 + e^{-\sum_{j=1}^{3}(w_{j,k} \cdot \frac{1}{1+e^{-\sum_{i=1}^{3}(w_{i,j} \cdot x_i)}})}}$$

x_i는 노드 i에서의 입력, $w_{i,j}$는 입력 노드 i와 은닉 노드 j를 연결하는 가중치, $w_{j,k}$는 은닉 노드 j와 출력 노드 k를 연결하는 가중치를 의미합니다. Σ (시그마)는 범위 내 모든 값에 대해 합을 구하라는 의미입니다.

네, 더 이상 진행하지 않는 것이 좋을 것 같습니다.

이런 문제를 풀어 영웅이 되기보다는 차라리 가중치들을 랜덤하게 추측해서 구해보는 것은 어떨까요?

우리가 어려운 문제에 봉착했을 때는 이런 생각이 도움이 될 수도 있습니다. 이러한 접근 방식을 **무차별 대입**brute force 방법이라고 합니다. 무차별 대입 방법은 비밀번호를 크래킹cracking하는 데에 사용되기도 합니다. 만약 비밀번호를 짧고 단순한 영어 단어로 설정한다면 무차별 대입 방법에 뚫릴 가능성이 상당히 높습니다. 각 가중치가 −1와 1 사이의 값으로 설정되어 있으며 1,000가지 값 중 하나라고 상상해보겠습니다. 예를 들어 0.501, −0.203, 0.999 등으로 말입니다. 그러면 3개의 노드를 가지는 3개의 계층으로 구성된 신경망에는 총 18개의 가중치가 존재하므로 우리는 총 18,000가지의 경우에 대해 테스트해보면 되는 것입니다. 조금 더 현실적으로 각각의 계층이 500개의 노드를 가진다고 하면 총 가중치의 개수는 50만 개가 될 것이며 우리는 총 5억 가지의 가능성에 대해 가중치를 테스트하게 될 것입니다. 하나의 조합을 연산하는 데 1초가 걸린다고 치고 계산해보면 단 하나의 학습 데이터를 학습하고 가중치를 업데이트하는 데 무려 16년이 걸린다는 말이 됩니다. 학습 데이터가 1,000개라면 16,000년이 걸린다는 뜻이죠!

이를 통해 현실적으로는 제대로 된 신경망에서 무차별 대입이 전혀 실용적이지 못하다는 사실을 알게 되었습니다. 신경망에 계층을 늘리거나, 노드를 늘리거나, 또는 가능한 가중치 값의 개수를 늘리면 상황은 더 어려워질 것입니다.

경사 하강법

그렇다면 가중치를 어떻게 구해야 할까요? 이 문제는 오랜 시간 수학자들을 괴롭혀 왔는데 1960~1970년대에 이르러서야 실용적인 해법이 등장하게 되었습니다. 누가 이러한 해법을 만들어냈는지에 대해서는 다양한 의견이 존재하지만, 우리에게 중요한 점은 이 해법으로 인해 인공 신경망이 폭발적으로 발전하게 되었다는 것입니다.

그래서 이처럼 어려운 문제를 어떻게 해결한 것일까요? 믿을 수 있을지 모르겠지만 여러분은 이미 이를 스스로 할 수 있는 도구를 가지고 있습니다. 우리는 앞에서 이에 대해 공부한 바 있습니다. 이제 이에 대해 살펴보겠습니다.

우선 현실적으로 **비관주의**를 받아들이는 것부터 시작하겠습니다.

앞에서 본 대로 신경망에서 모든 가중치들이 결과 값을 내는 과정을 수식으로 표현하는 것은 너무 복잡합니다. 가중치의 조합이 너무 많기 때문에 최적의 조합을 찾기 위해 하나씩 테스트해보는 것 자체도 어렵습니다.

비관주의를 받아들여야 할 또 다른 이유가 있습니다. 신경망을 학습시킬 때 학습 데이터가 충분하지 않은 경우가 있습니다. 때로는 학습 데이터 자체에 오류가 있는 경우도 존재합니다. 또 경우에 따라서는 신경망 자체가 문제를 해결하기에 충분한 수의 계층이나 노드를 갖지 않기도 합니다.

이러한 사실은 우리가 이러한 한계점을 명확히 인식하고 현실적인 접근법을 취해야 한다는 점을 의미합니다. 현실적으로 접근하게 되면 비록 수학적으로는 정확하지는 않을지 모르겠지만, 그릇된 이상적인 가정에 기반을 두지는 않을 테니 결과적으로는 더 나은 결과를 얻을 수 있게 될 것입니다.

이제 우리가 등산을 갔다가 불행히도 어두운 밤에 험난한 산속에서 조난을 당했다고 상상해보겠습니다. 커다란 골짜기들이 있고 언덕 중간중간에는 돌출 부위나 틈이 존재합니다. 어둡기 때문에 무엇도 제대로 보이지 않습니다. 우리는 언덕의 한 부분에 서 있고 언덕 아래로 내려가야 하는 상황입니다. 지도는 없지만 다행히 작은 손전등이 하나 있습니다. 하지만 이 손전등은 너무나 작고 성능이 떨어져서 지형 전체를 보기는커녕 불과 몇 미터 앞도 살피기 어려운 수준입니다. 이런 상황에서 우리는 어떻게 행동할까요? 아마 손전등을 이용해 발 주위를 살펴볼 것입니다. 손전등을 이용해 발 주변의 사방을 둘러본 후에 아래로 내려가는 쪽으로 한걸음을 내딛게 될 것입니다. 우리는 비록 지도도 없고 이 장소에

와본 적도 없지만 이런 식으로 한 걸음 한 걸음씩 느리게 언덕을 내려오게 될 것입니다.

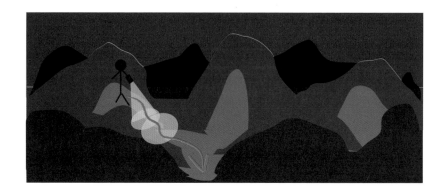

수학에서는 이러한 접근 방식을 **경사 하강법**gradient descent이라고 부릅니다. 우리는 한 걸음을 내딛고 나서 다시 한번 어느 방향이 우리의 목적지(산의 최저점)로 가는 가장 **빠른** 지름길인지를 파악하기 위해 주변을 살피게 됩니다. 그러고 나서 그 방향으로 다시 한 걸음을 내딛습니다. 구사일생으로 목적지에 도달할 때까지 이 과정을 수없이 반복하게 됩니다. 여기서 경사란 지형의 **기울기**를 의미합니다. 즉 우리는 매 상황에서 경사가 가장 급한 방향으로 한 걸음씩 내딛는 과정을 반복하게 됩니다.

이와 같은 복잡한 지형을 수학에서의 함수라고 상상해보겠습니다. 우리는 복잡한 함수에 대한 이해가 없더라도 경사 하강법을 이용해 최저점을 찾을 수는 있습니다. 함수가 너무 복잡해 대수학을 통해서는 최저점을 찾아내기 어렵다면 경사 하강법을 대신 이용할 수 있는 것입니다. 맞습니다. 경사 하강법에서는 정답에 접근하는 방식으로 단계적 접근 방식을 취하면서 우리의 위치를 조금씩 개선해나가므로 정확한 해답을 얻지 못할 수도 있습니다. 하지만 답을 전혀 얻지 못하는 것보다는 훨씬 낫습니다. 실제 최저점을 목표로 해서 만족스러운 최종 정확도에 이르는 순간까지 아주 작은 한 걸음일지라도 계속해서 답을 다듬어가게 됩니다.

경사 하강법과 신경망의 연결 고리는 무엇일까요? 복잡하고 어려운 함수가 신경망의 오차라고 한다면, 최저점을 찾기 위해 아래로 내려가는 것은 오차를 최소화해나가는 과정이라고 할 수 있겠습니다. 우리는 신경망의 결과 값을 개선해나갑니다. 이것이 바로 우리가 원하는 것입니다!

경사 하강법의 아이디어를 이해하기 위해 아주 간단한 예제를 보겠습니다.

다음 그래프는 함수 $y = (x-1)^2 + 1$을 나타냅니다. 만약 이 함수에서 y가 오차라면 우리는 이 y를 최소화하는 x를 찾고자 할 것입니다. 이 함수가 복잡하고 어려운 함수라고 가정하고 여기에 경사 하강법을 적용해보겠습니다.

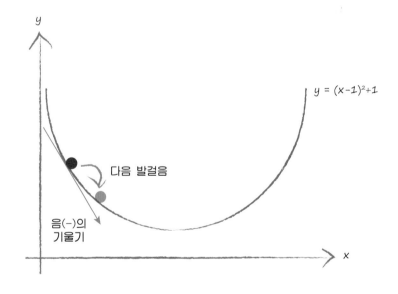

위의 그래프에서 빨간색 점이 시작 위치라고 가정하겠습니다. 우리는 이 시작점부터 경사 하강법을 적용하고자 합니다. 마치 등산객처럼 먼저 우리가 서 있는 주위를 둘러보고 어느 쪽으로 가야 아래쪽으로 향할지를 확인하게 됩니다. 화살표로 표시된 기울기는 이 경우 음(−)의 기울기임을 볼 수 있습니다. 우리는 내려가기를 원하므로 x 축 방향으로 오른쪽으로 이동하겠습니다. 즉 x 값을 조금 증가합니다. 이것이 바로 등산객의 첫 번째 발걸음이 됩니다. 보다시피 우리의 위치가 조금 개선되어 최저점에 좀 더 가까운 위치로 이동한 것을 확인할 수 있습니다.

다음 그래프에서는 다른 지점에서 시작한 경우를 살펴보겠습니다.

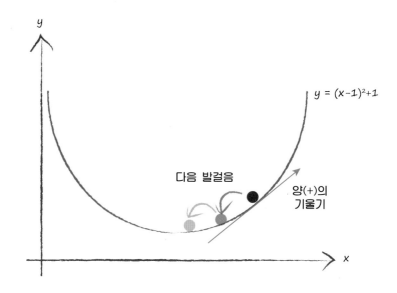

이번에는 우리의 발 아래의 기울기가 양의 기울기이므로 우리는 왼쪽으로 이동하게 됩니다. 다시 말해 x의 값을 약간 감소합니다. 이번에도 우리는 실제 최저점 방향으로 보다 근접하게 되고, 우리의 위치가 개선되었다는 점을 확인할 수 있습니다. 이러한 과정을 계속 반복하다 보면 더 이상 개선의 정도가 너무 작아 무시할 수준 정도가 되어, 최저점에 도달하는 행복한 순간을 맞이하게 될 것입니다.

여기에서 한 가지 주의해야 할 점은 내딛는 걸음의 크기를 잘 조정해야 한다는 것입니다. 걸음 폭이 너무 크면 최저점을 단숨에 지나치게 되며(오버슈팅) 영원히 최저점에 도달하지 못하고 양쪽을 왔다 갔다 하는 결과가 되기 때문입니다. 예를 들어 최저점으로부터 0.5미터 거리까지 근접했는데 한 걸음이 2미터라면, 우리의 다음 걸음은 최저점을 지나치게 될 것이며 최저점에 도달할 방법이 영원히 없을 것입니다. 만약 발걸음의 크기를 기울기의 크기에 비례하도록 조정해줄 수 있다면 목적지에 거의 도달했을 즈음에는 보다 작은 발걸음을 내디딜 것입니다. 여기에서 가정하는 것은 우리가 최저점에 가까워질수록 기울기는 완만해진다는 사실입니다. 이는 대부분의 매끄럽고 연속적인 함수에서 옳은 가정입니다. 하지만 보통 수학자들이 **불연속**discontinuity이라고 부르는 지그재그 형태의 복잡한 함수에 대해서는 올바른 가정이 아닐 것입니다.

다음 그림은 함수의 기울기가 완만해짐에 따라 발걸음을 조정해나가는 것을 표현합니다. 기울기가 완만해진다는 것은 최저점에 가까워진다는 것을 의미하므로 좋은 신호라고 할 수 있습니다.

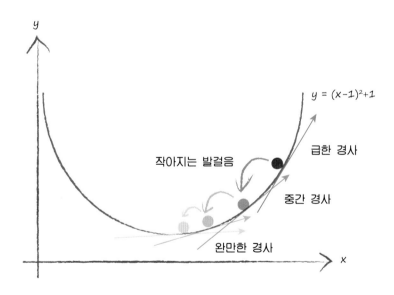

x를 기울기와 반대 방향으로 증가하는 것을 눈치채셨나요? 양의 기울기라면 x 값을 감소하고, 음의 기울기이면 x 값을 증가합니다. 그래프를 보면 명확하지만, 이 사실을 잊고 길을 잃기 쉽습니다.

경사 하강법을 사용할 때 우리는 $y = (x - 1)^2 + 1$이 복잡하고 어려운 함수라고 가정했기 때문에 대수학을 이용해 한 번에 최저점을 구하지 않았습니다. 비록 우리가 수학적 접근을 통해 기울기의 값을 정확히 구한 것은 아니지만 우리는 올바른 방향을 예측해 그 방향으로 이동할 수 있었습니다.

이러한 접근 방법이 빛을 발하는 경우는 바로 많은 매개변수를 가지는 함수에 대응해야 하는 경우입니다. 즉 y의 값이 x라는 한 변수에 의해 결정되는 경우가 아니라 a, b, c, d, e, f 등 여러 변수에 의해 결정되는 경우입니다. 생각해보면 신경망의 결과 값 및 오차 값은 바로 이처럼 많은 가중치 매개변수에 의해 결정됩니다. 보통 수백 개가 넘습니다.

다음 그림은 2개의 매개변수에 의해 결정되는 조금 더 복잡한 함수의 예를 들어 경사 하강법을 보여줍니다. 2개의 매개변수를 가지므로 함수의 결과 값은 높이로 표시되어 3차원의 형태를 띠게 됩니다.

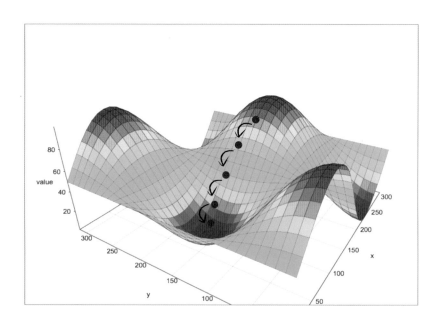

이 3차원 표면을 보면, 경사 하강법을 이용해 진행할 때 우리 의도대로 화살표로 표시된 곳이 아니라 엉뚱한 계곡으로 진행될 수도 있지 않을까라는 의문이 생길 수 있습니다. 좀 더 일반적으로 풀어서 이야기하면, 복잡한 함수는 1개의 계곡이 아니라 여러 개의 계곡을 가질 수 있으므로 경사 하강법이 때로는 잘못된 계곡에 빠지고 여기에서 벗어나지 못하는 경우가 있지 않을까라는 의문 말입니다. 잘못된 계곡이란 진정한 최저점이 아닌 계곡을 의미합니다. 그렇습니다. 이런 일은 분명히 발생할 수 있습니다.[1]

이처럼 잘못된 계곡에 빠지는 것을 피하려면 각각 다른 출발점에서 시작해 여러 번 학습하는 방법을 취할 수 있습니다. 출발점이 다르다는 것은 매개변수의 초기 값을 다르게 준다는 것입니다. 즉 인공 신경망에서는 가중치의 초기 값을 다르게 준다는 것을 의미합니다.

다음 그림은 경사 하강법에 의해 최저점으로 접근하는 세 가지 경우를 보여줍니다. 가운데 그림의 경우 잘못된 계곡에 빠진 것을 확인하기 바랍니다.

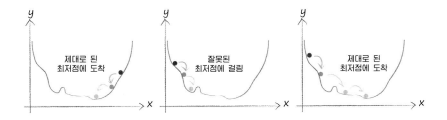

> **중간 정리**
> - **경사 하강법**은 함수의 최저점을 구하기 위한 좋은 접근 방법입니다. 특히 함수가 매우 복잡하고 어려워 대수학을 이용해 수학적 접근 방식으로 풀기 어려울 때도 잘 동작합니다.
> - 매개변수가 많아서 다른 접근 방법들이 실패하거나 현실적이지 못한 경우에도 경사 하강법은 잘 동작합니다.
> - 데이터가 불완전하거나 함수가 완벽하게 표현되지 못하거나 잘못된 발걸음을 내디던 경우에도 경사 하강법은 **탄력적으로** 대응합니다.

---

1 제대로 된 최저점을 global minimum, 잘못된(국소적) 최저점을 local minimum이라고 부르기도 합니다.

여러 가지 오차함수

신경망에서는 수많은 가중치라는 매개변수를 가지는 복잡하고 어려운 함수에 의해 그 결과 값을 얻습니다. 경사 하강법을 신경망에 이용해도 될까요? 물론입니다. 필요한 것은 **오차함수**error function를 올바르게 선택하는 일입니다.

신경망의 결과 함수output function 자체는 오차함수가 아닙니다. 하지만 오차는 학습 목표 값과 실제 값 간의 차이를 의미하므로 우리는 결과 함수를 쉽게 오차함수로 변환할 수 있습니다.

여기에서 주의해야 할 점이 있습니다. 다음 표에는 3개의 출력 노드에 대한 목표 값, 실제 값과 함께, 오차함수로 쓸 후보가 세 가지 있습니다.

실제 결과 값	목표 값	오차 (목표 값 − 실제 값)	오차 |목표 값 − 실제 값|	오차 (목표 값 − 실제 값)^2
0.4	0.5	0.1	0.1	0.01
0.8	0.7	−0.1	0.1	0.01
1.0	1.0	0	0	0
합		0	0.2	0.02

첫 번째 후보의 경우에서 오차함수는 단순히 **(목표 값 − 실제 값)**입니다. 언뜻 보면 충분히 합리적인 오차함수로 보이지만 전체 노드의 오차를 구하기 위해 합을 구해보면 그 값이 0인 것을 확인할 수 있습니다!

어떻게 된 일일까요? 첫 번째 노드와 두 번째 노드는 각각 오차를 가지고 있으므로 이 신경망이 완벽하게 학습되지 않았다는 것은 분명한 사실입니다. 그런데 전체 노드의 오차의 합은 이 신경망에 오차가 없다고 이야기하고 있습니다. 이런 결과가 나오는 이유는 양의 오차와 음의 오차가 서로를 상쇄했기 때문입니다. 이처럼 완벽하게 서로를 상쇄해서 오차의 합이 0으로 나오는 경우는 좀 극단적인 사례이기는 하지만, 그렇지 않더라도 오차가 서로 상쇄된다는 점에서, 이는 전체 오차를 구하는 합리적인 방법이 아니라는 사실을 깨달을 수 있습니다.

두 번째 후보의 경우에는 바로 이 문제점을 없애기 위해 **절댓값**^{absolute value}을 취합니다. 절댓값이란 **| 목표 값 – 실제 값 |**의 형태로 표기하며, 연산 결과가 음수일 경우 양으로 부호를 바꿔주는 역할을 합니다. 이렇게 하면 오차 간에 상쇄되는 일은 없기 때문에 잘 동작합니다. 하지만 이 방법이 그다지 선호되지 않는 이유는, 최저점 근처에 가면 기울기가 연속적이지 않으며 이로 인해 경사 하강법이 잘 작동하지 않을 수 있기 때문입니다. 예를 들어 V자 형태의 계곡에 빠지게되면 최저점에 가지 못하고 그 주위를 계속 맴도는 경우가 생길 수 있습니다. 최저점 근처에서 기울기가 작아지지 않기 때문에 우리의 발걸음도 작아지지 않아 결국은 오버슈팅하게 될 가능성이 높다는 것입니다.

세 번째 후보는 **(목표 값 – 실제 값)²** 같은 식으로 두 값의 차이에 제곱을 합니다. 이런 방식을 **제곱오차**^{squared error} 방식이라고 합니다. 이 제곱오차 방식이 절댓값 방식보다 선호되며 많이 사용되는데 그 이유는 다음과 같습니다.

- 오차함수로 제곱오차 방식을 사용하면 경사 하강법의 기울기를 구하는 대수학이 간단해집니다.
- 오차함수가 부드럽고 연속적이므로 경사 하강법이 잘 동작하게 됩니다. 값이 갑자기 상승하거나 빈 틈이 존재하지 않게 됩니다.
- 최저점에 접근함에 따라 경사가 점점 작아지므로 목표물을 오버슈팅할 가능성이 작아집니다.

또 다른 후보도 존재할까요? 물론 우리는 더 복잡하고 흥미로운 오차함수를 만들어낼 수도 있습니다. 경우에 따라 어떤 것은 잘 동작하지 않고 어떤 것은 특정 문제에 대해 잘 동작할 것입니다. 하지만 더 이상 일을 복잡하게 만들 가치는 없을 듯합니다.

이제 거의 다 왔습니다!

미분으로 오차함수 구하기

경사 하강법을 사용하려면 가중치에 대한 오차함수의 기울기를 구해야 합니다. 이 작업을 하기 위해서는 **미분**calculus이 필요합니다. 혹시 미분이라는 개념이 생소하면 부록에서 미분 기초에 대해 읽어보기 바랍니다. 미분은 어떤 하나의 변화가 다른 것의 변화에 어떤 영향을 주는지를 구하는 수학적 접근 방법입니다. 예를 들어 스프링에 힘을 얼마나 주느냐에 따라 스프링의 길이가 어떻게 달라지는가 하는 것입니다. 우리의 관심은 신경망 내에서 오차함수가 가중치에 의해 얼마나 영향을 받는가입니다. 다르게 표현하면 '오차는 가중치의 변화에 얼마나 민감한가'라고 할 수도 있겠습니다.

다음 그래프를 보면서 설명하겠습니다.

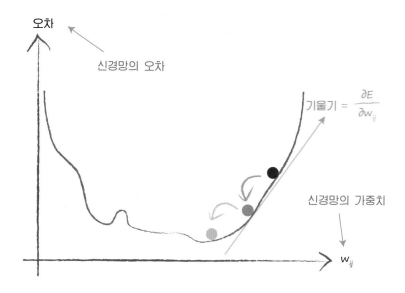

이 그래프는 앞에서 봤던 것과 거의 유사합니다. 우리가 지금 하는 일도 앞에서 했던 것과 전혀 다르지 않습니다. 다만 이번에 우리가 최소화하고자 하는 함수는 신경망의 오차입니다. 다듬어가고자 하는 매개변수는 가중치입니다. 이 그림에서는 편의를 위해 1개의 가중치만 표시했지만 사실 신경망에는 수많은 가중치가 있다는 사실을 기억하기 바랍니다.

다음 그래프에는 2개의 가중치가 존재하므로 오차함수는 3차원의 표면으로 표현됩니다. 2개의 가중치의 변화에 따라 3차원의 표면은 변화하게 됩니다. 마치 계곡이 있는 산맥 지형에서 오차를 최소화하려 시도하는 것처럼 보일 것입니다.

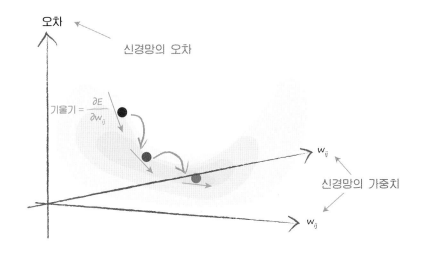

많은 매개변수를 가지는 함수는 오차를 시각화하기는 어렵지만, 그 경우에도 경사 하강법을 이용해 최저점을 찾아가는 방식은 여전히 동일하다는 점을 기억하기 바랍니다.

우리가 구하고자 하는 바를 수식으로 표현하면 다음과 같습니다.

$$\frac{\partial E}{\partial w_{jk}}$$

즉, 가중치 w_{jk}의 값이 변화함에 따라 오차 E의 값이 얼마만큼 변하는지입니다. 다시 말해 이 값은 최저점의 방향으로 감소하기 원하는 오차함수의 기울기입니다.

우선 은닉 계층(j)과 최종 출력 계층(k) 사이에 존재하는 연결 가중치에 집중해서 보겠습니다. 다음 그림에 이 부분을 강조해 표시해뒀습니다. 입력 계층과 은닉 계층 사이의 연결 가중치에 대해서는 조금 후에 살펴보겠습니다.

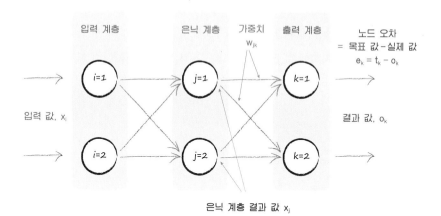

은닉 계층 결과 값 x_j

우리는 앞으로 미분을 할 때 각각의 기호의 의미를 잊지 않기 위해 이 그림을 계속 언급할 것입니다. 미분의 각 단계는 결코 어렵지 않으며 상세하게 살펴볼 것입니다. 게다가 우리는 필요한 모든 개념을 이미 학습했습니다.

우선 오차함수를 전개해보겠습니다. 오차함수는 n개의 노드에 대해 목표 값과 실제 값의 차를 구해 이를 제곱한 다음에 모두 더한 합입니다.[2]

$$\frac{\partial E}{\partial w_{jk}} = \frac{\partial}{\partial w_{jk}} \sum_n (t_n - o_n)^2$$

단지 오차함수인 E를 풀어 쓴 것뿐입니다.

노드 n에서의 결과 값 o_n은 오직 이와 연결되는 연결 노드로부터만 영향을 받습니다. 다시 말해 노드 k의 결과 값인 o_k는 그와 연결되는 가중치 w_{jk}에 의해서만 영향을 받는다는 뜻입니다.

---

2 수식에서 t는 target(목표)을 뜻하고, o는 output(결과)을 뜻합니다.

다른 관점에서 보면 노드 k의 결과 값은 가중치 w_{jb}에는 영향을 받지 않는다고 말할 수도 있습니다(k와 b는 같지 않다고 가정). 가중치 w_{jb}는 노드 k와 연결되지 않기 때문입니다. 즉 가중치 w_{jb}는 출력 노드 b와 연결되지 k와는 연결되지 않습니다.

이 의미는 이 합으로부터 w_{jk}의 연결 노드인 o_k 외의 모든 o_n을 제거할 수 있다는 뜻입니다. 성가신 합 기호(Σ) 기호를 통째로 제거할 수 있게 되었습니다! 기억해둘 만한 좋은 방법입니다.

이제 여러분은 오차함수를 구할 때 처음부터 모든 출력 노드에 걸쳐 합을 구하지 않아도 된다는 것을 깨달았습니다. 그 이유는 노드의 결과 값은 오직 연결된 가중치에 의해서만 영향을 받기 때문이라는 것도 알고 있습니다. 사실 많은 책에서 이 사실에 대해 명확히 설명을 안 해주고 그저 오차함수라고 애매하게 표현하는 것을 많이 보곤 했습니다.

이제 수식이 한층 간결해졌습니다.

$$\frac{\partial E}{\partial w_{jk}} \;=\; \frac{\partial}{\partial w_{jk}} \,(t_k - o_k)^2$$

이제 미분을 해볼까요? 다시 말하지만 미분이라는 개념이 생소하다면 부록을 참고하기 바랍니다.

t_k는 상수이므로 w_{jk}의 값이 변하더라도 불변입니다. 다시 말해 t_k는 w_{jk}의 함수가 아닙니다. 목표 값이 가중치에 영향을 받는다는 점은 말이 안 되기 때문입니다. 이제 우리가 처리할 것은 w_{jk}에 영향을 받는 o_k 부분뿐입니다.

연쇄 법칙을 이용해 미분 작업을 몇 개의 조각으로 나누어보겠습니다. 연쇄 법칙에 대해서는 부록을 참고하기 바랍니다.

$$\frac{\partial E}{\partial w_{jk}} = \frac{\partial E}{\partial o_k} \cdot \frac{\partial o_k}{\partial w_{jk}}$$

이렇게 함으로써 각 항별로 공략이 가능합니다. 첫 번째 항의 미분은 단순히 제곱의 미분이므로 다음과 같이 구할 수 있습니다. $E = (t_k - o_k)^2$였음을 떠올려 봅시다.

$$\frac{\partial E}{\partial w_{jk}} = -2(t_k - o_k) \cdot \frac{\partial o_k}{\partial w_{jk}}$$

두 번째 항은 조금 더 생각을 요하기는 하지만 별로 어려울 것 없습니다. o_k는 노드 k의 결과 값으로 입력 신호의 가중치 합에 시그모이드 함수를 적용한 것이라는 사실을 기억할 겁니다. 이를 적용하면 다음과 같이 쓸 수 있습니다.

$$\frac{\partial E}{\partial w_{jk}} = -2(t_k - o_k) \cdot \frac{\partial}{\partial w_{jk}} sigmoid \left(\Sigma_j \, w_{jk} \cdot o_j \right)$$

o_j는 최종 출력 계층의 출력 값이 아니라, 직전 은닉 계층의 노드로부터의 출력 값입니다.

시그모이드 함수의 미분 값은 무엇일까요? 미분에 대해서는 부록에서 그 원리를 살펴보므로 여기에서는 이미 널리 알려진 결과를 바로 사용하겠습니다. 시그모이드 함수의 미분 값은 다음과 같습니다.

$$\frac{\partial}{\partial x} sigmoid(x) = sigmoid(x)(1 - sigmoid(x))$$

많은 함수가 미분을 하면 보기만 해도 겁이 나는 복잡한 수식으로 변신하고는 합니다. 하지만 시그모이드는 미분한 결과도 식이 매우 간단하며 따라서 활용하기도 편리하다는 장점을 가지고 있습니다. 바로 이런 점이 시그모이드가 신경망의 활성화 함수로 인기 있는 이유 중 하나입니다.

이제 이 결과를 적용해보겠습니다.

$$\frac{\partial E}{\partial w_{jk}} = -2(t_k - o_k) \cdot sigmoid (\Sigma_j \, w_{jk} \cdot o_j) (1 - sigmoid (\Sigma_j \, w_{jk} \cdot o_j)) \cdot \frac{\partial}{\partial w_{jk}} (\Sigma_j \, w_{jk} \cdot o_j)$$

$$= -2(t_k - o_k) \cdot sigmoid (\Sigma_j \, w_{jk} \cdot o_j) (1 - sigmoid (\Sigma_j \, w_{jk} \cdot o_j)) \cdot o_j$$

시그모이드 항까지는 이해가 되는데, 그 뒤에 붙은 항은 뭘까요? 이는 시그모이드의 미분 값에 연쇄 법칙이 적용된 결과입니다. 간단히 말해 시그모이드 함수 내의 표현식도 한 번 더 미분되어야 하기 때문입니다. 물론 그 답은 o_j라는 점을 우리는 알고 있습니다.[3]

최종 수식을 적어보기 전에 맨 앞의 2는 제거하겠습니다. 우리는 언덕에서 내려갈 수 있는 오차함수의 기울기 방향에 대해서만 관심이 있으므로 상수는 제거해도 무방합니다. 이 상수가 2든 3이든 100이든 우리가 하나의 상수만 사용하는 한 상관없습니다. 그러므로 간소화를 위해 그냥 2를 없애겠습니다.

이제 '최종 수식'을 적어보겠습니다. 이 수식은 오차함수의 기울기를 표현함으로써 가중치 w_{jk}를 조정해나갈 수 있게 해줍니다.

$$\frac{\partial E}{\partial w_{jk}} = - (t_k - o_k) \cdot sigmoid (\Sigma_j \, w_{jk} \cdot o_j) (1 - sigmoid (\Sigma_j \, w_{jk} \cdot o_j)) \cdot o_j$$

우리가 드디어 해냈습니다!

바로 이 식이 우리가 그토록 찾아왔던 마법의 수식입니다. 신경망을 학습시키는

---

3 연쇄 법칙에 따라 f(g(x))를 미분하면 f'(g(x)) g'(x)가 되고 여기서 f는 시그모이드 함수, g는 $\Sigma \, w_{jk} \, o_j$이기 때문입니다. 여기서 노드 j의 결과 o_j는 앞에서 봤던 것처럼 오직 이와 연결되는 가중치 w_{jk}에 의해서만 영향을 받으므로 합 기호를 뗄 수 있고, 미분을 취하면 o_j만 남습니다.

핵심인 것이죠.

수식을 다시 한번 살펴보겠습니다. 각각의 항을 다른 색상으로 구분했습니다. 첫 번째 항은 우리가 잘 알고 있는 (목표 값 – 실제 값) 오차입니다. 두 번째 항의 시그모이드 안에 있는 합 기호는 사실 최종 계층의 노드로 들어오는 입력 신호에 불과하므로 우리는 이를 더 간단히 i_k라고 표기할 수도 있습니다. 이는 활성화 함수가 적용되기 전의 신호를 의미할 뿐입니다. 마지막 항은 이전 은닉 계층의 노드 j의 결과 값입니다. 수식을 이렇게 나누어 살펴봄으로써 실제로 기울기에 영향을 주는 요소들(궁극적으로 가중치를 최적의 값으로 업데이트하는 요소들)에 대해 감을 잡을 수 있을 것입니다.

최종적으로 단 한 가지 작업이 남아 있습니다. 위의 수식은 은닉 계층과 출력 계층 사이에 있는 가중치를 업데이트하기 위한 것입니다. 이제 입력 계층과 은닉 계층 사이에 있는 가중치들에 대해서도 유사하게 오차 기울기를 찾아보겠습니다.

이를 위해 복잡한 대수학을 할 필요가 없다는 사실은 이미 알고 있습니다. 방금 한 것과 같이 단순하게 이들 가중치에 대한 수식을 만들어보겠습니다. 따라서 이번에는 다음과 같이 진행하겠습니다.

- 이번에는 첫 번째 부분의 오차인 (목표 값 – 실제 값)이 은닉 계층에서 재조합된 역전파 오류가 되게 됩니다. 이 값을 e_j라고 부르겠습니다.
- 두 번째 시그모이드 부분은 동일하지만, 합 부분이 은닉 계층의 노드 j로 들어오는 입력 값에 가중치를 적용한 결과가 됩니다. 이 입력 값을 i_j라고 표기하겠습니다.
- 마지막 부분은 첫 번째 계층의 노드 o_i의 결과 값이 됩니다.

따라서 두 번째 최종 수식, 즉 입력 계층과 은닉 계층 사이의 가중치에 대한 오차함수의 기울기는 다음과 같이 표현할 수 있습니다.

$$\frac{\partial E}{\partial w_{ij}} = - (e_j) \cdot sigmoid (\Sigma_i \, w_{ij} \cdot o_i) (1 - sigmoid (\Sigma_i \, w_{ij} \cdot o_i)) \cdot o_i$$

이제 우리는 기울기에 대한 모든 중요한 마법 수식을 구했습니다. 학습 데이터를 이용해 학습을 진행할 때마다 우리는 이를 이용해 가중치를 업데이트해나갈 수 있게 된 것입니다.

학습률

가중치는 기울기와 반대 방향으로 진행된다는 점을 기억하기 바랍니다. 그리고 학습률 인자를 적용함으로써 변화의 정도를 조정하겠습니다. 학습률은 문제에 따라 조금씩 다르게 튜닝해야 합니다. 이는 앞에서 우리가 선형 분류자를 학습시킬 때에도 적합하지 않은 학습 데이터에서 받는 나쁜 영향을 줄이고 가중치가 최저점 근처에서 오버슈팅하는 것을 방지하기 위해 사용한 바 있습니다. 수학적으로는 다음과 같이 표현합니다.

$$new \ w_{jk} \quad = \quad old \ w_{jk} \ - \ \alpha \cdot \frac{\partial E}{\partial w_{jk}}$$

업데이트된 새로운 가중치는 방금 구한 오차 기울기에 상수를 곱한 값을 원래 가중치에서 빼줌으로써 구할 수 있다는 뜻입니다. 빼는 이유는 양의 기울기일 경우에는 가중치를 줄이고, 음의 기울기일 경우에는 가중치를 늘리기 위함입니다. 여기서 상수 α는 오버슈팅을 방지하기 위해 변화의 강도를 조정하는 역할을 하며, 이를 바로 **학습률**이라고 합니다.

이 수식은 은닉 계층과 출력 계층 사이의 가중치뿐만 아니라, 입력 계층과 은닉 계층 사이의 가중치에도 동일하게 적용됩니다. 앞에서 구한 두 가지 오차 기울기 수식을 경우에 따라 다르게 사용하면 됩니다.

이러한 계산을 행렬곱으로 어떻게 표현할지 보겠습니다. 가중치 변화 행렬의 각 원소들이 어떻게 구성되는지 적어보겠습니다.

$$
\begin{pmatrix} \Delta w_{1,1} & \Delta w_{2,1} & \Delta w_{3,1} & \dots \\ \Delta w_{1,2} & \Delta w_{2,2} & \Delta w_{3,2} & \dots \\ \Delta w_{1,3} & \Delta w_{2,3} & \Delta w_{j,k} & \dots \\ \dots & & \dots & \end{pmatrix} = \begin{pmatrix} E_1 * S_1 (1-S_1) \\ E_2 * S_2 (1-S_3) \\ E_k * S_k (1-S_k) \\ \dots \end{pmatrix} \cdot \begin{pmatrix} O_1 & O_2 & O_j & \dots \end{pmatrix}
$$

다음 계층으로부터의 값들

전 계층으로부터의 값들

여기에서는 학습률 α를 생략했지만, 학습률은 그저 상수일 뿐 우리가 행렬곱을 수행하는 데에는 아무런 영향을 주지 않기 때문에 문제없습니다.

가중치 변화의 행렬은 한 계층의 노드 j와 다음 계층의 노드 k를 연결하는 가중치 w_{jk}를 조정하는 역할을 합니다. 앞의 수식에서 앞 항은 다음 계층(노드 k)으로부터의 값들을 이용하며, 뒤 항은 전 계층(노드 j)으로부터의 값들을 이용한다는 것을 볼 수 있습니다.

앞의 그림에서 뒤 항은 행이 하나인 행렬로 바로 직전 계층 o_j로부터의 결과 값의 전치 행렬입니다. 수식에서 행렬곱이 이루어지는 하나의 예시로 색상을 구분해 표시해뒀습니다.

따라서 이러한 가중치 업데이트 행렬은 다음과 같이 표현할 수 있습니다. 이제 우리는 컴퓨터를 이용해 이를 돌리기만 하면 될 것 같습니다.

$$
\Delta W_{jk} = \alpha \cdot E_k \cdot O_k (1 - O_k) \cdot O_j^T
$$

사실 그렇게 복잡한 것은 아닙니다. 사실상 출력 노드들로 이루어진 행렬이기 때문에 수식에서 시그모이드는 뺐습니다.

이게 전부입니다! 수고하셨습니다!

핵심 정리

- 신경망의 오차는 가중치의 함수입니다.

- 신경망을 개선한다는 것은 가중치의 변화를 통해 오차를 줄인다는 뜻입니다.

- 최적의 가중치를 직접 찾는 것은 매우 어렵습니다. 이를 대체하는 접근 방법은 작은 발걸음으로 오차함수를 줄여가면서 반복적으로 가중치를 개선해가는 방법입니다. 각 발걸음은 현재 위치에서 볼 때 가장 급격히 낮아지는 경사의 방향으로 취해집니다. 이런 방법을 **경사 하강법**이라고 합니다.

- 오차 기울기는 미분을 이용해 계산할 수 있으며 알고 보면 별로 어렵지 않습니다.

## CHAPTER 15

가중치 업데이트 예제

가중치 업데이트가 제대로 동작하는지 확인하기 위해 예제를 실제로 살펴보겠습니다.

다음 신경망은 우리가 앞에서 봤던 것인데 이번에는 은닉 계층의 첫 번째 노드에서의 결과 값 $o_{j=1} = 0.4$와 두 번째 노드에서의 결과 값 $o_{j=2} = 0.5$를 추가했습니다. 이 값들은 단지 예제를 위해 만든 가공의 값임을 참고하기 바랍니다.

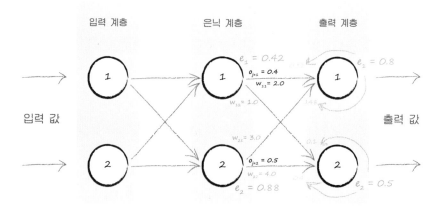

우리는 은닉 계층과 출력 계층 사이의 가중치 w_{11}을 업데이트해야 합니다. 현재
이 값은 2.0입니다.

오차 기울기를 다시 한번 적어보겠습니다.

$$\frac{\partial E}{\partial w_{jk}} = -(t_k - o_k) \cdot sigmoid\left(\Sigma_j\, w_{jk} \cdot o_j\right)\left(1 - sigmoid\left(\Sigma_j\, w_{jk} \cdot o_j\right)\right) \cdot o_j$$

이걸 단계별로 계산해보죠.

- 첫 번째 항 $(t_k - o_k)$는 오차 e_1입니다. 그림에서 볼 수 있듯 $e_1 = 0.8$입니다.
- 시그모이드 함수 내의 합 $\Sigma\, w_{jk}\, o_j$는 (2.0 * 0.4) + (3.0 * 0.5) = 2.3입니다.
- 그러면 시그모이드 함수의 값은 $1 / (1 + e^{-2.3})$은 0.909가 됩니다. 따라서 두 번째 항은
  0.909 * (1 - 0.909) = 0.083이 됩니다.
- 마지막 항은 o_j인데 우리는 j = 1일 때 가중치 w_{11}에 관심이 있으므로 $o_{j=1} = 0.4$입니다.

결국 이 세 항을 모두 곱하고(0.8 * 0.083 * 0.4) 맨 앞에 있던 음의 부호(−)
를 붙이면 −0.0265가 나옵니다.

만약 학습률이 0.1이라면 변화량은 (0.1 * −0.0265) = −0.00265가 됩니다.
따라서 새로운 w_{11}은 2.0 − (−0.00265) = 2.00265가 됩니다.

이건 아주 작은 변화에 불과하지만 이렇게 수백 또는 수천 번 반복하면 가중치
는 결국 최적의 값으로 수렴하게 될 것이며 이렇게 학습된 신경망은 학습 데이
터들을 잘 반영하는 결과 값을 만들어낼 수 있게 될 것입니다.

## CHAPTER 16

데이터 준비하기

이 장에서는 학습 데이터를 어떻게 준비할지, 가중치의 초기 값을 어떻게 정할지, 그리고 학습 과정이 제대로 작동할 수 있도록 결과 값을 어떻게 디자인해야 할지에 대해 생각해보겠습니다.

신경망을 이용한다고 해서 모든 문제가 잘 해결되는 것은 아닙니다. 신경망이 제대로 동작하지 않는 데에는 여러 가지 이유가 있을 수 있지만 이 중 꽤 많은 경우는 학습 데이터, 가중치의 초기화, 결과 값을 잘 디자인하는 것만으로 해결이 가능합니다. 각각의 경우에 대해 지금부터 살펴보겠습니다.

입력 값

시그모이드 활성화 함수를 보겠습니다. 만약 입력 값이 크면 활성화 함수는 평평한 형태를 띠는 것을 볼 수 있습니다.

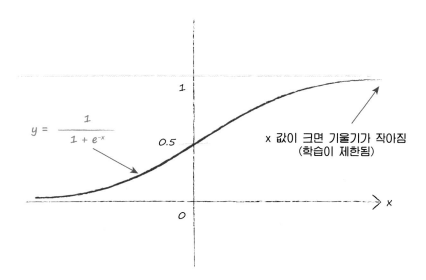

$$y = \frac{1}{1 + e^{-x}}$$

x 값이 크면 기울기가 작아짐
(학습이 제한됨)

우리는 기울기를 이용해 가중치를 업데이트하므로 평평한 활성화 함수는 문제가 있습니다. 가중치의 변화에 대한 수식을 다시 한번 생각해보면, 가중치의 변화는 활성화 함수의 기울기에 좌우됩니다. 작은 기울기는 곧 학습 능력이 제한된다는 것을 의미합니다. 이를 일컬어 신경망에 **포화**saturation가 발생했다고 합니다. 그렇다면 포화가 일어나지 않게 하기 위해 우리는 입력 값을 작게 유지해야만 합니다.

재미있는 것은 이 수식은 입력 신호(o_j)에도 영향을 받는다는 것입니다. 따라서 우리는 가중치를 너무 작게 만들 수도 없습니다. 컴퓨터는 매우 작거나 매우 큰 수를 처리할 때 정확도를 잃을 수 있으므로 매우 작은 수도 문제가 될 수 있는 것입니다.

이럴 때 좋은 방법은 입력 값이 0.0 ~ 1.0 사이에 놓이도록 그 크기를 조정하는 것입니다. 때로는 입력 값에 0.01 같은 작은 오프셋 값을 더해서 입력 값이 0이 되는 것을 방지하기도 합니다. 만약 입력 값이 0이면 o_j = 0으로 설정되므로 가중치 업데이트 수식에 의한 학습 능력이 죽어버리기 때문입니다.

결과 값

신경망의 결과 값은 마지막 계층의 노드들로부터 출력되는 신호입니다. 만약 우리가 1.0을 넘는 값을 만들어내지 못하는 활성화 함수를 사용하고 있다면 학습의 목표 값으로 이보다 큰 값을 설정하는 것은 어불성설일 것입니다. 로지스틱 함수는 1.0에 가까이는 갈 수 있지만 절대 1.0에 도달하지 못한다는 사실을 기억할 겁니다. 수학자들은 이를 일컬어 '**점근적으로**asymptotically 1.0에 접근한다'라고 표현합니다.

로지스틱 함수에서는 1.0보다 크거나 0보다 작은 출력 값이 불가능하다는 것을 그림으로 표현하면 다음과 같습니다.

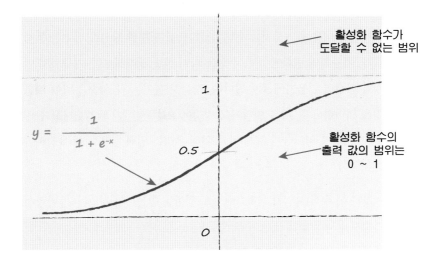

만약 도달할 수 없는 금지된 영역의 값으로 목표 값을 설정한다면, 신경망을 학습하면 할수록 활성화 함수에 의해 만들어질 수 없는 더 큰 결과 값을 만들기 위해 점점 더 큰 가중치를 시도하게 될 것입니다. 이렇게 되면 그 결과는 결국 신경망을 포화시키므로, 매우 안 좋은 현상입니다.

그러므로 우리는 목표 값을 도달 불가능한 값으로 설정하지 않도록 해야 하며,

활성화 함수가 출력할 수 있는 값으로 재조정해야 합니다.

0.0에서 1.0 사이 범위의 값을 이용하는 것이 일반적이지만, 불가능한 영역인 0.0과 1.0으로 설정되는 것을 막기 위해 0.01에서 0.99 사이의 값을 이용하기도 합니다.

임의의 값으로 가중치 초기화

입력 값, 출력 값과 마찬가지의 원칙이 가중치에도 적용됩니다. 우리는 가중치의 초기화 시 큰 값을 피해야 합니다. 큰 값을 가지는 가중치는 신호를 크게 만들어 활성화 함수에 전달하게 되며 이는 우리가 계속 언급하고 있는 포화를 일으켜 가중치를 학습하는 능력을 떨어뜨리게 되기 때문입니다.

가중치의 초기화는 −1.0 ~ 1.0 사이의 임의의 값으로 하는 것이 좋은 선택일 것입니다. 예를 들어 −1000 ~ 1000 사이의 매우 큰 값으로 하는 것보다 훨씬 이로울 것입니다.

더 나은 방법도 있을까요? 그런 것 같습니다.

수학자와 컴퓨터 과학자들은 특정 신경망의 형태와 특정 활성화 함수가 주어졌을 때 수학을 이용해 가중치를 임의의 값으로 초기화하는 경험칙을 알아냈습니다. '특정'이란 말이 많죠? 넘어갑시다.

여기에서 이에 대해 상세히 살펴보지는 않겠지만, 핵심 아이디어는 이겁니다. 노드에 수많은 신호가 들어오고 이 신호들이 이미 잘 동작하고 있고 너무 넓게 분포되지만 않는다면, 가중치는 이러한 신호들이 잘 조합되고 활성화 함수가 이에 잘 적용되게 하는 등 원활한 동작이 이루어지도록 지원해야 한다는 것입니다. 다시 말해 우리는 가중치가 입력 신호의 크기를 신중하게 조정하는 데 쏟았던 노력을 망치지 않도록 해야 한다는 말입니다. 수학자들이 도달한 결론은 노드로 오는 연결 노드의 개수에 루트를 씌운 다음 역수를 취해 얻은 값을 범위로 해서 가중치의 값을 초기화하면 된다는 것이었습니다. 예를 들어 각 노드가 3개의 연결 노드를 가진다면 가중치의 초기값은 $\pm 1 / \sqrt{3} = \pm 0.57$이 됩니다. 만약 각 노드가 100개의 연결 노드를 가진다면 가중치의 초기 값은 $\pm 1 / \sqrt{100} = \pm 0.1$이 되겠죠.

직관적으로 생각해봐도 이해가 될 것 같습니다. 가중치가 지나치게 큰 값으로 초기화하면 활성화 함수를 편향된 방향으로 편향시키게 될 것이며, 지나치게 큰 가중치는 그 활성화 함수를 **포화**시킬 것입니다. 그리고 노드로 들어오는 연결 노드가 많을수록 더 많은 신호들이 합쳐지게 됩니다. 그러므로 많은 연결 노드를 가지면 가중치의 범위를 줄여야 한다는 것이 경험적으로 옳을 것입니다.

확률분포에서 표본추출을 해본 독자라면 사실 지금 이야기하고 있는 내용이 평균 0과 노드로 들어오는 연결 노드의 개수에 루트를 씌운 값의 역수인 표준편차를 가지는 정규분포에서 표본을 추출하는 것과 마찬가지라는 점을 알아챘을 겁니다. 하지만 이를 너무 정확하게 지키려 할 필요는 없습니다. 이 경험칙은 사실이 아닐 수도 있는 몇 가지 가정(활성화 함수로 tanh 함수를 사용, 입력 신호가 특정 분포일 것 등) 위에서만 성립하기 때문입니다.

다음 그림은 간단한 접근법, 그리고 정규분포를 이용한 더 정교한 접근법 모두를 시각적으로 요약해 보여줍니다.

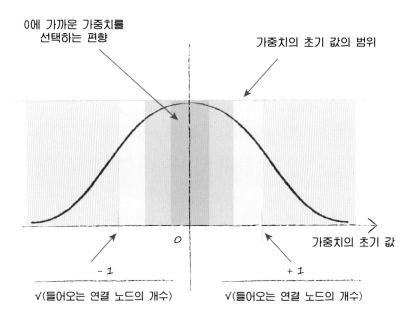

어떤 경우라도 가중치의 초기 값을 같은 상수로 설정하면 안 됩니다. 특히 0으로 설정하는 것은 절대 금해야 합니다!

가중치의 초기 값을 모두 같은 값으로 설정하면 신경망에 있는 모든 노드들은 같은 신호 값을 받게 될 것이며 이에 따라 각 출력 노드의 출력 값 역시 동일하게 될 것입니다. 또한 오차를 역전파함으로써 가중치를 업데이트하는 과정에서 오차는 모두 같은 값으로 나뉘어 전파될 것입니다. 오차는 가중치의 값에 비례해 나뉜다는 점을 기억할 것입니다. 이는 결국 동일한 가중치 업데이트로 이어질 것이며, 또다시 동일한 값을 가지는 가중치라는 결과로 이어지게 됩니다. 잘 학습된 신경망은 가중치의 값들이 반드시 동일하지 않습니다. 동일한 가중치를 가지는 것을 대칭symmetry이라고 표현하는데, 이렇게 될 경우 우리는 신경망을 결코 잘 학습시킬 수 없습니다.

가중치의 값이 0이라면 더더욱 최악입니다. 0의 가중치는 입력 신호를 죽여버리기 때문입니다. 입력 신호에 의해 좌우되는 가중치 업데이트 함수는 모두 0이 되어버립니다. 이렇게 되면 가중치를 업데이트하는 능력을 완전히 상실하게 되는 것입니다.

입력 데이터를 정교화하고 가중치를 설정하고 결과 값을 잘 나오게 할 방법은 이 책에서 지금까지 언급한 것 외에도 다양한 방법이 있습니다. 이 책에서 언급한 내용들은 이해하기 쉽고 분명한 효과가 있는 것들이니 우선 이 정도만 분명히 숙지하기 바랍니다.

핵심 정리

- 신경망의 디자인과 실제 풀고자 하는 문제에 적합하게 입력 값, 출력 값, 가중치의 초기 값을 설정해야 신경망이 잘 동작하게 됩니다.

- 흔히 발생하는 문제로는 **포화**가 있습니다. 포화란 보통 큰 가중치에 의해 커진 신호 때문에 활성화 함수의 기울기가 매우 얕은 곳에 존재하게 되는 현상을 의미합니다. 이렇게 되면 더 나은 가중치로 업데이트해가는 학습 능력이 저하됩니다.

- 또 다른 문제로는 신호 또는 가중치가 **0**의 값을 가지는 문제가 있습니다. 이 또한 가중치 학습 능력을 죽이게 됩니다.

- 가중치는 **임의의 작은 값**으로 설정되어야 합니다. 0은 반드시 피해야 합니다. 노드로의 연결 노드가 많을수록 가중치의 크기를 줄이는 등의 정교한 방법을 이용하기도 합니다.

- **입력 값**은 작은 값으로 조정되어야 하되, 0으로 설정해서는 안 됩니다. 일반적인 범위는 0.01 ~ 0.99 또는 −1 ~ 1입니다. 문제에 따라 적합한 범위를 선택하면 됩니다.

- **출력 값**은 활성화 함수가 생성할 수 있는 범위 내에 있어야 합니다. 로지스틱 시그모이드 함수에서 0 이하 또는 1 이상의 값은 불가능합니다. 학습의 목표 값을 이 범위 외의 값으로 설정하면 이는 더 큰 가중치를 만들어내게 될 것이며 그 결과는 포화로 이어질 것입니다. 적당한 범위는 0.01 ~ 0.99입니다.

## PART 2

파이썬으로 인공 신경망 직접 만들기

"무언가를 진정 이해하려면,
직접 만들어봐야 합니다.

작게 시작하되
크게 만들어나가십시오."

2부에서 우리는 직접 인공 신경망을 만들어볼 것입니다.

신경망에는 수천 개 이상의 연산이 필요하므로 우리는 신경망을 만들기 위해 컴퓨터를 필요로 합니다. 컴퓨터는 수많은 연산을 빠르게 수행하는 데 탁월한 능력을 지니고 있습니다. 지치지도 않고 정확성을 잃지도 않으면서 말입니다.

우리는 컴퓨터가 이해할 수 있는 명령을 줌으로써 컴퓨터가 일을 하게 만들 것입니다. 영어, 프랑스어, 스페인어 같은 인간의 언어는 컴퓨터로서는 정확히 이해하기가 어렵습니다. 사실 사람들 간에도 언어를 통한 커뮤니케이션에 문제가 발생하는 일이 많은데, 컴퓨터에게 그 이상 바랄 것이 없는 것도 당연합니다.

## CHAPTER 17

파이썬

우리는 **파이썬**^{Python}이라는 컴퓨터 언어를 사용할 것입니다. 파이썬은 배우기가 쉽기 때문에 컴퓨터 언어를 처음 배우는 사람에게 매우 좋은 언어입니다. 또한 다른 사람이 작성한 파이썬 코드를 읽고 이해하기도 쉽습니다. 파이썬은 매우 인기 있는 컴퓨터 언어로서 데이터 분석과 인공지능에서뿐만 아니라 과학 연구, 수업, 글로벌 규모의 인프라 구축에 이르기까지 널리 사용되는 언어입니다. 파이썬은 점점 더 많은 학교에서 채택되고 있으며, 최근 아주 인기 있는 라즈베리 파이에서도 파이썬을 사용할 수 있게 되어 아이들이나 학생들이 파이썬을 접할 기회도 늘어나고 있습니다.

이 책에서 파이썬을 이용해 신경망을 직접 만들기 위해 다룬 모든 내용을 라즈베리 파이 제로에서 실행할 수 있도록 설정하는 내용을 부록에 수록했습니다. 라즈베리 파이 제로는 매우 저렴한 작은 컴퓨터로 대략 $5 정도면 구매할 수 있습니다.

파이썬 또는 다른 컴퓨터 언어에 대해 배워야 할 것은 너무나 많겠지만, 여기에서는 우리의 목표인 신경망을 만드는 데 필요한 수준으로만 파이썬을 학습해보겠습니다.

## CHAPTER 18

인터랙티브 파이썬 = IPython

파이썬을 컴퓨터에 설치하다 보면 에러가 발생하기도 하고, 파이썬 외에 수학이나 시각화를 위한 다양한 패키지도 설치해야 합니다. 이런 힘든 과정을 거치기보다는 **IPython**이라는 미리 패키지화된 솔루션을 이용하겠습니다.

IPython은 파이썬 언어와 함께 그리고 자주 사용되는 수치 및 데이터 시각화 관련 확장 프로그램을 포함합니다. IPython의 장점은 쌍방향 노트북을 제공한다는 것인데, 이는 마치 펜과 종이처럼 작동해 아이디어를 시도해보고, 바로 결과를 보고, 이를 통해 아이디어를 발전시킬 수 있는 이상적인 도구입니다. 프로그램 파일, 인터프리터, 라이브러리 등에 대해 자세히 신경 쓰지는 않겠습니다. `ipython.org` 사이트에 접속하면 IPython 패키지를 받을 수 있는 몇 가지 옵션을 확인할 수 있습니다. 우리는 `www.continuum.io/downloads`에 있는 **아나콘다** Anaconda 패키지를 이용하겠습니다. 다음 그림을 참고하기 바랍니다.

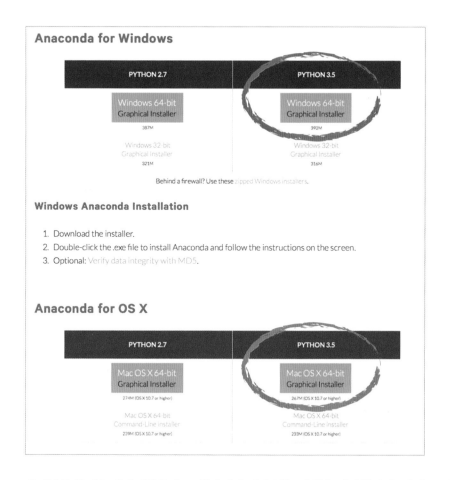

사이트의 화면은 변경되었을 수도 있겠지만 해야 하는 작업은 간단합니다. 여러분의 컴퓨터 환경에 맞는 인스톨러를 선택하면 됩니다. 윈도우, 맥 OS X, 리눅스 등에서 사용할 수 있는 인스톨러가 준비되어 있습니다. 각각의 컴퓨터 환경에 맞는 인스톨러는 다시 버전에 따라 두 가지가 제공되는데, 2.7 버전이 아니라 3.5 버전을 선택하기 바랍니다.

파이썬 3 버전은 점점 더 그 사용 비율이 높아지고 있으며, 파이썬의 미래라고 할 수 있습니다. 비록 파이썬 2.7 버전이 여전히 큰 기반을 이루고 있기는 하지만 우리는 미래로 가야 하므로 가능한 한, 특히 새로운 프로젝트를 할 경우에는 파이썬 3를 사용하는 것이 좋습니다. 또한 최신 컴퓨터는 보통 **64비트**의 두뇌를 가지고 있으므로 32비트 말고 64비트를 선택합니다. 하지만 10년 정도 오래된 컴퓨터라면 32비트 버전을 다운로드해야 할 것입니다.

사이트의 지시에 따라 IPython을 컴퓨터에 설치하기 바랍니다. IPython의 설치는 쉽기 때문에 별문제 없이 설치할 수 있을 것입니다.

## CHAPTER 19

파이썬 시작하기

이제부터 IPython을 설치했다고 가정하고 진행하겠습니다. 반드시 설치하고 진행할 것을 권합니다.

노트북

IPython을 실행하고 File 〉 New Notebook을 클릭하면 다음과 같이 빈 **노트북** notebook 화면을 만나게 됩니다.[1]

IPython 노트북은 쌍방향으로 동작합니다. 즉, 노트북은 여러분이 무언가를 지시하기를 기다리다가 지시를 받으면 그것을 수행하고 그에 대한 답을 화면에 뿌려줍니다. 그리고 다음 명령을 기다리며 대기하게 됩니다.

---

1 윈도우용 아나콘다 4.2 패키지 기준으로는 시작 메뉴에서 Jupyter Notebook을 실행하고 주피터 우측 상단에서 New 〉 Python [default]를 클릭합니다.

만약 IPython에게 시키고자 하는 것이 약간 복잡한 업무라면 그것을 몇 개의 부분으로 나누는 것이 나을 수도 있습니다. 이렇게 하면 여러분의 생각을 구조화하는 데에도 도움이 되며 큰 프로젝트에서 어느 부분이 잘못되었는지를 파악하는 데에도 도움이 될 것입니다. IPython에서는 이러한 하나의 부분을 셀^{cell}이라고 부릅니다. 앞의 그림에서 보다시피 IPython 노트북을 새로 생성하면 비어 있는 셀을 보여줍니다. 여러분이 명령을 내리기를 기다리고 있다는 신호로 커서가 깜빡이는 것을 볼 수 있을 것입니다.

그러면 명령을 내려보죠. 2개의 숫자를 곱하라고 하겠습니다. 일단 2 곱하기 3을 해보라고 할까요? 셀에 2 * 3이라고 입력한 다음에 메뉴바에서 오디오 재생 버튼같이 생긴 실행 버튼(▶)을 클릭해보겠습니다. 이 버튼을 클릭하자마자 컴퓨터는 여러분이 내린 명령을 수행해 그 결과를 다음과 같이 보여줄 것입니다.

정답 6이 제대로 표시됨을 확인할 수 있습니다. 이로써 우리는 파이썬으로 컴퓨터에게 처음으로 명령을 내렸고 성공적으로 제대로 된 답을 받은 것입니다.

여러분의 명령은 In [1], 컴퓨터의 수행 결과는 Out [1]이라고 되어 있는 셀에 출력되는 것을 볼 수 있습니다. 이것은 각각 입력^{input}과 그에 대한 출력^{output}임을 나타냅니다. 그 뒤에 있는 숫자는 명령과 대답의 순서를 의미하며, 이는 코드가 길어짐에 따라 노트북의 이곳저곳을 살펴보게 될 때 그 순서를 추적하는 데 유용하게 사용될 것입니다.

파이썬 기초

앞에서 파이썬은 쉬운 컴퓨터 언어라고 했는데, 이건 진심입니다. IPython 노트북에서 In []이라고 표시되어 있는 다음 빈 셀에 다음과 같이 코드를 입력한 후 실행 버튼을 클릭해보기 바랍니다. **코드**^{code}란 컴퓨터 언어로 쓰인 명령을 일컫는 용어입니다. 실행 버튼을 누르기 귀찮으면 그냥 키보드에서 시프트 키를 누르고 엔터를 쳐도 동일한 효과를 볼 수 있습니다.

```
print("Hello World!")
```

다음과 같이 Hello World!라고 출력되는 것을 확인할 수 있을 것입니다.

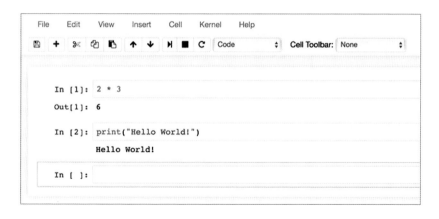

두 번째 명령을 수행했는데 이전 셀들이 사라지지 않고 여전히 존재하고 있습니다. 이런 식으로 코드를 조금씩 추가해나가는 것은 매우 유용한 방법입니다.

이제 중요한 개념 하나를 소개하겠습니다. 다음 코드를 입력하고 실행해보기 바랍니다. 빈 셀이 없는 경우 메뉴바에 있는 셀 추가(✚) 버튼을 클릭하면 됩니다. 이 버튼 위에 마우스를 올리면 Insert cell below라는 툴팁 도움말이 나올 겁니다. 말 그대로 아래에 새로운 셀을 추가하는 역할을 하는 버튼입니다.

```
x = 10
print(x)
print(x + 5)
y = x + 7
print(y)
print(z)
```

첫 번째 행의 x = 10은 x를 10으로 정의하라는 의미입니다. 다시 말해 x라는
가상의 상자가 있고 그 상자 안에 10이라는 값을 넣겠다는 의미입니다. 다음 그
림처럼 말입니다.

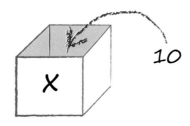

이 상자 안에는 더 이상의 지시가 있기 전까지 10이라는 값이 머무르게 됩니다.
다음 행의 print(x)는 앞에서도 봤던 명령으로 x의 값인 10을 출력합니다. 그
다음 행의 print(x + 5)는 10 + 5 = 15를 출력하게 됩니다.

다음 행의 y = x + 7은 y라는 새로운 가상의 상자를 만들고 여기에 10 + 7 =
17이라는 값을 넣어주는 식입니다. 따라서 다음 행의 print(y)는 17이라는 값
을 출력합니다.

지금까지 우리는 x와 y에 어떤 값을 할당해준 다음에 출력을 했습니다. 그렇다
면 다음 행의 print(z)는 어떨까요? 우리는 z에 어떤 값을 할당해준 적이 없습
니다. 따라서 에러 메시지가 발생합니다. 에러 메시지는 해당 에러가 왜 발생했
는지 알려주며 이를 바로잡으려면 어떻게 해야 할지에 대해 도움을 줍니다. 대
부분의 컴퓨터 언어들은 문제가 있을 때 이러한 에러 메시지를 출력하며, 문제
해결에 도움이 되는 경우도 있지만 때로는 별 도움이 안 되기도 합니다.

아래는 위의 코드에 대한 출력 값을 담은 그림입니다. 에러 메시지 속에서 name 'z' is not defined(z라는 이름이 정의되어 있지 않습니다)라는 친절한 설명을 볼 수 있습니다.

```
In [1]: 2 * 3
Out[1]: 6

In [2]: print("Hello World!")

        Hello World!

In [4]: x = 10
        print(x)
        print(x+5)

        y = x+7
        print(y)

        print(z)

        10
        15
        17
        ---------------------------------------------------------------------------
        NameError                                 Traceback (most recent call last)
        <ipython-input-4-5797bafab021> in <module>()
              6 print(y)
              7
        ----> 8 print(z)

        NameError: name 'z' is not defined

In [ ]:
```

앞에서 우리는 x와 y를 가상의 상자라고 표현했습니다. x라는 상자에는 10이라는 값이, y라는 상자에는 17이라는 값이 들어 있었죠. 이처럼 가상의 상자 x와 y를 우리는 **변수**^{variable}라고 부릅니다. 마치 수학자들이 공식을 일반화하기 위해 x, y 등을 사용하는 것과 마찬가지로, 컴퓨터 언어에서도 변수는 일련의 명령들을 일반화해 표현하는 역할을 합니다.

반복문

컴퓨터는 유사한 작업을 여러 번 수행하는 탁월한 능력을 지니고 있습니다. 게다가 사람보다 훨씬 더 빠르게 연산을 수행합니다.

그렇다면 컴퓨터에게 0부터 9까지 숫자의 제곱을 구해보라고 지시해보겠습니다. 0의 제곱, 1의 제곱, 2의 제곱... 이런 식으로 진행하면 우리는 0, 1, 4, 9, 16, 25와 같은 결과를 볼 수 있을 것입니다.

물론 우리가 이런 계산을 직접 하고 컴퓨터에게는 단지 그 결과를 출력하라는 명령을 반복적으로 내릴 수도 있습니다. 즉 print(0), print(1), print(4)... 이런 식으로 말이죠. 하지만 이렇게 하면 컴퓨터에게 계산을 시키고자 했던 소기의 목적을 달성할 수 없습니다. 게다가 변수를 이용해 이런 작업을 일반화하지도 못한 셈이죠. 따라서 새로운 개념을 차근차근 배워보겠습니다.

다음 코드를 작성하고 실행해보기 바랍니다.

```
list( range(10) )
```

0부터 9까지의 10개 숫자의 목록을 보게 될 것입니다. 우리가 직접 목록을 만들지 않고 컴퓨터가 만들게 한 것입니다.

```
In [8]: list( range(10) )
Out[8]: [0, 1, 2, 3, 4, 5, 6, 7, 8, 9]
```

목록이 1부터 10이 아니라 0부터 9까지인 점이 의아할 수 있는데, 사실 컴퓨터는 보통 숫자를 셀 때 1이 아니라 0부터 시작합니다. 이 점은 반드시 기억해야 합니다. 이처럼 순서가 있는 목록은 컴퓨터 프로그래밍에서 매우 유용하게 사용됩니다. 예를 들어 지금 현재 몇 번 연산을 했는지 그 횟수를 기억할 수 있으며, 특정 명령을 반복적으로 수행할 때에도 유용하게 활용될 수 있습니다.

참고로, 이미 눈치채신 분도 있겠지만 우리는 이 목록을 출력할 때 print라는 키워드를 사용하지 않았습니다. 앞에서 Hello World!를 출력할 때에는 print라는 키워드를 사용했으나 2 * 3의 값은 print 키워드 없이도 출력된 것을 보기도 했습니다. 이처럼 그때그때 다른 이유는 우리가 IPython을 이용해 쌍방향으로 작업하고 있으므로 우리가 내리는 명령에 따라 출력이 필요한지 아닌지를 파이썬이 판단하기 때문입니다. 출력이 필요하다고 판단된다면 굳이 print 키워드를 사용하지 않아도 알아서 출력을 해주는 것입니다.

컴퓨터에게 어떤 일을 반복적으로 시키는 가장 일반적인 방법은 **반복문**[loop] 코드 구조를 이용하는 것입니다. 반복문이라는 용어로부터 말 그대로 뭔가 계속해서 반복한다는 느낌을 받을 것입니다. 복잡한 설명보다 간단한 반복문을 보는 것이 더 도움이 될 것입니다. 다음 코드를 새로운 셀에 입력하고 실행해보기 바랍니다.

```python
for n in range(10):
    print(n)
    pass
print("done")
```

이 코드와 관련해 세 가지 정도 설명하고자 합니다. 첫 번째 행에는 우리가 조금 전에도 봤던 range(10)이라는 코드가 있는데, 이 코드는 0부터 9까지의 숫자 목록을 생성합니다.

for n in이 바로 반복문을 만드는 문장입니다. 현재의 값을 변수 n에 할당하고 그다음 값으로 넘어가는 식으로 목록에 있는 모든 숫자에 대해 반복을 수행하게 됩니다. 다시 말해 첫 번째 반복에서는 n에 0을 대입하고, 그다음에는 1, 2, 3... 마지막에는 목록의 마지막 숫자인 9를 대입합니다.

다음 행의 print(n)은 말 그대로 n의 값을 출력해줍니다. 목록에 있는 모든 숫자를 출력할 것입니다. 여기에서 print(n) 앞에 있는 들여쓰기 부분을 눈여겨보기 바랍니다. 다른 프로그래밍 언어와 달리 파이썬에서는 들여쓰기를 통해 어떤 코드가 다른 코드에 종속되는지 여부를 나타내는 매우 중요한 역할을 합니다.[2]

---

2 파이썬 외에 다른 컴퓨터 언어에서는 들여쓰기나 여백이 아무런 의미를 가지지 않는 경우가 많이 있습니다.

이 예제에서는 두 번째 행과 세 번째 행이 들여쓰기되어 있으므로, 이 두 행은 첫 번째 행에 종속되어 있다는 의미입니다. 다시 말해 이 두 행은 반복문에 종속적이므로 10번 반복될 것입니다.[3] 그다음 행인 print("done")은 들여쓰기가 없는 것으로 볼 때 첫 번 행에 종속되지 않고 한 번만 출력될 것입니다. 예상대로 출력되었는지 다음 그림을 통해 확인하기 바랍니다.

```
Out[8]:  [0, 1, 2, 3, 4, 5, 6, 7, 8, 9]

In [12]:  for n in range(10):
              print(n)
              pass
          print("done")

          0
          1
          2
          3
          4
          5
          6
          7
          8
          9
          done
```

이제 우리는 이 코드를 살짝만 바꿔서 n 대신 n * n을 출력하라고 명령하면 0부터 9까지 숫자들의 제곱을 출력할 수 있을 것 같습니다. 출력문을 조금 더 친절하게 The square of 3 is 9(3의 제곱은 9입니다) 식으로 출력하면 더 좋을 것 같습니다. 이를 반영한 것이 다음 코드입니다. 변수가 큰따옴표 바깥에 존재한다는 점에 유의하기 바랍니다.

```
for n in range(10):
    print("The square of", n, "is", n*n)
    pass
print("done")
```

---

3 저자가 pass에 대해서 설명하지 않아 보충합니다. 파이썬에서 pass는 아무 일도 하지 않는다는 뜻으로, 이 책의 모든 예제 코드에서는 들여쓰기한 블록의 마지막 행을 나타내기 위해 pass를 사용했습니다. 없어도 무방한 pass를 굳이 쓰는 것은 좋은 코딩 습관이 아니지만, 저자 스타일을 따라 번역 과정에서 이를 그대로 두었습니다.

결과는 다음과 같습니다.

```
In [13]:  for n in range(10):
              print("The square of", n, "is", n*n)
              pass
          print("done")

          The square of 0 is 0
          The square of 1 is 1
          The square of 2 is 4
          The square of 3 is 9
          The square of 4 is 16
          The square of 5 is 25
          The square of 6 is 36
          The square of 7 is 49
          The square of 8 is 64
          The square of 9 is 81
          done
```

몇 개의 짧은 명령을 통해 컴퓨터에게 반복적인 일을 빠르게 수행하도록 지시하는 방법을 배웠습니다. 이제 반복 횟수를 늘리는 건 너무나도 쉬운 일입니다. range(50), range(1000) 등을 적용해 테스트해보기 바랍니다.

주석

파이썬 명령어들을 본격적으로 배우기 전에 다음 코드를 보겠습니다.

```
# 다음 코드는 2의 3승을 출력합니다.
print(2**3)
```

첫 번째 행이 #(해시)로 시작됩니다. 파이썬에서는 이런 식으로 #로 시작하는 행은 명령으로 보지 않고 무시합니다. 이런 행을 **주석**^{comment}이라고 부릅니다. 주석에 코드에 대한 도움말을 적어놓는 것은 다른 사람들이 내 코드를 읽을 때뿐만 아니라 내가 나중에 내 코드를 읽을 때에도 큰 도움이 됩니다.

특히 코드가 복잡해지거나, 어떤 부분이 명확하지 않은 경우에 주석은 반드시 달아주는 것을 원칙으로 해야 합니다. 내가 만든 코드임에도 불구하고 다시 볼 때 해석이 불가능해 내가 이러려고 개발자가 되었나 자괴감이 들 때가 생각보다 훨씬 자주 있습니다.

함수

우리는 1부에서 오랜 시간 수학 함수를 학습한 바 있습니다. 이런 함수를 기계가 입력을 받아 이에 대한 작업을 하고 결과 값을 내는 것에 비유하기도 했습니다. 또한 함수는 몇 번이고 반복해서 사용될 수 있습니다.

파이썬을 포함해 많은 컴퓨터 언어는 손쉽게 코드를 재활용하는 방법을 제공합니다. 수학에서의 함수와 마찬가지로 컴퓨터에서도 이러한 재활용 코드를 함수로 잘 정의해두기만 하면 나중에 이를 활용해 더 간결하고 우아한 코드를 작성할 수 있습니다. 필요할 때마다 함수를 호출하게 되면 해당 함수 내에 있는 코드를 다시 쓸 필요가 없기 때문에 간결한 코드가 가능해지는 것입니다.

함수를 잘 정의한다는 것은 어떤 의미일까요? 그 의미는 바로 함수가 어떤 입력 값을 받고, 어떤 결과 값을 출력하는지 명확히 한다는 의미입니다. 만약 숫자만 입력으로 받는 함수가 있다면 이 함수의 입력 값으로 문자를 넣도록 허용해서는 안 될 것입니다.

함수를 이해하기 위해 다음 코드를 보겠습니다. 다음을 입력하고 실행해보기 바랍니다.

```python
# 2개의 숫자를 입력받아
# 그 평균을 출력하는 함수
def avg(x, y):
    print("first input is", x)
    print("second input is", y)
    a = (x + y) / 2.0
    print("average is", a)
    return a
```

코드를 살펴보겠습니다. 처음 두 행은 주석으로, 파이썬은 주석을 무시하지만 우리에게는 유익한 도움말 역할을 합니다. 세 번째 행에서는 재사용 가능한 함수를 정의하겠다고 파이썬에게 알려줍니다. def가 바로 함수를 정의하는 키워드입니다. 그 뒤에 있는 **avg**는 파이썬에 내장된 키워드가 아니라 우리가 정해준 함수의 이름입니다. 함수의 이름은 banana, pluto 등 어떤 이름으로도 정할 수 있지만 실제 그 함수가 하는 역할에 맞도록 함수명을 정하는 것이 합리적일 것입니다. 여기에서는 평균을 출력하는 함수이므로 간단히 **avg**라는 이름을 줬습니다. **(x, y)**는 이 함수가 2개의 입력 값을 받으며 이 두 입력 값은 함수 내에서 각각 **x**와 **y**라는 이름으로 불리게 된다는 것을 의미합니다.[4] 컴퓨터 언어 중에는 입력 값의 종류(자료형)를 명시해야 하는 언어들도 있지만, 파이썬에서는 이를 명시하지 않습니다. 대신 나중에 원하지 않는 종류의 입력 값이 들어오면 그때 가서 문제가 있다는 것을 알려주게 됩니다.

이제 우리는 함수를 정의하겠다고 파이썬에게 신호를 줬기 때문에 다음으로 할 일은 실제로 이 함수가 할 일들을 기술해 정의하는 것입니다. 위의 코드에서 보다시피 함수의 정의 부분은 들여쓰기가 되어 있습니다. 파이썬 외의 많은 프로그래밍 언어에서는 함수의 영역을 표시하기 위해 { ... } 같은 기호를 사용합니다. 하지만 파이썬을 만든 사람은 이러한 기호보다는 들여쓰기를 하는 것이 프로그램의 구조를 시각적으로 파악하기에 더 용이하다고 판단했던 것 같습니다. 개발자들의 기호에 따라 이에 대한 선호는 다르지만 저 개인적으로도 이런 식의 들여쓰기가 사람에게 더 친숙한 표현 방법이라고 생각합니다.

함수의 정의 부분은 이미 앞에서 본 내용들로 이루어져 있으므로 이해하기 어렵지 않을 것입니다. 우선 함수가 입력받은 2개의 숫자를 출력합니다. 사실 입력 값을 출력하는 것은 평균을 구하는 작업과 직접적인 연관은 없지만, 함수 내에서 어떤 일이 일어나고 있는지 이해를 돕기 위해 출력하는 것입니다. 다음에는 **(x + y) / 2.0**을 계산한 다음에 그 값을 **a**라는 변수에 할당해줍니다. 그리고 이 **a**라는 변수에 들어있는 값, 즉 평균을 출력해줍니다. 함수의 마지막 행은 **return a**인데, 그 의미는 함수의 출력으로 **a**를 반환해준다는 의미입니다.

---

4 뒤에서 다시 보겠지만 이렇게 함수에 전달되는 변수를 매개변수라고 부릅니다.

이 코드를 실행해보면 아무런 출력도 일어나지 않습니다. 함수 내부에 여러 개의 출력 명령이 있음에도 불구하고 어떤 숫자도 출력되지 않습니다. 우리는 여기에서 단지 함수를 정의했을 뿐, 아직 사용하지 않았기 때문입니다. 즉 현재로서는 파이썬이 이런 함수가 정의되었다는 것을 인지하고, 언젠가 이를 사용해주기를 기대하면서 대기하고 있는 상황인 것입니다.

그러면 이 함수를 사용해보겠습니다. 다음 셀에 avg(2,4)라고 입력하고 실행합니다. 이 의미는 입력 값으로 2와 4를 전달해서 이 함수를 사용하겠다는 것입니다. 이처럼 함수를 사용하는 것을 프로그래밍 언어에서는 **함수를 호출한다**고 표현합니다. 결과는 우리의 예상대로 2개의 입력 값을 출력하고, 함수 내에서 구한 평균 값을 출력할 것입니다. IPython에서는 함수가 반환하는 값을 자동으로 출력하므로 결과 값인 3.0이 추가로 출력되는 것도 보게 될 것입니다. 다음 그림을 보면 avg(2,4)와 함께 avg(200,301)을 실행해봤습니다. 여러분도 다양한 방법으로 직접 함수를 호출해보기 바랍니다.

```
In [20]:   # function that takes 2 numbers as input
           # and outputs their average
           def avg(x,y):
               print("first input is", x)
               print("second input is", y)
               a = (x + y) / 2.0
               print("average is", a)
               return a

In [21]:   avg(2,4)

           first input is 2
           second input is 4
           average is 3.0

Out[21]:   3.0

In [23]:   avg(200,301)

           first input is 200
           second input is 301
           average is 250.5

Out[23]:   250.5
```

코드를 자세히 보면 입력 값 두 개를 나눌 때 2가 아니라 2.0을 사용한 것을 볼 수 있습니다. 왜일까요? 이는 파이썬의 특징 때문인데 사실 이 부분은 제가 파이썬에 대해 다소 불만인 부분입니다. 파이썬에서는 2를 정수로 인식하므로 만약 우리가 2.0 대신에 2를 사용해 연산을 수행하게 되면 소수점 자리를 버리고 정수로 결과 값을 출력하게 됩니다. 2.0이 아니라 2를 사용했다면, avg(2,4)는 6 / 2 = 3이므로 별문제가 되지 않지만, avg(200,301)은 501 / 2 = 250.5이므로 소수점 이하를 버리고 250만을 출력했을 것입니다. 만약 여러분이 작성한 코드가 생각처럼 동작하지 않는다면 이러한 점을 확인해보는 것이 좋습니다. 2 대신 2.0을 사용하면 소수점이 있는 숫자 그대로 이용하겠다고 알려주는 셈이므로 이런 문제가 발생하지 않게 됩니다.[5]

우리는 지금까지 수학이나 컴퓨터 프로그래밍에서 가장 강력하고 중요한 개념 중 하나인 재사용 가능한 함수를 정의하고 사용해봤습니다.

우리가 앞으로 신경망을 만들 때도 이러한 재사용 가능한 함수를 사용하게 될 것입니다. 예를 들어 시그모이드 활성화 함수를 재사용 가능한 함수로 만들어두고 필요할 때마다 이 함수를 호출할 것입니다.

배열

배열[array]은 마치 엑셀에서 보게 되는 표처럼 값들을 표현한 것으로, 매우 유용한 기능을 제공합니다. 엑셀에서는 다음 그림과 같은 식으로 B1, C5와 같은 식으로 행과 열을 이용해 각 값들을 표현할 수 있습니다. 이와 마찬가지로 배열에서도 행과 열을 이용해 특정 값을 표현하고 이에 접근할 수 있습니다.

---

5 이 문단의 내용은 파이썬 2.x에만 해당되는 내용이며 3.x에서는 문제가 없습니다. 집필 당시의 저자 의도를 존중해 그대로 둡니다.

	A	B	C	D	E
1	this is cell A1	this is cell B1			
2	this is cell A				
3		this is cell B3	1.342		
4					
5			this is cell C5		
6					
7				2.323	
8					
9					

신경망을 만들 때도 배열은 매우 중요한 역할을 합니다. 우리는 배열을 이용해 입력 신호, 가중치, 출력 신호의 행렬을 표현할 것입니다. 그뿐 아니라 신경망에서 전파되는 신호를 표현할 때에도, 더 나아가 역전파 시 오차를 표현할 때에도 배열을 사용할 것입니다. 따라서 배열에 익숙해질 필요가 있습니다. 우선 다음 코드를 입력하고 실행합니다.

```
import numpy
```

import라는 명령어는 외부로부터 추가적인 기능을 가져올 때 사용하는 명령어입니다. 물론 파이썬 자체에도 다양한 기능이 존재하지만, 때로는 파이썬 외부로부터 특정 기능을 불러올 필요가 있습니다. 이러한 추가적인 도구는 외부 개발자들에 의해 만들어져서 파이썬의 기능을 더욱더 풍부하게 만들어줍니다. 여기에서는 **numpy**라는 이름을 가지는 모듈을 불러왔습니다. numpy는 정말 많이 사용되는 모듈로서, 배열 계산 등 유용한 기능을 포함합니다.

다음 셀에서 다음 코드를 실행해보겠습니다.

```
a = numpy.zeros( [3,2] )
print(a)
```

이는 방금 가져온 numpy 모듈을 이용해 3 × 2 형태의 배열을 생성하는 코드입니다. 이 배열의 모든 원소는 0의 값을 가지게 되며, 이 배열 전체를 a라는 변수에 할당했습니다. 그리고 a를 출력합니다. 다음과 같이 3개의 행과 2개의 열로 구성되어 총 6개의 원소(값은 0)를 가지는 배열이 출력되는 것을 볼 수 있습니다.

```
In [2]:  import numpy

In [3]:  a = numpy.zeros( [3,2] )
         print(a)

         [[ 0.   0.]
          [ 0.   0.]
          [ 0.   0.]]
```

이제 이 배열의 일부 원소의 값들을 변경해보겠습니다. 다음 코드는 특정 원소에 어떻게 접근해 그 값을 변경하는지를 보여줍니다. 마치 엑셀의 셀, 지도의 격자 좌표에 접근하는 것과 유사하다고 생각하면 되겠습니다. [0,0]이 좌측 상단입니다.

```
a[0,0] = 1
a[0,1] = 2
a[1,0] = 9
a[2,1] = 12
print(a)
```

첫 번째 행에서는 행과 열이 모두 0인 원소의 값을 1로 업데이트합니다. 나머지 행들도 유사한 업데이트를 수행하며 마지막 행에서는 다시 한번 이 배열을 출력합니다. 그 결과는 다음과 같이 나타날 것입니다.

```
In [2]: import numpy

In [3]: a = numpy.zeros( [3,2] )
        print(a)

        [[ 0.   0.]
         [ 0.   0.]
         [ 0.   0.]]

In [4]: a[0,0] = 1
        a[0,1] = 2
        a[1,0] = 9
        a[2,1] = 12
        print(a)

        [[  1.   2.]
         [  9.   0.]
         [  0.  12.]]
```

이로써 우리는 배열 내의 원소에 접근해 그 값을 업데이트하는 방법을 알게 되었습니다. 그렇다면 전체 배열을 출력하지 않고 각 원소의 값을 확인하려면 어떻게 해야 할까요? 원소에 접근하던 방식 그대로 하면 됩니다. 예를 들어 a[1,2]나 a[2,1] 같은 식으로 접근한 다음에 이를 출력하거나 다른 변수에 할당하면 되는 것입니다. 다음 코드와 같이 말입니다.

```
print(a[0,1])
v = a[1,0]
print(v)
```

우선 첫 번째 행에서는 배열의 [0,1] 위치에 존재하는 값인 2.0이 출력될 것입니다. 다음 행에서는 배열의 [1,0] 위치의 값이 변수 v에 할당되고 이 v를 출력하게 되며, 그 결과는 9.0일 것입니다. 다음 그림에서 확인 가능합니다.

```
In [5]: print(a[0,1])
        v = a[1,0]
        print(v)

        2.0
        9.0
```

거듭 말하지만 배열에서 행과 열의 숫자는 1이 아니라 0부터 시작합니다. 좌측 상단은 [1,1]이 아니라 [0,0]입니다. 마찬가지로 우측 하단은 [3,2]가 아니라 [2,1]입니다. 만약 a[3,2]에 접근하려 시도하면 존재하지 않는 원소에 접근하려 했다는 에러 메시지를 만나게 될 것입니다. 다음 그림에서는 존재하지 않는 a[0,2]에 접근하는 코드를 통해 의도적으로 에러 메시지를 유발한 모습입니다.

```
In [6]:  # trying to look up an array element that doesn't exist
         a[0,2]

         ---------------------------------------------------------------------------
         IndexError                                Traceback (most recent call last)
         <ipython-input-6-489d1c44975f> in <module>()
               1 # trying to look up an array element that doesn't exist
         ----> 2 a[0,2]

         IndexError: index 2 is out of bounds for axis 1 with size 2
```

정리하자면 배열 또는 행렬은 신경망에서 입력의 전파와 오차의 역전파 과정에서의 수많은 계산에 대한 명령을 간단히 하도록 도와주는 매우 유용한 개념입니다. 1부에서 행렬을 통해 이를 표현하는 것을 이미 본 바 있습니다.

배열을 시각화하기

많은 원소를 가지는 큰 배열의 경우, 이 원소들의 값을 하나씩 들여다보는 것은 그다지 직관적이지 않습니다. 이런 경우에는 배열을 시각적으로 표현함으로써 전반적인 의미를 파악하는 데 도움을 받을 수 있습니다. 2차원 배열의 숫자들을 시각화하는 한 방법은 배열 내 각 원소가 서로 다른 색상을 가지게 하는 것입니다. 원소의 값을 어떻게 색상으로 표현할지는 정하기 나름입니다. 각 숫자를 색상 스케일에 맞는 색상으로 변환할 수도 있고, 혹은 특정 분계점을 넘는 경우에만 검은색, 아닌 경우에는 흰색을 가지게 할 수도 있을 것입니다.

앞에서 만들었던 3×2 크기의 배열을 시각화해보겠습니다.

우선 파이썬이 시각화 기능을 이용할 수 있게 우리의 파이썬을 확장해줄 필요가 있습니다. 이를 위해 특정 모듈을 외부에서 불러오겠습니다. 이는 비유하자면 특정 음식 조리법을 담고 있는 책을 친구에게 빌려서 자신의 책장에 추가하는 것과 같습니다. 즉 이전에는 만들 수 없었던 새로운 요리를 만들 수 있게 되는 것이죠.

다음 코드를 이용해 시각화 기능을 담당하는 라이브러리를 불러옵니다.

```
import matplotlib.pyplot
```

바로 **matplotlib.pyplot**이 새로운 조리법을 담고 있는 책의 제목입니다. 여러분은 '모듈을 불러온다'라거나 '라이브러리를 불러온다'라는 표현을 듣게 될 것입니다. 외부로부터 새로운 파이썬 코드를 가져오는 것으로 이해하면 됩니다. 다른 개발자들이 만들어놓은 유용한 코드를 재사용함으로써 손쉽게 추가적인 능력을 가질 수 있게 되는 것입니다. 물론 여러분이 직접 이러한 유용한 모듈을 만들 수도 있습니다!

우리는 별도의 창이 아니라 IPython의 노트북 내에서 시각화를 구현할 것이므로 다음과 같이 선언해야 합니다.

```
%matplotlib inline
```

이제 배열을 시각화할 준비가 모두 끝났습니다. 다음 코드를 실행해보십시오.

```
matplotlib.pyplot.imshow(a, interpolation="nearest")
```

시각화는 **imshow()** 함수에 의해 수행됩니다. 이 함수의 첫 번째 매개변수로는 우리가 시각화를 원하는 배열 a를 전달합니다. 두 번째 매개변수로는 **interpolation**의 속성을 전달합니다. 이를 생략하면 파이썬은 배열 원소 간의 색상을 혼합하여 부드럽게 보이게 만듭니다. 이를 막기 위해 **interpolation="nearest"**라는 매개변수를 전달했습니다. 결과는 다음과 같습니다.

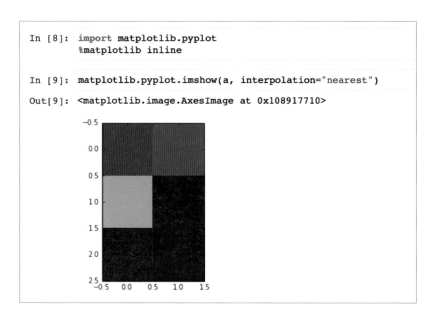

```
In [8]:  import matplotlib.pyplot
         %matplotlib inline

In [9]:  matplotlib.pyplot.imshow(a, interpolation="nearest")

Out[9]:  <matplotlib.image.AxesImage at 0x108917710>
```

이렇게 3×2 배열의 각 원소에 색상을 입혀 표현해봤습니다. 같은 값을 가지는 원소는 같은 색상으로 표현된 것을 확인할 수 있습니다. 우리는 나중에 imshow() 함수를 이용해 신경망에서 전파되는 다양한 배열의 값들을 시각화해 볼 것입니다.

IPython 패키지에는 데이터를 시각화하기 위한 다양한 도구들이 풍부하게 존재합니다. 얼마나 많은 시각화 도구들이 있는지 살펴보고 활용해보기 바랍니다. imshow() 함수만 해도 색상 패턴 등 수많은 옵션을 가지고 있으므로 시간을 내 살펴보면 좋을 것입니다.

객체

파이썬에서 또 하나의 중요한 개념인 **객체**object에 대해 알아보겠습니다. 객체는 일단 정의해두면 원할 때마다 사용할 수 있다는 점에서 재사용 가능한 함수와 유사합니다. 하지만 객체는 단순한 함수보다 훨씬 많은 일을 할 수 있습니다.

객체를 이해하는 가장 쉬운 방법은 코드를 보는 것입니다.

```
# 개 객체를 위한 클래스
class Dog:

    # 개는 짖을 수 있습니다(bark).
    def bark(self):
        print("woof!")
        pass

    pass
```

익숙한 것부터 시작해보겠습니다. 코드에 bark()라는 함수가 있습니다. 이 함수를 호출하면 woof!라는 문장이 출력될 것 같습니다. 참 쉽죠?

코드의 위쪽에는 class라는 키워드와 Dog라는 이름이 보이며, 함수와 비슷한 구조임을 볼 수 있습니다. 바로 아래 bark() 함수와 비교해보면 일단 이름을 가진다는 점에서는 비슷해 보입니다. 하지만 함수의 정의에 def라는 키워드를 사용한 데 반해 객체를 정의할 때에는 class라는 키워드를 사용한 것을 확인할 수 있습니다.

객체와 비교했을 때 **클래스**class가 무엇인지에 대해 살펴보기 전에 다음 코드를 보겠습니다.

```
sizzles = Dog()
sizzles.bark()
```

첫 번째 행에서는 sizzles라는 변수를 만들었고[6] 뭔가 함수 같은 것을 호출한 결과를 이 변수에 할당하는 것으로 보입니다. 사실 Dog()는 일반적인 함수가 아니라 Dog라는 클래스의 인스턴스를 생성하는 특별한 함수입니다. 이제 우리는 클래스의 정의로부터 무언가를 어떻게 생성하는지 알게 된 것입니다. 이렇게 생

---

[6] 여기서 sizzles와 뒤에 나올 mutley나 lassie 등은 모두 영미권 문화에 등장하는 개의 이름입니다. 한국으로 치면 상근이, 산체, 호야 등을 생각해도 됩니다. 이 개 이름들은 박민아 님의 도움을 받았습니다.

성되는 것을 **객체**라고 합니다. Dog 클래스의 정의로부터 sizzles라는 객체를 생성한 것입니다. 이 sizzles라는 객체는 개로 간주해도 될 것입니다.

다음 행에서는 sizzles 객체에 대해 bark() 함수를 호출합니다. 함수는 이미 앞에서 살펴봤기 때문에 이해에 어려움이 없으실 겁니다. 그런데 흥미로운 부분은 우리가 마치 sizzles 객체의 일부분인 것처럼 bark() 함수를 호출하고 있다는 점입니다. 이게 가능한 이유는 Dog 클래스로부터 생성된 모든 객체는 bark() 함수를 가질 수 있기 때문입니다. 즉 Dog 클래스의 정의 내에 bark() 함수가 존재하기 때문입니다.

좀 더 풀어서 설명하겠습니다. 우리는 개의 일종인 sizzles를 만들었습니다. sizzles는 Dog 클래스의 형태를 가지고 생성된 객체입니다. 이러한 객체를 클래스의 **인스턴스**^{instance}라고 합니다.[7]

아래는 우리가 지금까지 한 내용의 결과를 보여줍니다. sizzles.bark()는 실제로 woof!를 출력하는 것을 확인할 수 있습니다.

```
In [7]:  # class for a dog object
         class Dog:

             # dogs can bark()
             def bark(self):
                 print("woof!")
                 pass

             pass

In [8]:  sizzles = Dog()

In [9]:  sizzles.bark()
         woof!
```

bark() 함수에 self라는 매개변수가 있는 것을 보셨는지 모르겠습니다. 매개변수로 self를 적는 이유는 파이썬이 함수를 생성할 때 올바른 객체에 할당하기

---

[7] 영어에서 인스턴스는 사례, 경우라는 뜻입니다.

위해서입니다. 이것도 제가 파이썬에서 개선되었으면 하는 점입니다. bark() 함수는 클래스 정의 내부에 있으므로 어느 객체와 연결해줘야 하는지가 명백하므로 굳이 self라고 적어줄 필요가 없을 것 같거든요. 하지만 어디까지나 이건 제 사견일 뿐이고 파이썬에서 클래스에 함수를 정의할 때는 이렇게 self라고 적어야 한다는 사실을 기억하기 바랍니다.

객체와 클래스를 활용하는 예제를 보겠습니다. 다음 코드를 보시죠.

```
sizzles = Dog()
mutley = Dog()

sizzles.bark()
mutley.bark()
```

이 코드를 실행하면 다음과 같은 결과를 얻게 됩니다.

```
In [4]:  sizzles = Dog()
         mutley = Dog()

         sizzles.bark()
         mutley.bark()

         woof!
         woof!
```

여기에서 우리는 sizzles, mutley라는 2개의 객체를 생성했습니다. 중요한 점은 이 두 객체 모두 동일한 클래스, 즉 Dog 클래스를 바탕으로 생성되었다는 사실입니다. 그러니까 객체가 어떤 형태를 가지며 어떻게 동작해야 하는지에 대해 클래스로 정의를 해두고, 필요할 때마다 그 클래스의 인스턴스를 생성하면 된다는 얘기입니다. 이것이 클래스의 강력한 기능이라고 할 수 있습니다.

이것이 **클래스**와 **객체**의 차이점입니다. 클래스는 정의이며 객체는 그 정의를 현실에서 구현한 인스턴스라고 이해하면 쉽습니다. 클래스를 책에 있는 케이크 조리법이라고 한다면 객체는 이 조리법을 이용해 만든 케이크라고 생각하면 됩니다. 클래스로부터 객체가 생성되는 것을 그림으로 표현하면 다음과 같습니다.

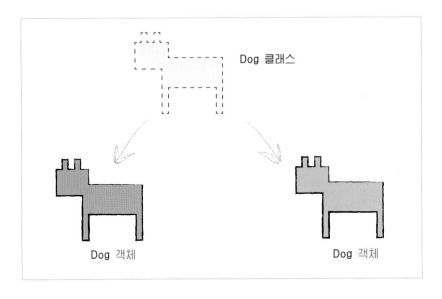

이렇게 클래스로부터 객체를 만들어야 하는 이유가 무엇일까요? 왜 이런 수고를 해야 하는 것일까요? 코드를 복잡하게 할 것 없이 그냥 woof!라고 출력하게 했으면 훨씬 더 간단했을 텐데 말입니다.

동일한 템플릿으로부터 동일한 종류의 여러 객체를 만들 수 있다는 것이 얼마나 유용한 일인지는 앞으로 차차 알게 될 것입니다. 각각의 객체를 따로따로 만드는 수고를 덜어주기도 하지만 진정한 가치는 바로 객체가 데이터와 함수를 가지게 된다는 데 있습니다. 특정 코드가 속해야 하는 객체에 자연스럽게 잘 정돈되어 있다는 사실은 복잡한 문제를 보다 잘 이해할 수 있게 도와줍니다. 개는 짖고, 버튼은 클릭당하며 스피커는 소리를 냅니다. 프린터는 출력을 하거나, 종이가 없으면 종이가 떨어졌다고 알려줍니다. 컴퓨터 시스템에서 버튼, 스피커, 프린터는 사실 모두 객체로 표현되는데 이들의 함수는 우리가 만들어주는 것이죠.

우리는 이처럼 **메서드**method라고 불리는 객체 함수를 자주 보게 될 것입니다. 앞에서 본 것과 같이 bark()라는 함수는 Dog 클래스에 추가되었는데, 이 클래스로부터 생성된 *sizzles* 객체와 *mutley* 객체 모두 이 메서드를 가지게 됩니다.

신경망은 입력을 받아 연산을 한 후 출력을 합니다. 또한 신경망은 학습을 할 수 있습니다. 이처럼 연산과 학습을 통해 답을 만들어내는 것은 신경망의 기본적인 기능입니다. 다시 말해 연산과 학습을 통해 답을 만들어내는 것은 신경망 객체의 함수라고 할 수 있습니다. 또한 신경망 안에는 연결 노드의 가중치라는 데이터가 존재합니다. 이처럼 신경망 내에는 함수와 데이터가 존재하므로, 우리는 신경망을 하나의 객체로서 구축할 것입니다.

이번에는 클래스에 어떻게 데이터 변수를 추가하는지, 또한 이 데이터의 값을 확인하거나 변경하기 위한 메서드를 어떻게 추가하는지 살펴보겠습니다. 아래에 새로 정의한 **Dog** 클래스를 보겠습니다.

```python
# 개 객체를 위한 클래스
class Dog:

    # 내부 데이터 초기화
    def __init__(self, petname, temp):
        self.name = petname
        self.temperature = temp

    # 상태 확인
    def status(self):
        print("dog name is ", self.name)
        print("dog temperature is ", self.temperature)
        pass

    # 온도 설정
    def setTemperature(self, temp):
        self.temperature = temp
        pass

    # 개가 짖습니다.
    def bark(self):
        print("woof!")
        pass
    pass
```

우리는 이 Dog 클래스에 3개의 새로운 함수를 추가했습니다. 기존의 bark() 함수 외에 __init__(), status(), setTemperature() 함수를 추가했죠. 새로운 함수를 추가했다는 점은 이해하는 데 어려움이 없을 것입니다. 예를 들어 우리가 원한다면 bark() 함수와 유사하게 sneeze() 함수를 추가할 수도 있었을 것입니다.[8]

그런데 새로 추가된 함수들은 함수 이름 옆에 다른 변수명이 써 있는 것을 볼 수 있습니다. setTemperature 함수는 setTemperature(self, temp)라고 구현했고, 독특한 이름을 가진 __init__는 __init__(self, petname, temp)라고 구현했습니다. 우리는 괄호 안에 있는 변수들을 **매개변수**parameter라고 부르며, 매개변수란 함수가 호출될 때 정보를 전달받기 원하는 변수를 뜻합니다. 앞에 나왔던 avg(x, y) 함수를 기억하나요? 이 함수는 2개의 숫자를 매개변수로 받는 함수였습니다. 따라서 __init__() 함수는 petname과 temp라는 2개의 매개변수를 전달받으며, setTemperature() 함수는 temp라는 1개의 매개변수를 전달받는 것입니다.[9]

이번에는 새로운 함수들의 내부를 들여다보겠습니다. 우선 __init__() 함수는 그 독특한 이름에서 짐작할 수 있듯이 특별한 의미를 가지는 함수입니다. 파이썬에서는 객체가 최초로 생성될 때 __init__() 함수를 호출하도록 약속되어 있습니다. 즉 __init__() 함수는 객체를 생성하는 순간에 무언가를 준비하게 해 해당 객체가 실제로 사용되기 전에 준비 완료 상태를 만들어주는 함수라고 이해할 수 있겠습니다.[10] 그럼 이 예제에서 초기화 함수는 어떤 일을 수행할까요? self.name과 self.temperature라는 2개의 변수를 생성하는 것을 볼 수 있습니다. 이들 변수의 실제 값은 이 함수로 전달되는 매개변수인 petname, temp의 값이 됩니다. self. 부분은 이 변수들이 객체의 일부, 즉 자기 자신self의 일부라는

---

8   sneeze는 '재채기하다'라는 뜻입니다.

9   사실은 매개변수 맨 앞에 self가 있는데 이건 지금은 생각하지 않기로 합시다. 곧이어 설명합니다.

10   init는 initialize의 약자로 초기화를 해주는 함수라는 의미입니다. 여러 객체지향 언어에서 생성자라고 부르기도 합니다.

것을 의미합니다. 다시 말해 이 변수들은 오직 이 객체에만 속하며 다른 Dog 객체나 일반적인 파이썬 변수와는 독립적이라는 것을 뜻합니다. 우리는 이 개의 이름을 다른 개들의 이름과 혼동하지 않고 싶기 때문입니다! 설명이 복잡하게 느껴지더라도 앞으로 예제를 실제로 돌려보면 이해가 될 테니 너무 걱정하지 마기 바랍니다.

다음은 status() 함수인데 이건 무척 간단합니다. 우선 함수에 매개변수가 없습니다. 그저 Dog 객체의 이름과 온도 변수를 출력합니다.

마지막으로 setTemperature() 함수에는 매개변수가 있습니다. 이 함수가 호출될 때 전달받는 temp라는 매개변수를 통해 self.temperature 변수의 값을 설정하는 것을 볼 수 있습니다. 결국 객체를 생성한 뒤에도 언제라도 객체의 온도를 변경할 수 있다는 것을 의미합니다. 원하는 때 언제라도 변경이 가능합니다.

우리는 지금까지 이 모든 함수가 첫 번째 매개변수로 self를 가지고 있는 이유에 대해서는 생각하지 않았습니다. 사실 앞에서 본 bark() 함수마저 매개변수에 self가 있었죠. 이는 설명하기 좀 성가신 부분이지만, 파이썬의 발전 과정에서 어떤 역사적 이유 때문에 존재하는 것이라고 이해하기 바랍니다. self는 지금 정의하고자 하는 함수가 self라고 일컬어지는 객체에 속한다는 것을 명확히 하는 역할을 한다고 생각하면 됩니다. 사실 그 함수를 클래스 내에서 작성하므로 이는 당연한 이야기인데 굳이 self를 적어야 하느냐에 대해 의심이 드는 것도 사실입니다. 파이썬 전문 개발자 간에 이에 대한 논쟁이 있기도 했습니다.

이제 이 코드를 이용해 새로운 Dog 클래스를 만들고, Dog 클래스의 객체로 lassie라는 객체를 생성해보겠습니다. 객체 생성 시 이름은 Lassie로, 온도는 37로 매개변수를 전달하겠습니다.

```
lassie = Dog("Lassie", 37)
lassie.status()
```

```
In [18]:  # class for a dog object
          class Dog:

              # initialisation method with internal data
              def __init__(self, petname, temp):
                  self.name = petname;
                  self.temperature = temp;

              # get status
              def status(self):
                  print("dog name is ", self.name)
                  print("dog temperature is ", self.temperature)
                  pass

              # set temperature
              def setTemperature(self,temp):
                  self.temperature = temp;
                  pass

              # dogs can bark()
              def bark(self):
                  print("woof!")
                  pass

              pass

In [19]:  # create a new dog object from the Dog class
          lassie = Dog("Lassie", 37)

In [20]:  lassie.status()

          dog name is  Lassie
          dog temperature is  37
```

Dog 클래스의 객체인 lassie에서 status() 함수를 호출하자 개의 이름과 현재 온도를 출력하는 것을 확인했습니다. 현재의 온도는 lassie 객체가 생성된 이후로 변경되지 않았습니다.

이번에는 온도를 변경하고, 이 변화가 제대로 반영되는지 확인해보겠습니다.

```
lassie.setTemperature(40)
lassie.status()
```

결과는 다음과 같이 나오게 됩니다.

```
In [19]:  # create a new dog object from the Dog class
          lassie = Dog("Lassie", 37)

In [20]:  lassie.status()

          dog name is  Lassie
          dog temperature is  37

In [22]:  lassie.setTemperature(40)

In [23]:  lassie.status()

          dog name is  Lassie
          dog temperature is  40
```

lassie 객체에서 setTemperature(40) 함수를 호출하자 객체 내의 온도가 실제로 변경된 것을 확인할 수 있었습니다.

이로써 우리는 고급 주제인 객체에 대해 많은 부분을 이해하게 되었습니다.

이제 파이썬으로 신경망을 만들 준비가 된 것 같네요.

## CHAPTER 20

파이썬으로 인공 신경망 만들기

지금부터 파이썬을 이용해 신경망을 만들어보겠습니다. 신경망 구축 과정을 단계별로 나눠 파이썬 코드를 조금씩 쌓아나가겠습니다.

이처럼 작게 시작해서 차근차근 키워나가는 것은 복잡한 프로그램을 만드는 현명한 접근 방법입니다.

신경망 클래스의 뼈대를 만들 준비가 된 것 같으니 바로 시작하겠습니다.

뼈대 코드

신경망은 어떻게 생겼을까요? 우리는 신경망이 적어도 다음 세 가지 기능을 가져야 한다는 것을 알고 있습니다.

- **초기화**: 입력, 은닉, 출력 노드의 수 설정
- **학습**: 학습 데이터들을 통해 학습하고 이에 따라 가중치를 업데이트
- **질의**: 입력을 받아 연산한 후 출력 노드에서 답을 전달

물론 훨씬 더 많은 기능이 필요하겠지만 우선 이 정도만으로 시작해보겠습니다.

우리의 신경망 클래스는 다음과 같은 형태를 가지게 될 것입니다.

```
# 신경망 클래스의 정의
class neuralNetwork:

    # 신경망 초기화하기
    def __init__():
        pass

    # 신경망 학습시키기
    def train():
        pass

    # 신경망에 질의하기
    def query():
        pass
```

나쁘지 않은 시작인 것 같습니다. 이 정도면 앞으로 세부 사항을 배우며 살을 붙여나가면 탄탄한 프레임워크가 될 것 같네요.[1]

신경망 초기화하기

신경망의 초기화부터 시작해보겠습니다. 입력 계층의 노드, 은닉 계층의 노드, 그리고 출력 계층의 노드의 수를 정해야 합니다. 이를 통해 신경망의 형태와 크기를 정의하게 되는 것입니다. 우리는 이를 신경망 내에 직접 정의하기보다는 신경망의 객체가 생성될 때 매개변수를 이용해 정의할 것입니다. 그래야 다른 크기를 가지는 새로운 신경망도 그때그때 손쉽게 생성할 수 있기 때문입니다.

방금 우리는 매우 중요한 결정을 한 것입니다. 훌륭한 개발자, 컴퓨터 과학자, 수학자 들은 가급적이면 특정 상황에만 적합한 코드가 아닌, 보다 일반적인 코드를 작성하려고 노력합니다. 이런 방법은 어떤 문제를 좀 더 깊고 넓은 방법으로 해결할 수 있도록 생각할 기회를 제공하므로 매우 좋은 습관이라고 할 수 있습니다. 이렇게 작성된 코드는 단순히 우리의 상황뿐만 아니라 다른 상황에도 적용할 수 있게 됩니다. 따라서 우리는 신경망 코드를 작성하며 특정 상황에 대

---

1 파이썬에서는 클래스 이름을 대문자로 시작하는 것이 일반적이지만, 이 역시 저자 스타일을 따라 그대로 두었습니다.

한 가정은 최소화하고 다양한 옵션이 가능하도록 열어놓은 코드를 작성함으로써 다양한 상황에 활용될 수 있도록 해야 할 것입니다. 하나의 클래스를 이용해 작은 신경망뿐 아니라 규모가 큰 신경망도 만들 수 있어야 합니다. 이는 단순히 신경망의 크기를 매개변수로 전달함으로써 달성 가능한 목표인 것입니다.

초기화에서 또 한 가지 잊지 말아야 할 것은 학습률입니다. 학습률은 우리가 새로운 신경망을 만들 때 매우 중요한 매개변수입니다. 이제 이러한 원칙에 기반해 __init()__ 함수를 작성해보겠습니다.

```python
# 신경망 초기화하기
def __init__(self, inputnodes, hiddennodes, outputnodes, learningrate):
    # 입력, 은닉, 출력 계층의 노드 개수 설정
    self.inodes = inputnodes
    self.hnodes = hiddennodes
    self.onodes = outputnodes

    # 학습률
    self.lr = learningrate
    pass
```

우선 위의 코드를 우리가 앞에서 작성했던 신경망의 클래스 정의 부분에 추가해줍니다. 그리고 다음과 같이 각각의 계층에 3개의 노드를 가지며 0.3의 학습률을 가지는 작은 신경망 객체를 하나 만들어보겠습니다.

```python
# 입력, 은닉, 출력 노드의 수
input_nodes = 3
hidden_nodes = 3
output_nodes = 3

# 학습률은 0.3으로 정의
learning_rate = 0.3
# 신경망의 인스턴스를 생성
n = neuralNetwork(input_nodes, hidden_nodes, output_nodes, learning_rate)
```

객체를 생성했습니다! 물론 작업을 수행할 함수를 코드에 반영하지는 않았기 때문에 아직까지는 유용한 역할을 해내지는 못할 것입니다. 하지만 이처럼 작게 시작해 키워가면서 문제를 발견하고 수정해나가는 방식은 좋은 접근 방식입니다.

지금까지 진행한 내용을 반영한 코드는 다음 그림과 같을 것입니다. 신경망 클래스를 정의하고 객체를 생성하는 코드를 점검해보기 바랍니다.

```
In [1]:  # neural network class definition
         class neuralNetwork:

             # initialise the neural network
             def __init__(self, inputnodes, hiddennodes, outputnodes, learningrate):
                 # set number of nodes in each input, hidden, output layer
                 self.inodes = inputnodes
                 self.hnodes = hiddennodes
                 self.onodes = outputnodes

                 # learning rate
                 self.lr = learningrate
                 pass

             # train the neural network
             def train():
                 pass

             # query the neural network
             def query():
                 pass


In [3]:  # number of input, hidden and output nodes
         input_nodes = 3
         hidden_nodes = 3
         output_nodes = 3

         # learning rate is 0.3
         learning_rate = 0.3

         # create instance of neural network
         n = neuralNetwork(input_nodes,hidden_nodes,output_nodes, learning_rate)
```

그다음 순서는 무엇일까요? 우리는 신경망 객체에 입력, 은닉, 출력 계층의 노드의 수를 알려줬으나 아직 어떤 답도 얻지 못한 상태입니다.

신경망의 핵심인 가중치

다음으로는 노드와의 연결 노드를 생성하는 작업을 해보겠습니다. 신경망에서 가장 중요한 부분이 바로 **연결 노드의 가중치**입니다. 가중치는 전파 시 전달되는 신호와 역전파 시 오차를 계산하는 데 쓰이며, 이를 통해 신경망을 개선하는 역할을 수행합니다.

앞에서 가중치는 행렬로 간결하게 표현될 수 있다는 사실을 살펴본 바 있습니다. 그러므로 다음과 같은 행렬을 만들 수 있습니다.

- (은닉 노드 × 입력 노드)의 크기를 가지는 입력 계층과 은닉 계층 사이의 가중치의 행렬 W_{input_hidden}
- (출력 노드 × 은닉 노드)의 크기를 가지는 은닉 계층과 출력 계층 사이의 가중치의 행렬 W_{hidden_output}

첫 번째 행렬의 크기를 (입력 노드 × 은닉 노드)가 아니라 (은닉 노드 × 입력 노드)로 표기한 이유에 대해서는, 앞에서 관행적으로 이렇게 표기한다고 했던 것을 떠올리기 바랍니다.

이 책의 1부에서 가중치는 임의의 작은 값으로 초기화한다고 언급한 바 있습니다. 다음의 numpy 함수는 0과 1 사이에서 임의로 선택한 값을 원소로 가지는 행렬을 생성합니다. 이 행렬의 크기는 (행 × 열)입니다.

```
numpy.random.rand(rows, columns)
```

개발자들은 파이썬 함수 사용법을 찾을 때, 또는 어떤 함수를 사용하면 좋을지 찾을 때 인터넷에서 검색을 하는 게 필수입니다. 프로그래밍 관련 문제의 해결에는 구글 검색 엔진이 특히 뛰어납니다. 예를 들어 `numpy.random.rand()` 함수의 사용법이 궁금할 때 구글에서 이 함수명으로 검색하면 곧바로 공식 문서를 찾을 수 있습니다.

numpy의 확장 모듈을 이용하기 위해서는 코드의 앞부분에서 해당 라이브러리를 불러와야 합니다(`import numpy`). 실제로 코딩해보고 잘 동작하는지 확인해보기 바랍니다. 다음 그림을 보면 행과 열 모두 3을 지정하자 (3 × 3)의 크기를 가지는 numpy 행렬을 잘 생성한 것을 알 수 있습니다. 행렬의 각각의 원소의 값은 0과 1 사이의 임의의 값이라는 사실도 확인하기 바랍니다.

```
In [1]:  import numpy

In [3]:  numpy.random.rand(3, 3)
Out[3]:  array([[ 0.8133122 ,  0.49193566,  0.14790496],
                [ 0.75997346,  0.15676617,  0.27449845],
                [ 0.03287221,  0.01884548,  0.17282894]])
```

이는 가중치가 양수가 아니라 음수일 수도 있다는 사실을 무시한 것이기 때문에 개선할 필요가 있습니다. 예를 들어 범위는 −1.0 ~ 1.0이 되어야 합니다. 작업을 최대한 간단히 하기 위해 각 원소의 값에서 0.5를 빼줌으로써 실질적으로 −0.5 ~ 0.5 사이의 값을 가지도록 변경하겠습니다. 이제 다음 그림과 같이 음수의 값도 포함하게 될 것입니다.

```
In [5]:  numpy.random.rand(3, 3) - 0.5
Out[5]:  array([[ 0.143827  , -0.13728512,  0.24625022],
                [-0.41129188,  0.24551424, -0.43500754],
                [ 0.3188901 ,  0.06173198,  0.18406137]])
```

이제 파이썬 프로그램에서 가중치 행렬을 초기화할 준비가 되었습니다. 가중치는 신경망에서 본질적인 부분으로, 함수가 호출되었을 때 사용되었다가 사라지는 것이 아니라 신경망의 처음부터 끝까지 함께하는 존재입니다. 다시 말해 가중치는 초기화의 한 부분일 뿐 아니라, 학습이나 질의 등 다른 함수들로부터 접근이 가능해야 합니다.

다음 코드에서는 self.inodes, self.hnodes, self.onodes를 이용해 2개의 가중치 행렬을 생성합니다.

```
# 가중치 행렬 wih와 who
# 배열 내 가중치는 w_i_j로 표기. 노드 i에서 다음 계층의 노드 j로 연결됨을 의미
# w11 w21
# w12 w22 등
```

```
self.wih = (numpy.random.rand(self.hnodes, self.inodes) - 0.5)
self.who = (numpy.random.rand(self.onodes, self.hnodes) - 0.5)
```

수고하셨습니다! 이로써 우리는 신경망의 핵심인 가중치의 행렬을 구현했습니다!

더 정교한 가중치

필수는 아니지만, 가중치를 보다 정교하게 초기화할 수 있는 방법이 있습니다.

1부의 마지막 부분에서 데이터를 준비하고 가중치를 초기화하는 방법을 살펴보면서, 가중치를 임의의 값으로 초기화하는 더 정교한 방법이 있다고 했던 것을 기억할지 모르겠습니다. 이 경우 가중치는 0을 중심으로 하며 $1/\sqrt{}$ (들어오는 연결 노드의 개수)의 표준편차를 가지는 정규분포에 따라 구한다고 했습니다.

numpy에서 이를 쉽게 구현할 수 있습니다. `numpy.random.normal()` 함수를 활용하면 됩니다. 이 변수에 필요한 매개변수는 정규분포의 중심, 표준편차, numpy 행렬입니다. 더 자세한 설명이 필요하다면 함수명을 구글에서 검색해보세요.

이를 이용해 가중치의 초기화 관련 코드를 업데이트하면 다음과 같습니다.

```
self.wih = numpy.random.normal(0.0 , pow(self.inodes, -0.5), (self.hnodes, self.inodes))
self.who = numpy.random.normal(0.0 , pow(self.hnodes, -0.5), (self.onodes, self.hnodes))
```

정규분포의 중심은 0.0으로 설정했으며, 표준편차는 노드로 들어오는 연결 노드의 개수에 루트를 씌우고 역수를 취한 표준편차는 파이썬의 문법으로 pow(self.hnodes, -0.5)로 표현했습니다. 세 번째 매개변수는 우리가 원하는 numpy 행렬입니다.

신경망에 질의하기

이제 train() 함수로 신경망을 학습하는 코드를 작성하기 전에 좀 더 간단한 query() 함수 부분부터 보겠습니다. 이 함수를 살펴보면서 파이썬과 가중치 행렬에 대해 더 연습하고 우리의 자신감을 더 쌓아보겠습니다.

query() 함수는 신경망으로 들어오는 입력을 받아 출력을 반환해줍니다. 단순한 작업이지만 이를 입력 계층부터 은닉 계층을 거쳐 최종 출력 계층까지 수행해야 한다는 점을 기억해야 합니다. 또한 신호는 은닉 노드와 출력 노드로 전달될 때 가중치 연산과 활성화 함수 적용을 거친다는 점을 기억해야 합니다.

행렬에 대해 모른다면 노드의 수가 많은 경우 각 노드에 대해 일일이 가중치 연산을 해주고, 신호의 합을 구해주고, 활성화 함수를 적용하는 파이썬 코드를 작성해야 할 것입니다. 악몽 같은 시간을 보내게 되겠죠. 노드가 많아지면 질수록 작성해야 하는 코드는 훨씬 더 늘어나게 됩니다.

다행히 우리는 이러한 명령을 간단한 행렬의 형태로 표현하는 방법을 배웠습니다. 예를 들어 입력 계층과 은닉 계층 사이의 가중치 행렬은 입력 행렬과 조합되어 은닉 계층으로 들어오는 신호가 되며 다음과 같이 표기할 수 있습니다.

$$X_{hidden} = W_{input\_hidden} \cdot I$$

이처럼 표현할 수 있는 것이 축복인 이유는, 단지 쓰기 편해서일 뿐만이 아닙니다. 파이썬 같은 프로그래밍 언어가 행렬을 이해하고 모든 계산 사이의 유사성을 인식하므로 연산을 매우 효율적으로 수행할 수 있다는 이유 때문입니다.

이를 계산하는 파이썬 코드가 얼마나 간단한지 보면 깜짝 놀랄 겁니다. numpy 라이브러리의 dot 함수를 쓰면 다음과 같이 표현할 수 있습니다.

```
hidden_inputs = numpy.dot(self.wih, inputs)
```

정말 간단하죠?

이처럼 파이썬에서는 간단한 코드로 모든 입력 값과 가중치를 연산함으로써 은 닉 계층의 각 노드로 들어오는 신호를 계산해냅니다. 입력 계층이나 은닉 계층 의 노드의 수가 달라지더라도 코드를 다시 작성할 필요가 없습니다. 어떤 경우 에도 잘 동작합니다. 이처럼 강력하고 우아한 처리가 가능하므로 앞에서 행렬곱 을 이해하려고 공부했던 것입니다.

이제 은닉 계층으로부터 나오는 신호를 구하려면 시그모이드 함수를 적용하는 일만 하면 됩니다.

$$\mathbf{O}_{hidden} = sigmoid(\mathbf{X}_{hidden})$$

시그모이드 함수가 파이썬 라이브러리에 이미 정의만 되어 있다면 아주 쉬운 작 업입니다. 다행히 실제로 정의가 되어 있습니다. **scipy**라는 파이썬 라이브러리 에는 일련의 특수 목적의 함수들이 정의되어 있는데 그중 시그모이드 함수는 **expit()**이라는 이름으로 정의되어 있습니다. 이런 이상한 이름을 가진 이유가 뭔지는 묻지 말아주세요. scipy 라이브러리는 앞에서 numpy 라이브러리를 불 러오는 것과 동일한 방식으로 불러올 수 있습니다.

```
# 시그모이드 함수 expit() 사용을 위해 scipy.special 불러오기
import scipy.special
```

활성화 함수에 약간의 변화를 주거나, 아니면 때로는 다른 활성화 함수로 교체 하는 경우도 있을 수 있으므로, 활성화 함수를 신경망 객체의 초기화 부분에 정의해두는 것이 좋을 것입니다. 한번 정의해두면 예를 들어 **query()** 함수 같은 곳에서 필요할 때마다 여러 번 이를 참조할 수 있습니다. 활성화 함수에 변화를 줘야 할 때 초기화 부분에서 한 번만 변경하면 활성화 함수가 사용되는 다른 부분들에서는 코드를 찾아 변경할 필요가 없다는 말입니다.

다음과 같이 우리가 사용할 활성화 함수를 신경망의 초기화 부분에 정의합니다.

```
# 활성화 함수로 시그모이드 함수를 이용
self.activation_function = lambda x: scipy.special.expit(x)
```

이 코드는 왜 이리 복잡해 보일까요? **람다**lambda 가 뭘까요? 겁먹을 필요 전혀 없습니다. 그저 함수를 하나 생성한 것뿐인데, 다만 간결하게 적어준 것뿐입니다. 일반적인 **def()**에 의한 함수 정의 대신에, 마법과 같은 람다를 사용해 빠르고 쉽게 함수를 생성한 것입니다. 여기에서 람다 함수는 x를 매개변수로 전달받아 시그모이드 함수인 **scipy.special.expit(x)**를 반환하는 역할을 합니다. 람다에 의해 생성되는 함수는 이름이 없기 때문에 **익명 함수**anonymous function라고도 합니다. 우리는 이 함수를 **self.activation_function**에 할당했습니다. 결론적으로 활성화 함수를 사용할 필요가 있으면 **self.activation_function()**을 호출하면 되는 것입니다.

우리는 은닉 노드로 들어오는 신호에 활성화 함수를 적용하고 싶습니다. 이는 다음 코드처럼 간단하게 이루어집니다.

```
# 은닉 계층에서 나가는 신호를 계산
hidden_outputs = self.activation_function(hidden_inputs)
```

이제 은닉 계층의 노드로부터 나가는 신호들은 **hidden_outputs**라는 이름의 행렬에 존재하게 됩니다.

지금까지는 가운데 위치하는 은닉 계층을 봤는데 이제 최종적으로 출력 계층을 살펴볼 차례입니다. 사실 은닉 계층과 최종 출력 계층 노드 사이에 차이점은 없기 때문에 과정은 동일합니다. 다시 말해 코드가 매우 유사하다는 말입니다.

은닉 계층과 출력 계층에서의 신호의 계산을 다음과 같이 정리해봤습니다.

```python
# 은닉 계층으로 들어오는 신호를 계산
hidden_inputs = numpy.dot(self.wih, inputs)
# 은닉 계층에서 나가는 신호를 계산
hidden_outputs = self.activation_function(hidden_inputs)

# 최종 출력 계층으로 들어오는 신호를 계산
final_inputs = numpy.dot(self.who, hidden_outputs)
# 최종 출력 계층에서 나가는 신호를 계산
final_outputs = self.activation_function(final_inputs)
```

주석을 제외하면 은닉 계층 두 줄과 출력 계층 두 줄, 도합 네 줄의 코드로 우리가 필요로 하는 모든 연산을 처리한 것입니다.

지금까지의 코드

잠시 숨을 돌리고 지금까지 만든 신경망 클래스 코드가 어떻게 생겼는지 점검해보겠습니다. 우리는 지금까지 다음과 같은 코드를 작성했습니다.

```python
# 신경망 클래스의 정의
class neuralNetwork:

    # 신경망 초기화하기
    def __init__(self, inputnodes, hiddennodes, outputnodes, learningrate):
        # 입력, 은닉, 출력 계층의 노드 개수 설정
        self.inodes = inputnodes
        self.hnodes = hiddennodes
        self.onodes = outputnodes
```

```
        # 가중치 행렬 wih와 who
        # 배열 내 가중치는 w_i_j로 표기. 노드 i에서 다음 계층의 노드 j로 연결됨을 의미
        # w11 w21
        # w12 w22 등
        self.wih = numpy.random.normal(0.0, pow(self.hnodes, -0.5), (self.hnodes, self.
inodes))
        self.who = numpy.random.normal(0.0, pow(self.onodes, -0.5), (self.onodes, self.
hnodes))

        # 학습률
        self.lr = learningrate

        # 활성화 함수로는 시그모이드 함수를 이용
        self.activation_function = lambda x: scipy.special.expit(x)

        pass

    # 신경망 학습시키기
    def train():
        pass

    # 신경망에 질의하기
    def query(self, inputs_list):
        # 입력 리스트를 2차원 행렬로 변환
        inputs = numpy.array(inputs_list, ndmin=2).T

        # 은닉 계층으로 들어오는 신호를 계산
        hidden_inputs = numpy.dot(self.wih, inputs)
        # 은닉 계층에서 나가는 신호를 계산
        hidden_outputs = self.activation_function(hidden_inputs)
        # 최종 출력 계층으로 들어오는 신호를 계산
        final_inputs = numpy.dot(self.who, hidden_outputs)
        # 최종 출력 계층에서 나가는 신호를 계산
        final_outputs = self.activation_function(final_inputs)

        return final_outputs
```

이 코드는 단지 클래스일 뿐이므로 코드의 시작 부분에는 numpy와 scipy 모듈을 불러오는 코드(import numpy 및 import scipy.special)를 넣어야 합니다.

또한 query() 함수는 매개변수로 input_list만 받는다는 점도 기억하기 바랍니다. 다른 입력 값은 필요로 하지 않습니다.

지금까지는 잘 진행된 것 같습니다. 이제 마지막 조각인 train() 함수만 보면 될 것 같습니다. 학습에는 두 가지 단계가 있다는 점을 상기하기 바랍니다. 첫 번째 단계는 query() 함수와 마찬가지로 출력 값을 계산해내는 단계이며, 두 번째 단계는 가중치가 어떻게 업데이트되어야 하는지 알려주기 위해 오차를 역전파하는 단계입니다.

신경망을 학습시키는 train() 함수를 작성하기 전에 지금까지 작성한 코드가 잘 동작하는지 테스트를 해보겠습니다. 작은 신경망을 만들고 여기에 몇 개의 임의의 입력 값을 넣어보겠습니다. 그저 지금까지 만든 함수가 잘 동작하는지 보기 위함이지, 어떤 다른 의미가 있는 것은 아닙니다.

다음 그림과 같이 입력 계층, 은닉 계층, 출력 계층에 노드를 3개씩 가지는 작은 신경망을 만들고 임의로 선택한 입력 값 (1.0, 0.5, −1.5)로 질의할 수 있습니다.

```
In [3]:  # number of input, hidden and output nodes
         input_nodes = 3
         hidden_nodes = 3
         output_nodes = 3

         # learning rate is 0.3
         learning_rate = 0.3

         # create instance of neural network
         n = neuralNetwork(input_nodes,hidden_nodes,output_nodes, learning_rate)

In [4]:  n.query([1.0, 0.5, -1.5])

Out[4]:  array([[ 0.45122712],
                [ 0.44630336],
                [ 0.49183299]])
```

신경망 객체의 생성에는 학습률이 필요한 것을 볼 수 있습니다. 그 이유는 신경망 클래스의 정의에 초기화 함수인 __init__()에서 학습률을 요구하기 때문입니다. 학습률을 설정해주지 않으면 이 코드는 에러를 발생하게 됩니다.

또한 입력 값이 [와]로 둘러싸여 있는 것으로 볼 때, 입력 값이 리스트임을 할 수 있습니다. 결과 값 역시 리스트로 표현됩니다. 비록 우리의 신경망이 아직 학습을 한 것이 아니므로 이 결과 값에 의미는 없지만 우리의 코드가 어떤 에러도 없이 잘 동작한다는 것을 확인했습니다.

신경망 학습시키기

이제 드디어 신경망을 학습시킬 차례입니다. 학습에는 두 가지 단계가 있습니다.

- 첫 번째 단계는 주어진 학습 데이터에 대해 결과 값을 계산해내는 단계입니다. 이 과정은 방금 query() 함수에서 했던 작업과 다르지 않습니다.
- 두 번째 단계는 방금 계산한 결과 값을 실제의 값과 비교하고 이 차이를 이용해 가중치를 업데이트하는 단계입니다.

이미 query() 함수에서 작성한 코드를 활용해 train() 함수의 첫 번째 단계의 코드를 작성해보겠습니다.

```python
# 신경망 학습시키기
def train(self, inputs_list, targets_list):
    # 입력 리스트를 2차원의 행렬로 변환
    inputs = numpy.array(inputs_list, ndmin=2).T
    targets = numpy.array(targets_list, ndmin=2).T

    # 은닉 계층으로 들어오는 신호를 계산
    hidden_inputs = numpy.dot(self.wih, inputs)
    # 은닉 계층에서 나가는 신호를 계산
    hidden_outputs = self.activation_function(hidden_inputs)

    # 최종 출력 계층으로 들어오는 신호를 계산
    final_inputs = numpy.dot(self.who, hidden_outputs)
```

```
# 최종 출력 계층에서 나가는 신호를 계산
final_outputs = self.activation_function(final_inputs)

pass
```

입력 계층으로부터의 신호를 최종 출력 계층까지 전파하는 과정은 query() 함수와 동일하므로 그 내용은 거의 동일합니다.

다만 한 가지 차이가 있습니다. 함수명 부분을 자세히 보기 바랍니다. targets_list라는 매개변수가 추가로 존재한다는 점을 발견할 수 있습니다. 이 매개변수가 없이는 우리의 신경망을 제대로 학습시킬 수 없습니다.

```
def train(self, inputs_list, targets_list)
```

앞에서 inputs_list를 numpy 배열로 변환했던 것과 동일한 방법으로 targets_list를 변환해줍니다.

```
targets = numpy.array(targets_list, ndmin=2).T
```

이제 계산 값과 실제 값 간의 오차에 기반해 신경망의 동작에서 핵심이 되는 가중치를 업데이트할 준비가 거의 되었습니다.

단계별로 나누어 차근차근 보겠습니다.

우선 오차를 계산해야 합니다. 오차는 학습 데이터에 의해 제공되는 실제 값과 우리가 계산한 결과 값 간의 차이로 정의됩니다. 결국 오차는 (실제 값 행렬 − 계산 값 행렬)이라는 연산의 결과 값이 됩니다. 이 연산은 원소 간^{elementwise} 연산입니다. 이를 파이썬으로 구현하면 다음과 같이 간단하게 가능합니다. 다시 한번 행렬의 위력을 실감할 수 있습니다.

```
# 오차는 (실제 값 - 계산 값)
output_errors = targets - final_outputs
```

우리는 은닉 계층의 노드들에 대해 역전파된 오차도 구할 수 있습니다. 앞에서
연결 노드의 가중치에 따라 오차를 나눠서 전달하고 각각의 은닉 계층의 노드에
대해 이를 재조합했던 작업을 상기하기 바랍니다. 이를 행렬로 다음과 같이 처
리했습니다(13장).

$$error_{hidden} = w^\mathsf{T}_{hidden\_output} \bullet error_{output}$$

이를 코드로 표현하는 것 역시 매우 간단합니다. 바로 파이썬의 numpy를 활용
한 행렬곱 연산 능력 덕분이죠.

```
# 은닉 계층의 오차는 가중치에 의해 나뉜 출력 계층의 오차들을 재조합해 계산
hidden_errors = numpy.dot(self.who.T, output_errors)
```

이로써 우리는 각각의 계층에서 가중치를 업데이트하기 위해 필요한 모든 것을
갖추게 되었습니다. 은닉 계층과 최종 계층 간의 가중치는 output_errors를 이
용하면 되고, 입력 계층과 은닉 계층 간의 가중치는 방금 구한 hidden_errors를
이용하면 되는 것입니다.

앞에서 노드 j와 다음 계층의 노드 k 간의 가중치 업데이트를 행렬로 표현한 바
있습니다(14장).[2]

$$\Delta W_{jk} = \alpha * E_k * sigmoid(O_k) * (1 - sigmoid(O_k)) \bullet O_j^\mathsf{T}$$

2   14장 마지막 그림에서는 편의상 시그모이드를 뺐는데 여기서는 원래대로 넣었습니다.

알파는 학습률을 의미하며 시그모이드는 활성화 함수입니다. *는 원소 간 곱을 의미하며 • 는 행렬곱을 의미합니다. 마지막 항인 직전 계층으로부터의 결과 값 행렬은 전치되어 있으므로 결과 값의 열이 결과 값의 행이 됩니다.

이를 파이썬 코드로 변환하는 것도 어렵지 않습니다. 우선 은닉 계층과 최종 계층 간의 가중치 계산을 코드로 바꾸면 다음과 같습니다.

```
# 은닉 계층과 출력 계층 간의 가중치 업데이트
self.who += self.lr * numpy.dot((output_errors * final_outputs * (1.0 -
final_outputs)), numpy.transpose(hidden_outputs))
```

한 줄 코드치고는 좀 길지만 색상을 이용해서 이해하기 쉽도록 했습니다. 학습률은 self.lr이며 식의 나머지 부분 전체에 곱해집니다. numpy.dot()에 의한 행렬곱 연산이 있는데, 이 행렬곱 연산에 들어가는 2개의 원소는 빨간색과 초록색으로 구분했습니다. 빨간색 부분은 오차와 다음 계층으로부터의 시그모이드에서 비롯되며, 초록색 부분은 이전 계층으로부터의 결과 값을 전치한 것입니다.

앞에서 살펴본 적이 없으니 설명하자면 += 연산자의 의미는 연산자 앞에 있는 변수에 연산자 뒤에 있는 부분을 더해서 할당한다는 의미입니다. 예를 들어 x += 3은 x를 3만큼 증가한다는 뜻으로 x = x + 3을 축약해서 간단히 표현한 것입니다. 더하기 연산이 아닌 경우에도 사용합니다. 예를 들어 x /= 3은 x의 현재 값을 3으로 나눠 다시 x에 할당한다는 의미입니다.

입력 계층과 은닉 계층 사이의 가중치에 대한 코드도 유사합니다. 계층의 이름 정도만 변경해주면 되겠습니다. 그 코드는 다음과 같습니다. 두 코드를 비교할 수 있도록 이번에도 코드에 색상을 입혔으니 참고하기 바랍니다.

```
# 은닉 계층과 출력 계층 간의 가중치 업데이트
self.who += self.lr * numpy.dot((output_errors * final_outputs * (1.0 -
final_outputs)), numpy.transpose(hidden_outputs))
```

```
# 입력 계층과 은닉 계층 간의 가중치 업데이트
self.wih += self.lr * numpy.dot((hidden_errors * hidden_outputs * (1.0 -
hidden_outputs)), numpy.transpose(inputs))
```

이렇게 간단하게 구현이 가능합니다!

우리가 기존에 수행했던 엄청난 분량의 계산이, 행렬을 이용한 접근법과 신경망의 오차를 최소화하는 경사 하강법을 통해 위와 같이 단지 몇 줄의 코드로 손쉽게 구현된 것입니다. 우리는 파이썬의 강력한 기능과 그동안의 학습 내용을 기반으로 복잡하고 거대한 작업을 이처럼 간결하게 구현할 수 있습니다.

완성된 신경망 코드

이로써 우리는 신경망 클래스를 완성했습니다. 편의를 위해 완성된 전체 코드를 아래에 적습니다. 이 책의 깃허브 저장소에서 볼 수도 있습니다. 파일명은 **part2_neural_network.ipynb**입니다.

```
# 신경망 클래스의 정의
class neuralNetwork:

    # 신경망 초기화하기
    def __init__(self, inputnodes, hiddennodes, outputnodes, learningrate):
        # 입력, 은닉, 출력 계층의 노드 개수 설정
        self.inodes = inputnodes
        self.hnodes = hiddennodes
        self.onodes = outputnodes

        # 가중치 행렬 wih와 who
        # 배열 내 가중치는 w_i_j로 표기. 노드 i에서 다음 계층의 노드 j로 연결됨을 의미
        # w11 w21
        # w12 w22 등
        self.wih = numpy.random.normal(0.0, pow(self.hnodes, -0.5), (self.hnodes, self.
inodes))
        self.who = numpy.random.normal(0.0, pow(self.onodes, -0.5), (self.onodes, self.
hnodes))
```

```python
        # 학습률
        self.lr = learningrate

        # 활성화 함수로는 시그모이드 함수를 이용
        self.activation_function = lambda x: scipy.special.expit(x)

        pass

    # 신경망 학습시키기
    def train(self, inputs_list, targets_list):
        # 입력 리스트를 2차원의 행렬로 변환
        inputs = numpy.array(inputs_list, ndmin=2).T
        targets = numpy.array(targets_list, ndmin=2).T

        # 은닉 계층으로 들어오는 신호를 계산
        hidden_inputs = numpy.dot(self.wih, inputs)
        # 은닉 계층에서 나가는 신호를 계산
        hidden_outputs = self.activation_function(hidden_inputs)

        # 최종 출력 계층으로 들어오는 신호를 계산
        final_inputs = numpy.dot(self.who, hidden_outputs)
        # 최종 출력 계층에서 나가는 신호를 계산
        final_outputs = self.activation_function(final_inputs)

        # 출력 계층의 오차는 (실제 값 - 계산 값)
        output_errors = targets - final_outputs
        # 은닉 계층의 오차는 가중치에 의해 나뉜 출력 계층의 오차들을 재조합해 계산
        hidden_errors = numpy.dot(self.who.T, output_errors)

        # 은닉 계층과 출력 계층 간의 가중치 업데이트
        self.who += self.lr * numpy.dot((output_errors * final_outputs * (1.0 -
final_outputs)), numpy.transpose(hidden_outputs))

        # 입력 계층과 은닉 계층 간의 가중치 업데이트
        self.wih += self.lr * numpy.dot((hidden_errors * hidden_outputs * (1.0 -
hidden_outputs)), numpy.transpose(inputs))

        pass
```

```
# 신경망에 질의하기
def query(self, inputs_list):
    # 입력 리스트를 2차원 행렬로 변환
    inputs = numpy.array(inputs_list, ndmin=2).T

    # 은닉 계층으로 들어오는 신호를 계산
    hidden_inputs = numpy.dot(self.wih, inputs)
    # 은닉 계층에서 나가는 신호를 계산
    hidden_outputs = self.activation_function(hidden_inputs)

    # 최종 출력 계층으로 들어오는 신호를 계산
    final_inputs = numpy.dot(self.who, hidden_outputs)
    # 최종 출력 계층에서 나가는 신호를 계산
    final_outputs = self.activation_function(final_inputs)

    return final_outputs
```

코드가 다소 길어 보이나요? 3개의 계층을 가지는 신경망을 생성하고 학습시키고 질의할 수 있다는 점을 생각한다면 이 정도는 결코 많은 코드는 아닐 것입니다.

다음 장에서는 사람이 손글씨로 쓴 숫자를 인식하는 신경망을 구축해보겠습니다.

## CHAPTER 21

MNIST 손글씨 데이터 인식하기

사람의 손글씨를 인식한다는 것은 컴퓨터에게는 어려운 문제이므로, 역사적으로도 인공지능에서 큰 도전 과제였습니다.

이처럼 컴퓨터가 이미지의 내용을 명확히 분류하는 작업을 이미지 인식이라고 하는데, 역사적으로 어려운 과제로 인식되어오다가 최근에 와서 상당한 진전을 보였습니다. 물론 신경망이 이에 결정적인 역할을 했다는 사실을 부인할 수 없습니다.

이미지 인식이 얼마나 어려운 문제인지 감을 잡기 위해 말하면 사실 우리 사람 조차도 이미지에 어떤 내용이 들어 있는지에 대해 의견을 달리하는 경우가 종종 있습니다. 특히 손으로 갈겨 쓰거나 한 경우라면 더더욱 그럴 것입니다. 손으로 쓴 다음 숫자를 보기 바랍니다. 이 숫자는 4일까요, 아니면 9일까요?

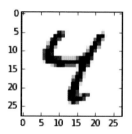

인공지능을 연구하는 분들이 아이디어와 알고리즘을 테스트하는 데 자주 이용하는 손으로 쓴 숫자 이미지 데이터 모음이 있습니다. 이 데이터는 이미지 인식에 대한 새로운 아이디어를 테스트하기에 편리하므로 잘 알려져 있고 매우 많이 이용됩니다. 수많은 아이디어와 알고리즘이 이 데이터를 이용해 테스트되어왔습니다.

이를 MNIST 데이터 모음이라고 하는데, 저명한 신경망 학자인 얀 르쿤^{Yann} ^{LeCun} 교수의 웹사이트에서 구할 수 있습니다(`http://yann.lecun.com/exdb/mnist/`). 이 웹사이트에는 그동안 등장한 다양한 기법이 이 손으로 쓴 숫자를 얼마나 잘 인식하는지에 대한 정보도 함께 담고 있습니다. 우리는 앞으로 직접 만들 신경망의 성능을 다른 기법들과 비교하기 위해 이 웹사이트의 정보를 참조할 것입니다.

MNIST 데이터베이스의 원래 포맷은 다루기에 쉽지 않기 때문에 많은 사람이 사용의 편의를 위해 보다 편리한 포맷으로 변경한 자료들이 있습니다. 그중 하나는 `http://pjreddie.com/projects/mnist-in-csv/`에서 찾아볼 수 있습니다. 이 자료는 CSV^{comma-separated values}라는 포맷을 사용하는데, 이 포맷은 단순 텍스트 형태로 데이터 값을 쉼표로 구분해놓은 것입니다. CSV 포맷을 가지는 파일은 텍스트 편집기는 물론 엑셀 같은 스프레드시트나 여러 데이터 분석 소프트웨어에서 쉽게 열어볼 수 있습니다. 즉 표준 포맷입니다. 이 웹사이트에서는 2개의 CSV 파일을 제공합니다.

- **학습 데이터**: http://www.pjreddie.com/media/files/mnist_train.csv
- **테스트 데이터**: http://www.pjreddie.com/media/files/mnist_test.csv

학습 데이터^{training set}에는 신경망의 학습에 이용될 수 있도록 레이블이 붙어 있는 60,000개의 데이터가 존재합니다. 레이블이 붙어 있다는 말은 입력 값과 함께 결과 값(정답)이 들어 있다는 의미입니다.

테스트 데이터^{test data}는 총 10,000개가 존재합니다. 테스트 데이터는 우리의 아이디어나 알고리즘이 얼마나 잘 동작하는지 확인하기 위해 사용됩니다. 테스트 데이터 역시 얼마나 잘 맞혔는지를 확인하기 위한 용도로 정답 레이블이 함께 들어 있습니다.

학습 데이터와 테스트 데이터를 별도로 두는 이유는 학습시키지 않은 데이터를 대상으로 테스트를 하기 위함입니다. 이렇게 하지 않고 컴퓨터가 고스란히 기억하고 있는 학습 데이터에 대해 테스트를 진행하게 되면 우리는 왜곡된 점수를 얻게 됩니다. 이처럼 학습 데이터와 테스트 데이터를 분리하는 것은 머신러닝에서 매우 일반적인 개념입니다.

파일을 한번 들여다볼까요? 텍스트 편집기에서 MNIST 테스트 데이터를 열어 봤습니다.

뭔가 잘못된 걸까요? 마치 1980년대 영화에서 컴퓨터가 해킹된 화면을 보는 것 같습니다.

사실 이 파일에는 문제가 없습니다. 텍스트 편집기는 긴 행을 가지는 텍스트들을 보여주고 있는 것입니다. 각 행은 숫자들로 구성되어 있으며 각 숫자는 쉼표로 구분되어 있습니다. 각 행은 매우 길게 구성되어 있습니다. 텍스트 편집기에 따라 줄번호를 볼 수도 있습니다. 이 화면의 경우 4개 행의 데이터 전체와 5 번째 행의 데이터 일부를 보여주고 있습니다.

이러한 데이터에서 각 행은 한 **레코드**record라고도 합니다. 이 내용물이 무엇인지 이해하는 것은 어렵지 않습니다.

- 첫 번째 값은 **레이블**label입니다. 다시 말해 5, 0, 4, 1, 9 등 그 이미지에 있는 숫자의 값을 나타냅니다. 이 값이 바로 신경망이 학습을 통해 맞히고자 하는 정답입니다.
- 레이블 이후에 나오는 쉼표로 구분되는 값들은 손으로 쓴 숫자의 픽셀 값들입니다. 픽셀 배열의 크기는 28 × 28이므로 총 784개의 값이 존재합니다. 굳이 확인을 하고 싶다면 세어봐도 좋습니다!

예를 들어 첫 번째 레코드를 보면, 첫 번째 값이 5이므로 숫자 5를 쓴 이미지라는 것을 의미합니다. 이후 값들은 손으로 쓴 숫자 5라는 이미지에 대한 픽셀 값들입니다. 두 번째 레코드는 0, 세 번째 레코드는 4, 네 번째 레코드는 1, 다섯 번째 레코드는 9입니다. MNIST 데이터 파일의 어떤 행을 선택하더라도 첫 번째 숫자 값은 해당 이미지 데이터의 레이블을 의미한다는 사실을 기억하기 바랍니다.

하지만 이처럼 긴 784개의 값들만 보고, 이 숫자가 어떤 것인지 알 수는 없습니다. 이를 확인하기 위해서는 이 숫자들을 그림으로 보는 게 좋을 것 같습니다.

이 작업을 하기 위해 MNIST 전체 데이터의 일부분만 포함하는 데이터를 다운로드하겠습니다. MNIST 데이터 파일은 꽤 크기 때문에 우리가 신경망을 통해 이를 분석하는 작업은 시간이 꽤 많이 걸립니다. 따라서 작업의 편의성을 위해 일단 작은 파일을 이용하겠습니다. 일단 우리의 알고리즘과 코드를 안정화하고 난 다음에 전체 데이터를 이용할 것입니다.

이 책의 깃허브 저장소에서 MNIST 데이터의 일부만 포함하는 데이터를 다운로드하기 바랍니다. 전체 데이터와 마찬가지로 동일한 CSV 포맷으로 되어 있습니다. 각기 파일명은 mnist_train_100.csv와 mnist_test_10.csv입니다. 단축 주소는 다음과 같습니다.

- **100개 레코드를 가지는 MNIST 학습 데이터 모음**: https://git.io/vySZ1
- **10개 레코드를 가지는 MNIST 테스트 데이터 모음**: https://git.io/vySZP

웹브라우저에서 이 주소에 접속했을 때 파일을 다운로드하지 않고 데이터 자체를 보여준다면 **파일 〉 다른 이름으로 저장하기**를 선택해 파일을 다운로드하기 바랍니다.

데이터 파일을 다운로드했으면 적당한 위치로 옮겨둡니다. 필자는 다음 그림과 같이 IPython 노트북 폴더에 mnist_dataset이라는 폴더를 만들고 이 폴더 내에 데이터 파일을 저장했습니다. IPython 노트북과 데이터 파일이 멀리 떨어져 있으면 사용이 불편하기 때문입니다.

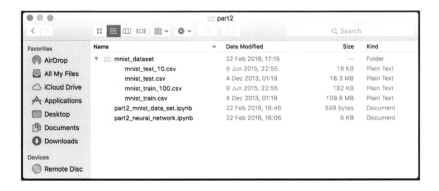

데이터의 내용을 보거나 신경망을 학습시키는 등의 작업을 하기 전에 우선 해야할 일은 우리의 파이썬 코드가 이 데이터에 접근할 수 있도록 하는 것입니다.

파이썬에서 파일을 열고 내용을 확인하는 것은 매우 쉽습니다. 다음 코드를 보기 바랍니다.

```
data_file = open("mnist_dataset/mnist_train_100.csv", 'r')
data_list = data_file.readlines()
data_file.close()
```

단 세 줄입니다. 각각의 행을 살펴보겠습니다.

첫 번째 행에서는 open()이라는 함수를 이용해 파일을 열었습니다. 함수에 전달되는 첫 번째 매개변수는 경로를 포함하는 파일명입니다. 두 번째 매개변수는 선택 사항인데 이 함수를 어떻게 처리할 것인지를 알리는 것입니다. r이라는 것은 우리가 이 파일을 읽기 전용read-only으로 열겠다는 것입니다. 즉 쓰지는 않겠다는 것인데, 이런 식으로 우리는 파일의 데이터를 변경하거나 삭제하는 사고를 미리 방지할 수 있습니다. 읽기 모드로 연 파일에 뭔가 쓰려고 하면 파이썬은 에러를 낼 것입니다. data_file이라는 변수는 무엇일까요? open() 함수는 해당 파일을 참조하기 위해 파일 핸들을 생성하며, 이 파일 핸들을 data_file이라는 이름의 변수에 할당한 것입니다. 이제 우리는 파일을 열었으니 이 핸들을 통해 읽기 작업을 할 수 있게 되는 것입니다.

다음 행은 간단합니다. 우리는 data_file이라는 파일 핸들에 대해 readlines()라는 함수를 호출함으로써 해당 파일의 모든 행을 읽어서 data_list라는 변수에 저장합니다. 이 변수는 리스트로 이루어지며, 해당 파일의 각 행이 리스트의 하나의 원소가 됩니다. 이렇게 하면 일반적으로 리스트에서 특정 원소에 접근하는 것처럼 각 행에 접근할 수 있으므로 편리합니다. 예를 들어 data_list[0]은 첫 번째 레코드를, data_list[9]는 10번째 레코드를 지칭하게 됩니다.

혹시 readlines() 함수는 전체 파일을 읽어 메모리에 올리므로 이 함수를 사용하지 말라는 조언을 어디선가 들은 적이 있을지도 모르겠습니다. 즉 한 번에 한 행씩만 읽어 필요한 작업을 완료하고 나서 다음 행으로 이동하라는 조언 말입니다. 맞는 말입니다. 전체 파일을 메모리에 올리고 작업하는 것보다는 한 행씩 올리고 작업하는 것이 훨씬 효율적인 방법입니다. 하지만 우리의 파일은 그 정도로 크지 않으며, readlines()를 이용하면 코드가 쉽기 때문에 일단은 이렇게 진행하겠습니다.

마지막 행에서는 close()로 파일을 닫아줍니다. 파일과 같은 자원의 사용이 끝나면 이를 닫아주고 정리해주는 것이 좋은 습관입니다. 이런 작업을 해주지 않으면 파일이 열린 상태로 남아 있으므로 문제를 일으킬 수도 있습니다. 어떤 문제냐고요? 일부 프로그램에서는 기존에 열려 있는 파일에는 쓰기 작업을 하지 않을 수도 있습니다. 일관성을 해칠 수 있기 때문입니다. 2명의 사람이 똑같은 종이 한 장 위에 편지를 쓰는 것과 비슷한 상황입니다. 때로는 이런 식의 충돌을 방지하기 위해 컴퓨터가 파일을 잠가버리기도 합니다. 파일을 사용하고 나서 이를 반복적으로 정리하지 않게 되면 잠김 파일이 쌓여갈 수 있습니다. 그러므로 파일을 닫음으로써 컴퓨터가 그 파일에 대해 사용하던 메모리 공간을 해제해주는 것은 중요합니다.

새로운 노트북을 생성하고 앞의 코드를 작성하고 이어서 리스트의 첫 번째 원소를 출력해봅시다.

```
In [8]:  data_file = open("mnist_dataset/mnist_train_100.csv", 'r')
         data_list = data_file.readlines()
         data_file.close()

In [9]:  len(data_list)

Out[9]:  100

In [10]: data_list[0]

Out[10]: '5,0,0,0,0,0,0,0,0,0,0,0,0,0,0,0,0,0,0,0,0,0,0,0,0,0,0,0,0,0,0,0,0,0,0,0,0,0,0,0,0,0,0,0,0,0,0,0,0,0,0,0,0,0,0,0,0,0,0,0,0,0,0,0,0,0,
         0,0,0,0,0,0,0,0,0,0,0,0,0,0,0,0,0,0,0,0,0,0,0,0,0,0,0,0,0,0,0,0,0,0,0,0,0,0,0,0,0,0,0,0,0,0,0,0,0,0,0,0,0,0,0,0,0,0,0,0,0,0,0,0,0,0,
         ,0,0,0,0,0,0,0,0,0,0,0,0,0,0,0,0,0,0,0,0,0,0,0,0,0,0,0,0,0,0,0,3,18,18,18,126,136,175,26,166,255,247,127,0,
         0,0,0,0,0,0,0,0,0,0,0,30,36,94,154,170,253,253,253,253,253,225,172,253,242,195,64,0,0,0,0,0,0,0,0,0,0,49,238,253,25
         3,253,253,253,253,253,251,93,82,82,56,39,0,0,0,0,0,0,0,0,0,0,0,0,18,219,253,253,253,253,198,182,247,241,0,0,0
         ,0,0,0,0,0,0,0,0,0,0,0,0,0,0,0,0,0,0,80,156,107,253,253,205,11,0,43,154,0,0,0,0,0,0,0,0,0,0,0,0,0,14,1,154,253,
         90,0,0,0,0,0,0,0,0,0,0,0,0,0,0,0,0,0,0,0,0,139,253,190,2,0,0,0,0,0,0,0,0,0,0,0,0,0,0,0,0,0,0,0,0,11
         ,190,253,70,0,0,0,0,0,0,0,0,0,0,0,0,0,0,0,0,0,0,0,0,35,241,225,160,108,1,0,0,0,0,0,0,0,0,0,0,0,0,0,0,0,0,0,0,0,
         0,0,0,0,0,81,240,253,253,119,25,0,0,0,0,0,0,0,0,0,0,0,0,0,0,0,0,0,45,186,253,253,150,27,0,0,0,0,0,0,0,0,0,0,0,
         0,0,0,0,0,0,0,0,0,0,0,0,0,0,0,0,16,93,252,253,187,0,0,0,0,0,0,0,0,0,0,0,0,0,0,0,249,253,249,64,0,0
         ,0,0,0,0,0,0,0,0,0,0,0,0,0,0,0,0,0,46,130,183,253,253,207,2,0,0,0,0,0,0,0,0,0,0,0,0,0,0,39,148,229,253,
         253,253,250,182,0,0,0,0,0,0,0,0,0,0,0,0,0,0,0,24,114,221,253,253,253,201,78,0,0,0,0,0,0,0,0,0,0,0,0,0,0,
         ,0,23,66,213,253,253,253,253,198,81,2,0,0,0,0,0,0,0,0,0,0,0,0,0,18,171,219,253,253,253,253,195,80,9,0,0,0,0,0
         ,0,0,0,0,0,0,0,0,0,55,172,226,253,253,253,244,133,11,0,0,0,0,0,0,0,0,0,0,0,0,0,0,136,253,253,253,212,13
         5,132,16,0,0,0,0,0,0,0,0,0,0,0,0,0,0,0,0,0,0,0,0,0,0,0,0,0,0,0,0,0,0,0,0,0,0,0,0,0,0,0,
         0,0,0,0,0,0,0,0,0,0,0,0,0,0,0,0,0,0,0,0,0,0,0,0,0,0,0,0,0,0,0,0,0,0,0,0,0\n'
```

파일을 읽은 다음 len(data_list)로 리스트의 길이가 100임을 확인했습니다.

파이썬에서 len() 함수는 리스트의 길이를 알려줍니다. 이어서 data_list[0]을 입력해서 첫 번째 레코드 내용을 확인했습니다. 첫 번째 숫자가 5이므로 이 이미지의 레이블은 5라는 것을 알 수 있습니다. 나머지 784개의 숫자들은 이 이미지를 구성하는 픽셀들의 색상 값입니다. 유심히 살펴보면 이러한 색상 값들이 0에서 255 사이의 숫자로 구성되어 있다는 것을 알 수 있습니다. 다른 레코드들을 보더라도 마찬가지일 것입니다. 모든 색상 값은 0에서 255 사이의 숫자로 구성됩니다. 이 모든 숫자가 쉼표로 구분되어 한 문자열에 들어 있습니다.

우리는 앞에서 imshow() 함수를 이용해 행렬을 시각화하는 방법을 본 바 있습니다(19장). 이번에도 시각화를 해볼 텐데 그러기 위해서는 우선 쉼표로 구분된 숫자들의 리스트를 적절한 행렬로 변환해줘야 합니다. 단계를 구분해보면 다음과 같습니다.

- 구분자로 쉼표를 이용해 긴 텍스트 문자열을 개별 값으로 분리합니다.
- 레이블 값인 첫 번째 값은 무시하고 나머지 28 × 28 = 784의 값을 추출한 후, 이를 28개 행과 28개 열의 형태를 가지는 배열로 변환해줍니다.
- 이 배열을 시각화합니다.

코드를 먼저 보고 상세히 설명하겠습니다.

우선 배열의 이용과 시각화를 도와줄 파이썬 확장 라이브러리들을 불러오겠습니다.

```
import numpy
import matplotlib.pyplot
%matplotlib inline
```

3행으로 이루어진 다음 코드를 보겠습니다. 어떤 데이터가 어디에서 이용되는지 보기 쉽게 하기 위해 변수에 색상을 입혔습니다.

```
all_values = data_list[0].split(',')
image_array = numpy.asfarray(all_values[1:]).reshape((28,28))
matplotlib.pyplot.imshow(image_array, cmap='Greys', interpolation='None')
```

첫 번째 행에서는 첫 번째 레코드인 **data_list[0]**을 불러와서 이를 쉼표로 구분하여 분리합니다. **split()** 함수는 구분자로 사용할 기호를 그 매개변수로 가진다는 것을 볼 수 있습니다. 이 경우 그 기호는 바로 쉼표(,)입니다. 이 결과가 **all_values**라는 변수에 저장됩니다. 이 변수가 실제로 785개의 값으로 구성된 파이썬 리스트인지를 확인해보기 위해 출력해보는 것도 좋을 것입니다.[1]

다음 행은 몇 가지 작업을 한꺼번에 수행하므로 좀 복잡해 보이지만 핵심부터 하나하나 살펴보겠습니다. **all_values** 리스트가 있는데 **[1:]**을 이용해 이 리스트의 원소 중 첫 번째 원소를 제외한 이후 나머지 모든 원소를 취합니다. 이 방법을 통해 첫 번째 원소인 레이블 값을 무시하고 나머지 784개의 값만 취할 수 있습니다. **numpy.asfarray()**는 numpy 함수로서 문자열을 실수로 변환한 다음에 그 숫자로 구성된 배열을 생성합니다. 문자열을 숫자로 변환한다는 것이 무슨 의미일까요? 파일은 문자열로서 읽어지며 따라서 각 행(즉 레코드)도 여전히 문자열입니다. 각 행을 쉼표로 분리한 결과도 여전히 텍스트입니다. **"apple"**, **"orange123"**, **"567"** 등은 모두 문자열입니다. 문자열 **"567"**은 숫자 567과 다릅니다. 문자열은 생긴 것은 숫자처럼 보이지만 컴퓨터 내부에서는 문자열로 처리되므로 우리는 이를 숫자로 변환해줘야 합니다. 코드의 마지막 부분 **reshape((28,28))**은 784개의 숫자를 28 × 28 형태의 정방 행렬로 만들어줍니다. 이 행렬을 **image_array**라는 이름의 변수에 할당합니다. 이렇게 우리는 한 행에서 꽤 많은 작업을 처리했습니다.

세 번째 행에서는 **imshow()** 함수를 이용해 방금 만든 **image_array**를 시각화합니다. 손으로 쓴 숫자를 보다 잘 보이게 하기 위해 **cmap='Greys'**를 지정해 회색

---

[1] len(all_values)라고 입력하면 이 변수의 길이를 확인할 수 있습니다.

톤의 색상 팔레트를 사용했습니다.

이 코드의 실행 결과는 IPython 노트북에서 다음과 같이 나타납니다.

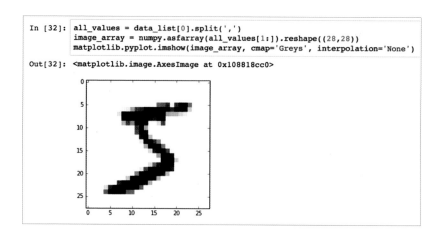

레이블에서 예상한 대로 이 이미지는 5라는 숫자를 보여줍니다. 만약 0의 레이블을 가지는 다음 레코드인 **data_list[1]**을 선택하면 다음과 같이 0처럼 생긴 이미지를 보게 될 것입니다.

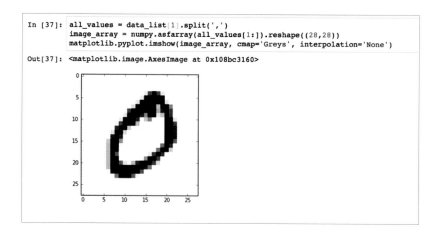

손으로 쓴 숫자가 0이라는 것을 눈으로 쉽게 확인할 수 있습니다.

MNIST 학습 데이터 준비하기

우리는 지금까지 MNIST 데이터 파일로부터 데이터를 불러와서 이 데이터를 우리의 용도에 맞게 가공하여 시각화했습니다. 이제 이 데이터를 이용해 신경망을 학습시켜야겠죠. 하지만 데이터를 바로 신경망에 적용하기 전에 데이터를 어떻게 준비해야 할지 생각해볼 점이 몇 가지 있습니다.

앞에서도 살펴본 바에 따르면, 입력 데이터와 출력 데이터의 값들이 적절한 형태를 가져서 활성화 함수의 수용 범위 내에 있게 되면 신경망은 더 잘 동작하게 됩니다.

이를 위해 우리가 우선 해야 할 일은 0 ~ 255 사이에 속하는 입력 색상 값들의 범위를 0.01 ~ 1.0 사이에 속하게 조정하는 것입니다. 입력 값이 0을 가지면 가중치 업데이트를 없애버리므로 범위의 하한선은 0.01로 선택했습니다. 하지만 입력 값이 1.0인 것은 별문제가 되지 않기 때문에 범위의 상한선은 1.0으로 선택했습니다. 출력 값에 대해서는 1.0을 피해야 합니다.

0 ~ 255 사이의 값을 가지는 입력 값들을 255로 나누면 0 ~ 1의 범위를 가지게 될 것입니다. 그리고 여기에 0.99를 곱하면 그 범위는 0.0 ~ 0.99가 됩니다. 여기에 0.01을 더함으로써 원하는 범위인 0.01 ~ 1.00을 얻을 수 있습니다. 이를 파이썬 코드로 표현하면 다음과 같습니다.

```
scaled_input = (numpy.asfarray(all_values[1:]) / 255.0 * 0.99) + 0.01
print(scaled_input)
```

다음 그림과 같이 출력 결과를 유심히 살펴보면 이제는 값들이 0.01 ~ 1.00 사이에 위치함을 확인할 수 있습니다.

```
In [19]: # scale input to range 0.01 to 1.00
         scaled_input = (numpy.asfarray(all_values[1:]) / 255.0 * 0.99) + 0.01
         print(scaled_input)

[ 0.01        0.01        0.01        0.01        0.01        0.01        0.01
  0.01        0.01        0.01        0.01        0.01        0.01        0.01
  0.01        0.01        0.01        0.01        0.01        0.01        0.01
  0.01        0.01        0.01        0.01        0.01        0.01        0.01
  0.01        0.01        0.01        0.01        0.01        0.01        0.01
  0.01        0.01        0.01        0.01        0.01        0.01        0.01
  0.01        0.01        0.01        0.01        0.01        0.01        0.01
  0.01        0.01        0.01        0.01        0.01        0.01        0.01
  0.01        0.01        0.01        0.01        0.01        0.01        0.01
  0.01        0.01        0.01        0.01        0.01        0.01        0.01
  0.01        0.01        0.01        0.01        0.01        0.01        0.01
  0.01        0.01        0.01        0.01        0.01        0.01        0.01
  0.01        0.01        0.01        0.01        0.01        0.01        0.01
  0.01        0.01        0.01        0.01        0.01        0.01        0.01
  0.01        0.01        0.01        0.01        0.01        0.01        0.01
  0.01        0.01        0.01        0.01        0.01        0.01        0.01
  0.01        0.01        0.01        0.01        0.01        0.01        0.01
  0.01        0.208       0.62729412  0.99223529  0.62729412  0.20411765
  0.01        0.01        0.01        0.01        0.01        0.01        0.01
  0.01        0.01        0.01        0.01        0.01        0.01        0.01
  0.01        0.19635294  0.934       0.98835294  0.98835294  0.98835294
  0.93011765  0.01        0.01        0.01        0.01        0.01        0.01
  0.01        0.01        0.01        0.01        0.01        0.01        0.01
  0.01        0.21964706  0.89129412  0.99223529  0.98835294  0.93788235
  0.91458824  0.98835294  0.23129412  0.03329412  0.01        0.01        0.01
```

이처럼 MNIST 데이터의 값들의 범위를 재조정함으로써, 데이터를 신경망의 학습 단계와 질의 단계에 적용할 준비가 되었습니다.

이제 신경망의 결과 값에 대해 생각해보겠습니다. 우리는 앞에서 결과 값이 활성화 함수가 출력할 수 있는 값의 범위 내에 있어야 한다고 배웠습니다. 우리가 이용할 로지스틱 함수는 −2.0이나 255 같은 값을 출력할 수 없습니다. 그 범위는 0.0 ~ 1.0 사이인데, 0.0과 1.0에는 무한히 접근만 할 뿐 실제 0.0이나 1.0이 될 수는 없습니다. 따라서 학습 시 우리의 결과 값의 범위를 조정해줘야 할 것 같습니다.

여기에서 좀 더 깊이 있는 의문을 가지게 됩니다. 결과 값은 어떻게 나와야 하는 걸까요? 정답의 이미지가 되어야 할까요? 그렇게 한다면 28 × 28 = 784 개의 출력 노드가 필요하다는 뜻인데 말입니다.

우리가 신경망에 바라는 점이 무엇인지 다시 한번 생각해봅시다. 우리가 바라는 바는 이미지를 분류해 정확한 레이블을 할당하는 것입니다. 레이블은 0 ~ 9까지 10개 숫자 중 하나입니다. 다시 말해 10개의 노드로 구성된 출력 계층이 필요하고, 각 노드는 가능한 결과 값, 즉 각 레이블에 해당할 것입니다. 만약 결과 값이 0이라면 첫 번째 노드가 활성화되고 나머지 노드들은 활성화되지 않을 것입니다. 만약 결과 값이 9라면 마지막 노드가 활성화되고 나머지 노드들은 활성화되지 않을 것입니다. 다음 그림은 이를 보여줍니다.

출력 계층	레이블	5에 대한 결과 예	0에 대한 결과 예	9에 대한 결과 예
0	0	0.00	0.95	0.02
1	1	0.00	0.00	0.00
2	2	0.01	0.01	0.01
3	3	0.00	0.01	0.01
4	4	0.01	0.02	0.40
5	5	0.99	0.00	0.01
6	6	0.00	0.00	0.01
7	7	0.00	0.00	0.00
8	8	0.02	0.00	0.01
9	9	0.01	0.02	0.86

그림에서 첫 번째 결과 예는 신경망이 숫자 5를 봤다고 판단합니다. 출력 계층에서 신호가 가장 큰 노드는 레이블 5에 해당하는 노드인 것을 볼 수 있습니다. 레이블은 0부터 시작되므로 레이블 5인 노드는 위치상으로 6번째 노드임을 기억하기 바랍니다. 나머지 노드들은 0에 가까운 작은 신호를 보이고 있습니다. 반올림을 했기 때문에 일부 신호가 0.00으로 표시되지만 사실 활성화 함수는 0이라는 출력 값을 가질 수 없음을 상기하기 바랍니다.

두 번째 예에서는 신경망이 숫자 0을 봤다고 판단합니다. 가장 큰 결과 값이 레이블 0을 가지는 첫 번째 출력 노드에 나옴을 볼 수 있습니다.

마지막 예는 좀 더 흥미로운 예입니다. 여기에서는 레이블 9인 마지막 노드에서 최대 신호를 출력합니다. 하지만 레이블 4 노드에도 상당한 출력 값이 보입니다. 보통 우리는 최대 신호에만 집중하지만 이 경우에는 신경망이 4일 가능성도 있다고 부분적으로 판단한 것입니다. 아마도 손글씨가 알아보기 어렵게 쓰여져 있는 것일까요? 신경망 작업을 하게 되면 이런 식의 불확실성이 종종 일어납니다. 이런 불확실성을 나쁘게 볼 것이 아니라 다른 답의 가능성에 대한 통찰력을 얻기 위한 유용한 신호로 생각해야 할 것입니다.

이제 이러한 아이디어를 결과 값 행렬로 구체화해보겠습니다. 만약 학습 데이터의 레이블이 5라면 우리는 결과 값 행렬을 만들 때 5에 상응하는 노드 외에는 작은 값을 가지도록 행렬을 구성할 필요가 있습니다. 말하자면 [0, 0, 0, 0, 0, 1, 0, 0, 0, 0]과 같이 말입니다.

하지만 앞에서 활성화 함수가 도달할 수 없는 0과 1이라는 값을 사용하게 되면 큰 값의 가중치를 통해 신경망이 포화된다는 사실을 배웠기 때문에 이 값을 조금 조정할 필요가 있습니다. 따라서 0.01 ~ 0.99 범위를 적용하면 레이블 5에 대한 결과 값은 [0.01, 0.01, 0.01, 0.01, 0.01, 0.99, 0.01, 0.01, 0.01, 0.01] 이 될 것입니다.

이를 파이썬 코드로 표현하면 다음과 같습니다.

```
# 출력 노드는 10 (예시)
onodes = 10
targets = numpy.zeros(onodes) + 0.01
targets[int(all_values[0])] = 0.99
```

주석을 제외하고 첫 번째 행에서는 출력 계층의 노드의 수를 10개로 설정합니다. 우리는 10개의 레이블을 가지기 때문입니다.

두 번째 행에서는 0으로 채워진 행렬을 생성하기 위해 `numpy.zeros()`라는 numpy 함수를 사용합니다. 이 함수는 매개변수로 행렬의 크기와 형태를 받습니다. 여기에서는 최종 출력 계층의 노드의 수를 의미하는 onodes 변수를 받아 행렬의 길이로 사용했습니다. 그리고 방금 언급한 대로 0 값을 피하기 위해 0.01을 더했습니다.

다음 행에서는 학습의 결과 레이블인 MNIST 레코드의 첫 번째 원소를 취한 다음 int() 함수를 이용해 그 문자열을 정수로 변환합니다. 레코드는 소스 파일로부터 숫자가 아니라 문자열로 읽어진다는 점을 기억할 겁니다. "0"의 레이블이 이 레이블에 대해 targets[]에 들어가야 할 정확한 인덱스인 정수 0으로 변환되므로 깔끔하게 표현이 가능합니다. 다른 예로 "9" 레이블은 정수 9로 변환되며 targets[9]는 실제로 그 배열의 마지막 원소가 될 것입니다. 변환이 이루어지면 결과 레이블을 이용해 결과 원소의 값을 0.99로 설정해줍니다.

아래 결과를 참고하기 바랍니다.

```
In [12]:  #output nodes is 10 (example)
          onodes = 10
          targets = numpy.zeros(onodes) + 0.01
          targets[int(all_values[0])] = 0.99

In [13]:  print(targets)

          [ 0.99  0.01  0.01  0.01  0.01  0.01  0.01  0.01  0.01  0.01]
```

학습과 질의를 위한 입력 값과 학습을 위한 출력 값의 준비를 완료했습니다.

이를 우리의 파이썬 코드에 업데이트합시다. 다음 코드는 지금까지의 내용을 모두 담고 있습니다. 이 코드는 물론 깃허브에서 볼 수도 있습니다. 파일명은 part2_neural_network_mnist_data.ipynb입니다. 하지만 깃허브에 있는 파일은 최종 완성 버전이므로 개발 중간 버전은 커밋 내역을 참고하기 바랍니다.

```
# 3계층의 신경망으로 MNIST 데이터를 학습하는 코드

import numpy
# 시그모이드 함수 expit() 사용을 위해 scipy.special 불러오기
```

```python
import scipy.special
# 행렬을 시각화하기 위한 라이브러리
import matplotlib.pyplot
# 시각화가 외부 윈도우가 아닌 현재의 노트북 내에서 보이도록 설정
%matplotlib inline

# 신경망 클래스의 정의
class neuralNetwork:
    # 신경망 초기화하기
    def __init__(self, inputnodes, hiddennodes, outputnodes, learningrate):
        # 입력, 은닉, 출력 계층의 노드 개수 설정
        self.inodes = inputnodes
        self.hnodes = hiddennodes
        self.onodes = outputnodes

        # 가중치 행렬 wih와 who
        # 배열 내 가중치는 w_i_j로 표기. 노드 i에서 다음 계층의 노드 j로 연결됨을 의미
        # w11 w21
        # w12 w22 등
        self.wih = numpy.random.normal(0.0, pow(self.hnodes, -0.5), (self.hnodes, self.inodes))
        self.who = numpy.random.normal(0.0, pow(self.onodes, -0.5), (self.onodes, self.hnodes))

        # 학습률
        self.lr = learningrate

        # 활성화 함수로는 시그모이드 함수를 이용
        self.activation_function = lambda x: scipy.special.expit(x)

        pass

    # 신경망 학습시키기
    def train(self, inputs_list, targets_list) :
        # 입력 리스트를 2차원의 행렬로 변환
        inputs = numpy.array(inputs_list, ndmin=2).T
        targets = numpy.array(targets_list, ndmin=2).T

        # 은닉 계층으로 들어오는 신호를 계산
```

```python
        hidden_inputs = numpy.dot(self.wih, inputs)
        # 은닉 계층에서 나가는 신호를 계산
        hidden_outputs = self.activation_function(hidden_inputs)

        # 최종 출력 계층으로 들어오는 신호를 계산
        final_inputs = numpy.dot(self.who, hidden_outputs)
        # 최종 출력 계층에서 나가는 신호를 계산
        final_outputs = self.activation_function(final_inputs)

        # 출력 계층의 오차는 (실제 값 - 계산 값)
        output_errors = targets - final_outputs
        # 은닉 계층의 오차는 가중치에 의해 나뉜 출력 계층의 오차들을 재조합해 계산
        hidden_errors = numpy.dot(self.who.T, output_errors)

        # 은닉 계층과 출력 계층 간의 가중치 업데이트
        self.who += self.lr * numpy.dot((output_errors * final_outputs * (1.0 -
final_outputs)), numpy.transpose(hidden_outputs))

        # 입력 계층과 은닉 계층 간의 가중치 업데이트
        self.wih += self.lr * numpy.dot((hidden_errors * hidden_outputs * (1.0 -
hidden_outputs)), numpy.transpose(inputs))

        pass

    # 신경망에 질의하기
    def query(self, inputs_list) :
        # 입력 리스트를 2차원 행렬로 변환
        inputs = numpy.array(inputs_list, ndmin=2).T

        # 은닉 계층으로 들어오는 신호를 계산
        hidden_inputs = numpy.dot(self.wih, inputs)
        # 은닉 계층에서 나가는 신호를 계산
        hidden_outputs = self.activation_function(hidden_inputs)

        # 최종 출력 계층으로 들어오는 신호를 계산
        final_inputs = numpy.dot(self.who, hidden_outputs)
        # 최종 출력 계층에서 나가는 신호를 계산
        final_outputs = self.activation_function(final_inputs)
```

```
    return final_outputs

# 입력, 은닉, 출력 노드의 수
input_nodes = 784
hidden_nodes = 100
output_nodes = 10

# 학습률은 0.3
learning_rate = 0.3

# 신경망의 인스턴스 생성
n = neuralNetwork(input_nodes, hidden_nodes, output_nodes, learning_rate)

# mnist 학습 데이터인 csv 파일을 리스트로 불러오기
training_data_file = open("mnist_dataset/mnist_train_100.csv", 'r')
training_data_list = training_data_file.readlines()
training_data_file.close()

# 신경망 학습시키기

# 학습 데이터 모음 내의 모든 레코드 탐색
for record in training_data_list:
    # 레코드를 쉼표에 의해 분리
    all_values = record.split(',')
    # 입력 값의 범위와 값 조정
    inputs = (numpy.asfarray(all_values[1:]) / 255.0 * 0.99) + 0.01
    # 결과 값 생성 (실제 값인 0.99 외에는 모두 0.01)
    targets = numpy.zeros(output_nodes) + 0.01
    # all_values[0]은 이 레코드에 대한 결과 값
    targets[int(all_values[0])] = 0.99
    n.train(inputs, targets)
    pass
```

시각화를 위한 라이브러리를 불러왔으며, 입력 계층, 은닉 계층, 출력 계층의 크기를 설정하고 MNIST 학습 데이터의 일부분의 데이터를 읽어서 이를 기반으로 신경망을 학습시켰습니다.[2]

784개의 입력 노드를 선택한 이유는 손글씨 숫자 이미지를 구성하는 픽셀이 28 × 28의 크기를 가지기 때문이었습니다.

100개의 은닉 노드를 선택한 이유에 과학적 근거가 있는 것은 아닙니다. 신경망은 입력 값에서 어떤 특징 또는 패턴을 찾아냅니다. 이러한 특징 또는 패턴은 입력 값의 수보다는 작은 형태로 표현되므로 일단 은닉 노드의 수는 784개보다 크지는 않을 것입니다. 즉 입력 값의 수보다 작은 값을 선택함으로써 신경망이 주요 특징을 찾아내는 것입니다. 하지만 만약 우리가 너무 적은 수의 은닉 계층 노드를 선택한다면 충분히 더 많은 특징과 패턴을 찾아낼 수도 있는 신경망의 능력을 우리 스스로가 제한시키는 것이 되고 맙니다. 즉 이 경우에는 MNIST 데이터에 대한 이해도를 표현할 능력을 제거하는 셈입니다. 출력 계층에서 10개의 레이블을 구분해야 하므로 10개의 출력 노드가 필요하다는 점을 고려하면 은닉 계층에 100개의 노드를 선택한 것은 합리적인 선택으로 보입니다.

다시 한번 강조합니다. 어떤 문제에 대해 은닉 노드를 몇 개로 해야 할지 결정하는 데 대한 완벽한 방법론은 존재하지 않습니다. 더 나아가 은닉 계층을 몇 개로 해야 하는지에 대해서도 정답은 없습니다. 현재로서 최선의 접근 방법은 우리가 해결해야 하는 문제에서 최적의 설정을 찾을 때까지 실험을 반복함으로써 그것을 찾아내는 것입니다.

신경망 테스트하기

비록 100개라는 작은 레코드이기는 하지만 우리는 신경망의 학습을 마쳤기 때문에 이제 신경망이 얼마나 잘 동작하는지 테스트를 할 때입니다. 테스트는 두 번째 데이터 모음인 테스트 데이터를 대상으로 이루어집니다.

테스트 레코드를 가져오는 코드는 학습 데이터를 가져올 때와 유사합니다.

---

2 하지만 결과를 출력하는 코드는 없으므로 눈으로 볼 수 있는 어떤 결과가 아직까지는 출력되지 않습니다.

```
# mnist 테스트 데이터인 csv 파일을 리스트로 불러오기
test_data_file = open("mnist_dataset/mnist_test_10.csv", 'r')
test_data_list = test_data_file.readlines()
test_data_file.close()
```

테스트 데이터는 학습 데이터와 동일한 구조를 가지므로 동일한 방식으로 데이터를 읽습니다.

테스트 레코드를 탐색하는 코드를 작성하기 전에 우선 테스트를 한 번 돌리면 어떤 일이 일어나는지 보겠습니다. 다음 그림에서는 테스트 데이터 모음의 첫 번째 레코드를 이용해 학습된 신경망에 질의하는 과정을 보여줍니다.

```
In [27]: # load the mnist test data CSV file into a list
         test_data_file = open("mnist_dataset/mnist_test_10.csv", 'r')
         test_data_list = test_data_file.readlines()
         test_data_file.close()

In [39]: # get the first test record
         all_values = test_data_list[0].split(',')
         # print the label
         print(all_values[0])

         7

In [40]: image_array = numpy.asfarray(all_values[1:]).reshape((28,28))
         matplotlib.pyplot.imshow(image_array, cmap='Greys', interpolation='None')

Out[40]: <matplotlib.image.AxesImage at 0x1090d4fd0>
```

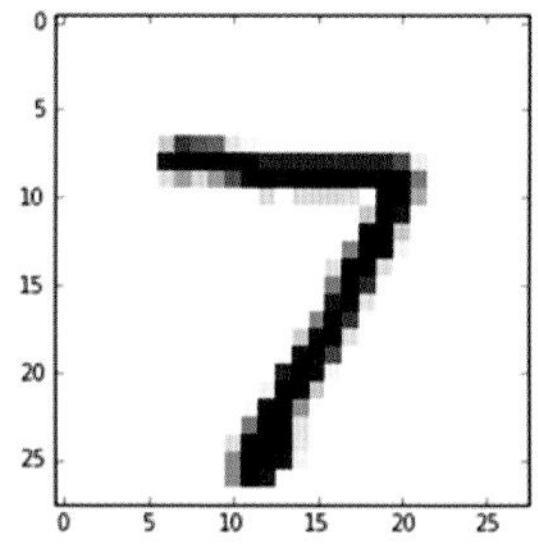


```
In [41]: n.query((numpy.asfarray(all_values[1:]) / 255.0 * 0.99) + 0.01)

Out[41]: array([[ 0.07652418],
                [ 0.01745079],
                [ 0.0054554 ],
                [ 0.07442751],
                [ 0.07348178],
                [ 0.01906993],
                [ 0.00938124],
                [ 0.7704694 ],
                [ 0.08000447],
                [ 0.05209131]])
```

테스트 데이터 모음의 첫 번째 레코드의 레이블은 7이라는 것을 볼 수 있습니다. 이것이 바로 우리가 신경망에 질의했을 때 얻고자 하는 답입니다.

픽셀 값들을 이미지로 시각화해보면 손글씨가 7이라는 사실도 우리의 눈으로 확인이 가능합니다.

학습된 신경망에 질의를 해 일련의 숫자들을 얻었고 이 숫자들은 각 출력 노드의 결과 값입니다. 유독 하나의 결과 값이 다른 값들보다 큰 값을 가졌고, 바로 이것이 레이블 7에 해당하는 결과 값입니다. 첫 번째 노드의 결과값은 레이블 0에 대응하므로 레이블 7에 해당하는 원소는 8번째 원소가 됩니다.

잘 작동하네요! 우리가 그동안 열심히 공부한 보람이 있습니다!

학습된 신경망에 우리가 질문한 것은 이미지에 적힌 숫자가 무엇이냐는 것입니다. 우리의 신경망은 기존에 이 이미지를 본 적이 없습니다. 이 이미지는 학습 데이터가 아니기 때문입니다. 그러므로 신경망은 이전에 본 적도 없는 손글씨 숫자를 정확히 분류해낸 것입니다.

우리는 단지 몇 줄의 파이썬 코드를 이용해, 흔히 사람들이 인공지능이라고 생각하는 스스로 학습하는 신경망을 만들어낸 것입니다. 여기에서는 사람의 손글씨 이미지를 인식하는 법을 스스로 학습한 것이죠.

우리가 전체 학습 데이터 모음 중 불과 일부만 학습시켰다는 점을 생각하면 이는 더더욱 인상적인 결과입니다. 학습 데이터 모음이 60,000개의 레코드로 구성되어 있다는 점을 기억할 겁니다. 그중에서 불과 100개 데이터만 학습시켰을 뿐입니다. 심지어 필자도 이 정도로 잘 동작할지 몰랐습니다!

이제 우리의 신경망이 나머지 테스트 데이터 모음에 대해서도 얼마나 잘 동작하는지 보기 위해 코드를 작성하겠습니다. 신경망을 개선하고자 하는 우리의 아이디어가 얼마나 잘 통했는지 보고, 또한 다른 사람들의 작업과 비교해보기 위해 우리 신경망의 성적을 기록해나가겠습니다.

코드를 먼저 보겠습니다.

```
# 신경망 테스트

# 신경망의 성능의 지표가 되는 성적표를 아무 값도 가지지 않도록 초기화
scorecard = []

# 테스트 데이터 모음 내의 모든 레코드 탐색
for record in test_data_list:
    # 레코드를 쉼표에 의해 분리
    all_values = record.split(',')
    # 정답은 첫 번째 값
    correct_label = int(all_values[0])
    print (correct_label, "correct label")
    # 입력 값의 범위와 값 조정
    inputs = (numpy.asfarray(all_values[1:]) / 255.0 * 0.99) + 0.01
    # 신경망에 질의
    outputs = n.query(inputs)
    # 가장 높은 값의 인덱스는 레이블의 인덱스와 일치
    label = numpy.argmax(outputs)
    print (label, "network's answer")
    # 정답 또는 오답을 리스트에 추가
    if (label == correct_label):
        # 정답인 경우 성적표에 1을 더함
        scorecard.append(1)
    else:
        # 정답이 아닌 경우 성적표에 0을 더함
        scorecard.append(0)
        pass
    pass
```

테스트 데이터 모음 내의 모든 레코드 간에 반복문을 돌리기 전에 scorecard라는 비어 있는 리스트를 생성합니다. 우리는 각 레코드를 돌 때마다 이 scorecard 리스트를 업데이트할 것입니다.

반복문의 내부를 봅시다. 우선 앞에서 했던 것과 동일하게 쉼표를 분리자로 삼아 텍스트 레코드를 분리합니다. 그리고 첫 번째 값을 정답으로 기록합니다. 나머지 값들에 대해서는 범위를 조정하여 신경망에 질의하기 적절하도록 가공합니다. 신경망에 질의해 받은 응답은 outputs라는 이름의 변수에 저장합니다.

그다음 코드가 흥미로운 부분입니다. 우리는 가장 큰 값을 가지는 출력 노드가 바로 신경망이 생각하는 답이라는 것을 알고 있습니다. 그 노드의 인덱스, 다시 말해 그 위치가 레이블과 일치한다는 것입니다. 다행히 numpy 에는 행렬 내에서 가장 큰 값을 찾아 그 위치를 알려주는 함수가 존재합니다. numpy.argmax()가 그것입니다. 자세한 사용법은 구글에서 함수명으로 검색해 공식 문서를 참고하는 것도 좋습니다. 만약 이 함수가 0을 반환하면 신경망이 생각하는 답은 0이라는 의미가 됩니다.

코드의 하단에서는 신경망이 답이라고 생각하는 레이블과 정답 레이블을 비교합니다. 만약 같으면 성적표에 1을 추가해주고, 다르면 0을 추가합니다.

정보를 화면에 보여주기 위해 print() 명령을 코드에 포함했습니다. 이를 통해 정답 레이블과 신경망이 예측한 레이블을 비교해볼 수 있습니다. 다음 그림은 이 과정을 통한 결과 및 print(scorecard)로 최종 성적표를 출력한 화면입니다.

```
       7 correct label
       7 network's answer
       2 correct label
       0 network's answer
       1 correct label
       1 network's answer
       0 correct label
       0 network's answer
       4 correct label
       4 network's answer
       1 correct label
       1 network's answer
       4 correct label
       4 network's answer
       9 correct label
       4 network's answer
       5 correct label
       4 network's answer
       9 correct label
       7 network's answer

In [49]: print(scorecard)

       [1, 0, 1, 1, 1, 1, 1, 0, 0, 0]
```

이번에는 그다지 인상적인 결과가 보이지 않습니다. 잘못 예측한 경우가 꽤 많이 발생했다는 것을 알 수 있습니다. 최종 성적표에 의하면 우리의 신경망은 10개 중 6개에 대해 정확히 예측했다는 것을 볼 수 있습니다. 60점이네요. 실망할 필요는 없습니다. 우리가 이용한 작은 학습 데이터 모음을 고려하면 그다지 나쁜 결과도 아닙니다.

성적을 보기 좋게 하나의 숫자로 나타내기 위해 다음 코드를 추가해보겠습니다.

```
# 정답의 비율인 성적을 계산해 출력
scorecard_array = numpy.asarray(scorecard)
print ("performance = ", scorecard_array.sum() / scorecard_array.size)
```

정답의 비율을 실수로 표현하기 위해 간단한 계산을 수행한 것입니다. scorecard의 값들을 모두 더한 다음에 이를 목록의 총 개수, 즉 scorecard의 크기로 나누어줌으로써 성적을 실수로 표현한 것입니다.[3]

결과는 다음과 같습니다.

```
In [49]:  print(scorecard)

          [1, 0, 1, 1, 1, 1, 1, 0, 0, 0]

In [59]:  # calculate the performance score, the fraction of correct answers
          scorecard_array = numpy.asarray(scorecard)
          print ("performance = ", scorecard_array.sum() / scorecard_array.size)

          performance =  0.6
```

예상대로 우리의 성적은 0.6, 즉 60%의 정확도를 나타냅니다.[4]

---

3 파이썬 2.x 버전에서는 print 문에서 괄호를 빼는 것 외에도 다음과 같이 일부 수정이 필요합니다. print "performance =", float(scorecard_array.sum()) / scorecard_array.size

4 뒤에서 저자도 언급하지만, 임의의 값으로 가중치를 초기화하므로 실행할 때마다 정확도의 수치는 약간씩 차이가 나는 게 정상입니다.

전체 데이터를 이용해 학습 및 테스트하기

신경망의 성능을 테스트하기 위해 방금 작성한 코드들을 우리의 메인 프로그램에 추가하겠습니다.

이제부터는 60,000개의 레코드를 가지는 전체 학습 데이터 모음과 10,000개의 레코드를 가지는 전체 테스트 데이터 모음에 접근하기 위해 코드 내의 파일명을 변경해야 합니다. 이번 장 맨 앞 주소를 참고해 다운로드한 mnist_train.csv와 mnist_test.csv 파일을 IPython 노트북 폴더 아래 mnist_dataset 폴더로 옮겨둬야 합니다. 이제부터 정말 실전입니다!

구체적으로는 다음 두 부분에서 각각 _100과 _10을 빼서 파일명을 바꿔주면 됩니다.

- training_data_file = open("mnist_dataset/mnist_train_100.csv", 'r')
- test_data_file = open("mnist_dataset/mnist_test_10.csv", 'r')

우리의 3계층 신경망을 60,000개의 학습 데이터에 학습시키고 10,000개의 레코드에 대해 테스트해보니 필자의 경우 0.9473이라는 성적표를 받았습니다. 매우 훌륭한 결과입니다. 거의 95%의 정확도를 보인 것입니다!

```
In [72]:  # calculate the performance score, the fraction of correct answers
          scorecard_array = numpy.asarray(scorecard)
          print ("performance = ", scorecard_array.sum() / scorecard_array.size)

          performance =  0.9473
```

http://yann.lecun.com/exdb/mnist/에서 우리의 성적을 비교해보는 것도 의미가 있을 것입니다. 우리의 성적은 일부 과거에 있었던 벤치마크보다 뛰어나며 약 95.3%의 정확도를 가지는 단순한 신경망과 거의 유사한 성능을 보이고 있음을 확인할 수 있습니다.

훌륭한 결과입니다. 우리가 생애 첫 번째로 만든 간단한 신경망의 성능이 전문적인 신경망 연구원들이 달성한 결과와 큰 차이가 나지 않는다는 점에 기뻐할 만합니다.

이 코드를 수행하는 데 여러분의 컴퓨터에서는 어느 정도 시간이 소요되었는지요? 60,000개의 학습 데이터가 784개의 입력 노드와 100개의 은닉 노드를 거쳐 전파되고 오차에 의한 역전파가 일어나면서 가중치가 업데이트되는 작업은 아무리 첨단 PC라 하더라도 단숨에 할 수 있는 작업은 아닙니다. 필자의 노트북의 경우에는 학습을 마치는 데 약 2분이 소요되었습니다. 각자의 PC 성능에 따라 다소 차이가 날 것입니다.

학습률 변경을 통한 신경망의 개선

우리는 간단한 아이디어와 단순한 파이썬 코드를 통해 첫 번째 신경망을 구축함으로써 MNIST 데이터에 대해 약 95%의 정확도를 달성했습니다. 이는 충분히 훌륭한 결과이며 이 정도로 만족할 수도 있을 것입니다.

하지만 우리가 좀 더 개선을 할 여지가 있을지 보겠습니다.

가장 먼저 시도할 수 있는 개선은 학습률을 조정해보는 것입니다. 우리는 다양한 값으로 실험을 해보지도 않고 그냥 0.3이라는 학습률을 이용했습니다.

이번에는 0.6이라는 학습률을 적용해 전반적인 신경망의 학습에 도움이 될지 해가 될 지 보겠습니다. 코드를 돌려보니 0.9047의 정확도를 얻었습니다. 이전보다 못한 결과입니다. 큰 학습률에 의해 경사 하강 과정에서 오버슈팅이 일어나면서 튕김 현상이 발생하는 것 같습니다.

이번에는 학습률 0.1을 적용해보겠습니다. 정확도는 0.9523으로 나옵니다. 이는 얀 르쿤 교수의 웹사이트에서 1,000개의 은닉 노드를 이용한 신경망의 성능과 유사한 결과입니다. 우리는 훨씬 더 작은 신경망으로 이 정도의 정확도를 구현한 것입니다!

학습률을 더 작은 값으로 해서 0.01로 설정하면 어떤 일이 일어날까요? 성능은 0.9241로 썩 훌륭하지는 않습니다. 너무 작은 학습률을 취하는 것도 해가 될 수 있는 것 같습니다. 너무 작은 학습률은 경사 하강의 속도를 제한해 너무 작은 걸음을 걷는 셈이 되므로 직관적으로도 이해가 됩니다.

다음 그림에서는 이러한 결과의 그래프를 나타내고 있습니다. 비록 우리가 충분한 횟수의 실험을 하지는 않았기 때문에 과학적인 접근 방식은 아니지만, 학습률에 최적의 값이 존재한다는 개념을 이해하기에는 충분한 그래프로 보입니다.

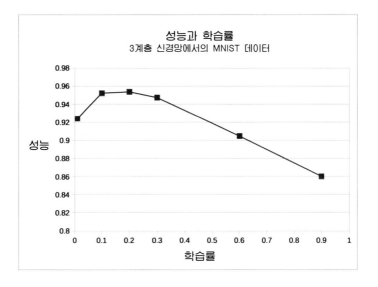

그래프를 보면 0.1 ~ 0.3의 학습률을 가질 때 좋은 성능을 보입니다. 0.2의 학습률을 적용해보면 성능은 0.9537로 나왔습니다. 학습률이 0.1일 때나 0.3일 때보다 조금 더 좋은 결과입니다. 이런 식으로 어떤 일이 일어나고 있는지에 대한 감을 잡기 위해 그래프를 그려보는 것은 좋은 접근 방식입니다. 숫자를 보는 것보다 그림을 보는 것이 우리의 이해를 높이는 지름길입니다.

이제 우리는 학습률을 0.2로 고정하겠습니다. 0.2의 학습률이 우리의 신경망을 MNIST 데이터 모음에 적용하기 위한 최적의 학습률로 판단되기 때문입니다.

한 가지 참고로 말하면 여러분이 코드를 실행하게 되면 그 결과 값이 필자가 한 것과는 조금 차이가 날 것이라는 사실입니다. 이는 전체 프로세스가 임의의 요소를 포함하기 때문입니다. 즉 가중치가 임의의 값으로 초기화되므로 실행할 때마다 조금씩 다른 값을 가지게 됩니다. 이에 따라 경사 하강법에서도 다른 경로를 택하게 되기 때문입니다.

여러 번 수행을 통한 신경망의 개선

우리는 데이터 모음에 대해 학습을 여러 번 반복함으로써 신경망의 성능을 개선할 수 있습니다. 한 번의 수행을 **주기**epoch라고 합니다. 10번의 주기로 학습한다는 것은 전체 학습 데이터 모음에 대해 학습을 10번 반복하는 것이라는 의미입니다. 왜 이런 반복을 해야 할까요? 이를 우리의 컴퓨터에서 작업하려면 10분, 20분, 심지어 30분 이상까지 소요될 수 있는데도 말입니다. 이러한 반복 작업이 가치가 있는 이유는 경사 하강법에 의해 가중치의 값이 업데이트되는 과정에서 더 많은 가능성을 제공해주기 때문입니다.

2번의 주기로 시도를 해보겠습니다. 주기가 들어가면 학습 관련 코드에 추가로 반복문을 넣어야 하므로 코드에 일부 변경이 생기게 됩니다. 다음 코드에는 새로 추가된 반복문 부분만 파란색으로 표시해 쉽게 구분할 수 있게 했습니다.

```
# 신경망 학습시키기

# 주기(epoch)란 학습 데이터가 학습을 위해 사용되는 횟수를 의미
epochs = 2

for e in range(epochs):
    # 학습 데이터 모음 내의 모든 레코드 탐색
    for record in training_data_list:
        # 레코드를 쉼표에 의해 분리
        all_values = record.split(',')
        # 입력 값의 범위와 값 조정
        inputs = (numpy.asfarray(all_values[1:]) / 255.0 * 0.99) + 0.01
```

```
# 결과 값 생성 (실제 값인 0.99 외에는 모두 0.01)
targets = numpy.zeros(output_nodes) + 0.01
# all_values[0]은 이 레코드에 대한 결과 값
targets[int(all_values[0])] = 0.99
n.train(inputs, targets)
pass
pass
```

2번의 주기를 실행한 결과, 성능이 0.9579로 조금 더 개선되었습니다.

학습률과 마찬가지로 주기에 대해서도 실험을 통해 그래프를 그려보겠습니다. 직관적으로 생각하면 학습을 많이 하면 할수록 좋은 성능을 얻을 것 같습니다. 하지만 여러분 중 일부는 너무 학습을 많이 하면 신경망이 학습 데이터에 **오버피팅(과적합)**^{overfitting}되어 이전에 보지 못한 신규 데이터에 대해서는 성능이 오히려 떨어지므로, 지나친 학습은 좋지 않다는 것을 이미 알고 있을 것입니다. 이러한 오버피팅은 신경망에서뿐 아니라 머신러닝의 다양한 분야에서 세심한 주의를 기울여야 하는 특성 중 하나입니다.

실험을 통한 결과 그래프는 다음과 같습니다.

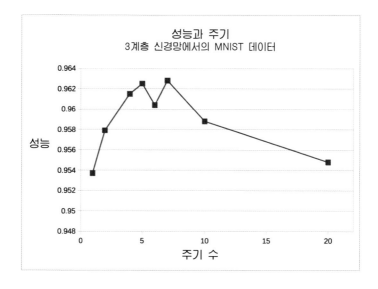

그래프를 보니 결과가 그리 예측 가능하게 나타나지는 않는 것 같습니다. 5 ~ 7 주기 사이에 최적의 주기가 존재하는 것으로 보입니다. 7주기 이후에는 성능이 떨어지는데 이는 아마 오버피팅의 영향 같습니다. 주기가 6일 때 성능이 확 떨어진 것으로 보아 신경망이 경사 하강법의 과정에서 잘못된 최저점에 빠져버린 것 같습니다. 신경망의 학습 과정에는 본질적으로 임의의 요소가 들어가므로 예상치 못한 결과가 종종 발생합니다. 우리는 이러한 안 좋은 결과를 줄여주기 위해 충분한 실험을 하지 않은 상태이기 때문에 사실 필자는 결과 값에 훨씬 더 많은 안 좋은 결과가 나타날 것으로 예상했었습니다. 주기 6 정도에서만 이런 현상이 일어났는데, 이처럼 신경망의 학습의 중심에는 임의의 요소가 있으므로 종종 우리의 생각대로 동작하지 않는다는 점, 심지어 매우 엉망으로 동작하기도 한다는 점을 반드시 염두에 두기 바랍니다.

또 한 가지 의심해볼 수 있는 점은 어쩌면 큰 주기에 대해서는 학습률이 너무 큰 것은 아닐까 하는 점입니다. 이번에는 학습률을 0.2에서 0.1로 줄여서 다시 실험을 한 결과를 보겠습니다.

학습률이 0.2일 때 그리고 주기 7에서 최고 성능은 0.9628, 즉 96.28%로 나타났습니다.

두 개의 다른 학습률에 대해서 주기별 성능이 어떻게 나타나는지 다음 그래프를 보겠습니다.

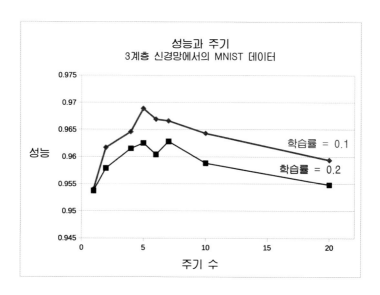

학습률을 낮춰줌으로써 주기 수가 늘어남에 따라 실제로 더 나은 성능을 보인다는 점을 확인할 수 있습니다. 최고치인 0.9689는 오차율이 약 3% 수준이라는 것인데, 이는 얀 르쿤 교수의 웹사이트에 있는 그 어떤 벤치마크 결과와도 대적할 만한 수준의 결과라고 할 수 있습니다.

직관적으로 생각해봐도 더 오랜 시간(더 큰 주기) 경사 하강을 탐색하게 되면 한 걸음을 좀 더 작게(작은 학습률) 내딛더라도 전반적으로 보다 좋은 경로를 찾을 수 있다는 것이 이해가 됩니다. 우리의 신경망을 MNIST의 학습에 적용할 때는 주기 5가 최적의 주기로 보입니다. 다시 한번 말하지만 이러한 방식은 과학적인 방식은 아닙니다. 제대로 하기 위해서는 각각의 학습률과 주기의 다양한 조합에 대해 여러 번 실험을 함으로써 경사 하강법에 내재되어 있는 임의적 요소의 효과를 최소화해야 합니다.

신경망 구조 변경하기

신경망을 개선하는 또 한 가지 방법은 신경망의 구조를 변경하는 것입니다. 중간에 있는 은닉 계층의 노드의 수를 변경해보겠습니다. 그동안 너무 오랫동안

100개의 노드에 집착했네요!

은닉 노드의 수를 변경하기에 앞서 이를 변경하면 어떤 일이 벌어질지 생각해보겠습니다. 은닉 계층은 학습이 일어나는 계층입니다. 기억하겠지만 입력 노드는 그저 입력 신호를 가져올 뿐이며 출력 노드는 신경망이 제시하는 답을 출력할 뿐입니다. 입력 값이 답을 낼 수 있도록 학습하는 부분이 바로 은닉 계층입니다. 학습이 실제로 발생하는 곳이라는 말입니다. 물론 실제로 학습을 하는 것은 은닉 노드 앞뒤에 존재하는 연결 노드의 가중치입니다만 설명의 의도는 이해했으리라 믿습니다.

만약 너무 적은 수의 은닉 노드, 예를 들어 3개의 은닉 노드를 가진다면 학습을 할 공간이 부족해 학습을 진행할 수 없게 됩니다. 3개의 좌석을 가지는 자동차에 10명을 태우려고 하는 셈인 것입니다. 컴퓨터 과학자들은 이러한 제한을 **학습 용량**learning capacity이라고 합니다. 우리의 신경망은 학습 용량 이상을 학습할 수 없습니다. 하지만 다행히도 우리는 자동차, 즉 신경망의 구조를 변경함으로써 학습 용량을 늘려줄 수 있습니다.

만약 10,000개의 은닉 노드를 가진다면 어떨까요? 학습 용량이 부족한 일은 발생하지 않겠지만 학습이 진행되기에 너무나도 많은 선택지가 있어 신경망이 학습하기가 어려워 집니다. 이런 신경망을 학습시키려면 수만 번의 주기를 돌려야 할 것입니다.

몇 가지 실험을 한 결과를 살펴보겠습니다.

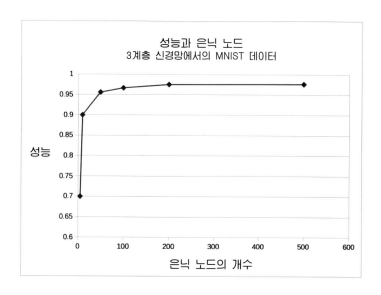

은닉 노드의 개수가 매우 작을 때에는 그 결과가 그다지 좋지 않음을 볼 수 있습니다. 이는 우리가 예상했던 그대로입니다. 은닉 노드가 5개일 때 성능은 0.7001입니다. 학습 용량이 이렇게 작음에도 불구하고 70%의 정확도를 보인다는 점은 놀랍습니다. 은닉 노드가 10개일 때에는 0.8998의 정확도를 보이는데 이 역시 인상적인 결과입니다. 우리가 지금까지 진행해 온 100개의 노드 수와 비교할 때 불과 1/10에 불과한 노드로 신경망의 성능이 거의 90%에 가깝게 나오니 말입니다.

이러한 결과는 놀랍습니다. 신경망은 이처럼 몇 개 안 되는 은닉 노드를 가지더라도 (즉 학습 용량이 제한됨에도) 매우 훌륭한 결과를 보입니다. 신경망의 위력을 실감할 수 있는 대목입니다.

은닉 노드의 수를 늘려감에 따라 결과가 개선되기는 하지만, 급속도로 좋아지지는 않습니다. 은닉 노드가 늘어난다는 것은 직전 계층과 직후 계층에 있는 모든 노드들의 연결에 영향을 줌으로써 수많은 연산이 추가적으로 필요하게 된다는 뜻이고 따라서 신경망을 학습시키는 데 소요되는 시간도 크게 늘어나게 됩니다. 그러므로 우리는 감당할 수 있는 수준의 시간을 고려해 은닉 노드의 개수를 선택해야 합니다. 필자의 컴퓨터에서 적절한 노드의 개수는 200개였습니다. 물론 여러분의 컴퓨터에서는 다소 차이가 있을 수 있습니다.[5]

이제 우리는 200개의 은닉 노드에서 0.9751이라는 정확도를 얻었습니다. 500개의 은닉 노드를 사용하면 정확도는 0.9762까지 올라갑니다. 충분히 경쟁력 있는 결과를 얻은 것입니다.

앞의 그래프들을 다시 한번 보면, 신경망의 구조를 변경함으로써 이전 그래프에서는 한계로 보였던 95%의 정확도를 단숨에 돌파했다는 확인할 수 있습니다.

마치며

우리는 간단한 개념과 길지 않은 파이썬 코드만을 이용해 신경망의 구축에 성공했습니다.

비록 대단한 수학적 마법을 이용하지 않았지만 우리가 만든 신경망은 성능이 꽤 좋다는 것도 확인을 했습니다. 학계나 연구소에서 만든 신경망에 비교하더라도 충분히 좋은 성능을 보인 것입니다.

이 책의 3부는 추가적으로 흥미로운 아이디어들을 담고 있지만, 3부를 공부하기 전이라도 이미 구축한 신경망을 이용해 다양한 실험을 해보기 바랍니다. 은닉 노드의 숫자를 변경하거나 데이터의 범위를 다르게 변경하거나, 심지어 다른 활성화 함수를 이용함으로써 어떤 일이 일어나는지 살펴보기 바랍니다.

끝으로 최종 코드를 다음과 같이 정리했으니 참고하기 바랍니다. 최종 정확도만 결과로 출력합니다. 물론 깃허브에서도 코드를 볼 수 있습니다.

---

5 이처럼 은닉 노드의 최적의 개수는 다양한 실험을 통해 결정하게 됩니다. 이렇게 경험이나 실험을 통해 결정하는 값을 하이퍼파라미터(hyperparameter)라고 합니다. 초매개변수라고도 합니다. 은닉 노드의 개수, 학습률 등이 대표적인 하이퍼파라미터입니다.

```
# 3계층의 신경망으로 MNIST 데이터를 학습하는 코드

import numpy
# 시그모이드 함수 expit() 사용을 위해 scipy.special 불러오기
import scipy.special
# 행렬을 시각화하기 위한 라이브러리
import matplotlib.pyplot
# 시각화가 외부 윈도우가 아닌 현재의 노트북 내에서 보이도록 설정
%matplotlib inline

# 신경망 클래스의 정의
class neuralNetwork:
    # 신경망 초기화하기
    def __init__(self, inputnodes, hiddennodes, outputnodes, learningrate):
        # 입력, 은닉, 출력 계층의 노드 개수 설정
        self.inodes = inputnodes
        self.hnodes = hiddennodes
        self.onodes = outputnodes

        # 가중치 행렬 wih와 who
        # 배열 내 가중치는 w_i_j로 표기. 노드 i에서 다음 계층의 노드 j로 연결됨을 의미
        # w11 w21
        # w12 w22 등
        self.wih = numpy.random.normal(0.0, pow(self.hnodes, -0.5), (self.hnodes, self.
inodes))
        self.who = numpy.random.normal(0.0, pow(self.onodes, -0.5), (self.onodes, self.
hnodes))

        # 학습률
        self.lr = learningrate

        # 활성화 함수로는 시그모이드 함수를 이용
        self.activation_function = lambda x: scipy.special.expit(x)

        pass

    # 신경망 학습시키기
    def train(self, inputs_list, targets_list) :
        # 입력 리스트를 2차원의 행렬로 변환
```

```python
        inputs = numpy.array(inputs_list, ndmin=2).T
        targets = numpy.array(targets_list, ndmin=2).T

        # 은닉 계층으로 들어오는 신호를 계산
        hidden_inputs = numpy.dot(self.wih, inputs)
        # 은닉 계층에서 나가는 신호를 계산
        hidden_outputs = self.activation_function(hidden_inputs)

        # 최종 출력 계층으로 들어오는 신호를 계산
        final_inputs = numpy.dot(self.who, hidden_outputs)
        # 최종 출력 계층에서 나가는 신호를 계산
        final_outputs = self.activation_function(final_inputs)

        # 출력 계층의 오차는 (실제 값 - 계산 값)
        output_errors = targets - final_outputs
        # 은닉 계층의 오차는 가중치에 의해 나뉜 출력 계층의 오차들을 재조합해 계산
        hidden_errors = numpy.dot(self.who.T, output_errors)

        # 은닉 계층과 출력 계층 간의 가중치 업데이트
        self.who += self.lr * numpy.dot((output_errors * final_outputs * (1.0 -
final_outputs)), numpy.transpose(hidden_outputs))

        # 입력 계층과 은닉 계층 간의 가중치 업데이트
        self.wih += self.lr * numpy.dot((hidden_errors * hidden_outputs * (1.0 -
hidden_outputs)), numpy.transpose(inputs))

        pass

    # 신경망에 질의하기
    def query(self, inputs_list) :
        # 입력 리스트를 2차원 행렬로 변환
        inputs = numpy.array(inputs_list, ndmin=2).T

        # 은닉 계층으로 들어오는 신호를 계산
        hidden_inputs = numpy.dot(self.wih, inputs)
        # 은닉 계층에서 나가는 신호를 계산
        hidden_outputs = self.activation_function(hidden_inputs)

        # 최종 출력 계층으로 들어오는 신호를 계산
        final_inputs = numpy.dot(self.who, hidden_outputs)
```

```python
        # 최종 출력 계층에서 나가는 신호를 계산
        final_outputs = self.activation_function(final_inputs)

        return final_outputs

# 입력, 은닉, 출력 노드의 수
input_nodes = 784
hidden_nodes = 200
output_nodes = 10

# 학습률
learning_rate = 0.1

# 신경망의 인스턴스 생성
n = neuralNetwork(input_nodes, hidden_nodes, output_nodes, learning_rate)

# mnist 학습 데이터인 csv 파일을 리스트로 불러오기
training_data_file = open("mnist_dataset/mnist_train.csv", 'r')
training_data_list = training_data_file.readlines()
training_data_file.close()

# 신경망 학습시키기

# 주기(epoch)란 학습 데이터가 학습을 위해 사용되는 횟수를 의미
epochs = 5

for e in range(epochs):
    # 학습 데이터 모음 내의 모든 레코드 탐색
    for record in training_data_list:
        # 레코드를 쉼표에 의해 분리
        all_values = record.split(',')
        # 입력 값의 범위와 값 조정
        inputs = (numpy.asfarray(all_values[1:]) / 255.0 * 0.99) + 0.01
        # 결과 값 생성 (실제 값인 0.99 외에는 모두 0.01)
        targets = numpy.zeros(output_nodes) + 0.01
        # all_values[0]은 이 레코드에 대한 결과 값
        targets[int(all_values[0])] = 0.99
        n.train(inputs, targets)
        pass
    pass
```

```python
# mnist 테스트 데이터인 csv 파일을 리스트로 불러오기
test_data_file = open("mnist_dataset/mnist_test.csv", 'r')
test_data_list = test_data_file.readlines()
test_data_file.close()


# 신경망 테스트하기

# 신경망의 성능의 지표가 되는 성적표를 아무 값도 가지지 않도록 초기화
scorecard = []

# 테스트 데이터 모음 내의 모든 레코드 탐색
for record in test_data_list:
    # 레코드를 쉼표에 의해 분리
    all_values = record.split(',')
    # 정답은 첫 번째 값
    correct_label = int(all_values[0])
    # 입력 값의 범위와 값 조정
    inputs = (numpy.asfarray(all_values[1:]) / 255.0 * 0.99) + 0.01
    # 신경망에 질의
    outputs = n.query(inputs)
    # 가장 높은 값의 인덱스는 레이블의 인덱스와 일치
    label = numpy.argmax(outputs)
    # 정답 또는 오답을 리스트에 추가
    if (label == correct_label):
        # 정답인 경우 성적표에 1을 더함
        scorecard.append(1)
    else:
        # 정답이 아닌 경우 성적표에 0을 더함
        scorecard.append(0)
        pass
    pass


# 정답의 비율인 성적을 계산해 출력
scorecard_array = numpy.asarray(scorecard)
print ("performance = ", scorecard_array.sum() / scorecard_array.size)
```

## PART 3

더 재미있는 것들

3부에서는 흥미로운 몇 가지 아이디어를 탐사해보겠습니다. 신경망의 이해에서 필수 요소는 아니므로 모든 것을 이해해야 한다는 강박관념은 가지지 않아도 됩니다.

3부는 조금 더 심도 있는 이해를 원하는 분들을 위한 내용을 담고 있으므로 진도가 다소 빠를 것입니다. 하지만 여전히 편안하고 상세한 설명으로 여러분의 이해를 돕겠습니다.

## CHAPTER 22

나만의 손글씨 데이터

지금까지 우리는 MNIST에서 제공되는 손글씨 숫자 이미지를 사용했습니다. 이번에는 우리가 직접 만든 손글씨를 이용해보는 것이 어떨까요?

이 실험에서는 직접 만든 손글씨를 이용해 테스트 데이터를 만들어보겠습니다. 우리의 신경망이 얼마나 잘 대처하는지 보기 위해 다양한 스타일의 이미지, 노이즈가 끼거나 흔들린 이미지 등 다양한 시도를 해보겠습니다.

선호하는 이미지 편집기나 소프트웨어를 이용해 이미지를 만들면 됩니다. 굳이 비싼 비용을 주고 포토샵을 사용할 필요 없습니다. 포토샵 대용으로 윈도우, 맥, 리눅스 등 다양한 운영체제에서 돌아가는 무료의 오픈소스 소프트웨어인 김프 GIMP를 활용해도 됩니다. 아니면 그냥 종이에 펜으로 숫자를 쓴 다음에 이를 스마트폰이나 카메라로 찍거나 스캐너를 이용해 스캔을 떠서 활용해도 됩니다. 다만 여러분이 준수해야 할 사항은 이미지가 정사각형으로 폭과 길이가 같아야 한다는 점과 파일 포맷을 PNG로 해야 한다는 점입니다. 일반적으로 파일을 저장할 때 **파일 > 다른 이름으로 저장** 또는 **파일 > 내보내기** 메뉴를 이용해서 다른 포맷으로 저장하는 것이 가능합니다.

필자는 다음과 같이 몇 개의 이미지를 만들어봤습니다.

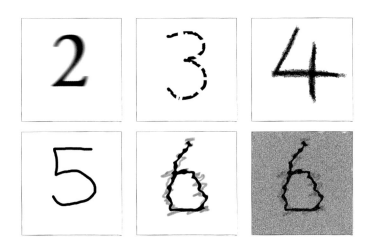

5는 필자가 직접 손으로 쓴 숫자입니다. 4는 마커 대신 분필을 이용해 쓴 숫자입니다. 3도 필자가 직접 쓴 숫자입니다만 의도적으로 선의 중간 중간을 제거했습니다. 2는 전형적인 신문이나 책의 폰트인데 의도적으로 흐릿하게 처리했습니다. 첫 번째 6은 마치 물에 비치는 것처럼 의도적으로 흔들림 처리를 했습니다. 마지막 6은 이와 동일한 스타일이지만 노이즈를 줌으로써 우리의 신경망이 이를 정확히 분류하기 어렵도록 처리했습니다.

기억해야 할 점이 한 가지 있습니다. 과학자들은 인간의 뇌가 손상을 겪은 후에도 꽤 잘 동작하는 능력을 가지고 있다는 점에 주목합니다. 이로부터 추론해보면 신경망도 학습한 내용을 연결 노드의 가중치를 통해 전파하므로, 손상을 좀 겪더라도 꽤 잘 동작할 수 있지 않을까라는 느낌을 받게 됩니다. 심지어 입력 이미지가 손상되었거나 불완전하더라도 상당히 잘 동작할지 모른다는 암시가 있는 것입니다. 이러한 추론이 사실이라면 대단한 능력입니다. 우리는 이런 점을 위의 3과 같은 불완전한 형태를 가지는 숫자에 대해 테스트해보고자 하는 것입니다.

지금까지 사용했던 MNIST 데이터와 맞춰주기 위해 PNG 이미지를 28×28 픽셀에 맞춰 조정해야 합니다. 이는 이미지 편집기를 통해 수행하도록 합니다.

파이썬 라이브러리를 이용하면 PNG 등 일반적인 포맷을 가지는 이미지 파일을 어렵지 않게 읽어와서 디코딩할 수 있습니다. 다음의 코드[1]를 보기 바랍니다.

```
import scipy.misc
img_array = scipy.misc.imread(image_file_name, flatten=True)


img_data  =  255.0 - img_array.reshape(784)
img_data = (img_data / 255.0 * 0.99) + 0.01
```

scipy.misc.imread() 함수는 PNG나 JPG 같은 이미지 파일로부터 데이터를 읽습니다. 이 함수를 사용하기 위해서는 import scipy.misc로 해당 라이브러리를 불러와야 합니다. flatten=True 매개변수는 이미지를 실수의 배열로 변환합니다. 만약 이미지가 색상을 가지고 있으면 이 색상 값을 우리가 원하는 회색 스케일로 변환해줍니다.

다음 행에서는 신경망에 입력 값으로 전달하기에 적당한 형태로 변환하기 위해 28 × 28의 배열을 한 줄의 값들로 형태를 변환해줍니다. 이런 식의 차원 변환은 앞에서도 몇 차례 본 바 있지만, 조금 다른 점은 255.0으로부터 행렬의 값들을 빼준다는 것입니다. 그 이유는 관행적으로 0은 검은색을, 255는 흰색을 의미하지만 MNIST 데이터 모음은 이와 반대로 구성되어 있기 때문입니다. 따라서 MNIST에 맞춰주기 위해 값을 변경해주는 것입니다.

마지막 행은 앞에서도 본 익숙한 코드로, 데이터의 값들의 범위를 0.01 ~ 1.0 사이로 조정하는 코드입니다.

PNG 파일을 읽어오는 코드는 깃허브에도 올라가 있습니다. 파일명은 part3_load_own_images.ipynb입니다.

---

1 위 코드는 완전한 코드가 아니라 예시입니다. 몇 가지만 쉽게 설명하자면 먼저 image_file_name이라는 변수가 정의되어 있지 않기 때문에 이를 실제 경로를 포함해 자신의 이미지 파일의 이름으로 변경해줘야 합니다. 예를 들어 img_array = scipy.misc.imread("mnist_dataset/6.png", flatten=True) 같은 식으로 말입니다. 두 번째로 AttributeError: 'module' object has no attribute 'imread'라는 에러가 발생한다면 이는 Pillow 같은 모듈이 설치되어 있지 않기 때문입니다. 이를 해결하려면 pip install Pillow 등으로 해당 모듈을 설치해야합니다. 새로운 모듈을 설치한 후에는 IPython을 다시 실행해야 적용됩니다.

학습은 MNIST 학습 데이터 모음을 이용해 진행하지만 테스트는 MNIST 테스트 세트가 아니라 우리가 직접 만든 이미지를 이용해 진행하므로 이를 위한 프로그램을 작성해야 합니다. 이 코드 역시 깃허브에 올려됐습니다. 파일명은 part3_neural_network_mnist_and_own_data.ipynb입니다.[2]

코드를 실행해보면 잘 동작하나요? 그렇습니다. 잘 동작합니다! 필자의 이미지로 테스트한 결과를 아래에 요약해봤습니다.

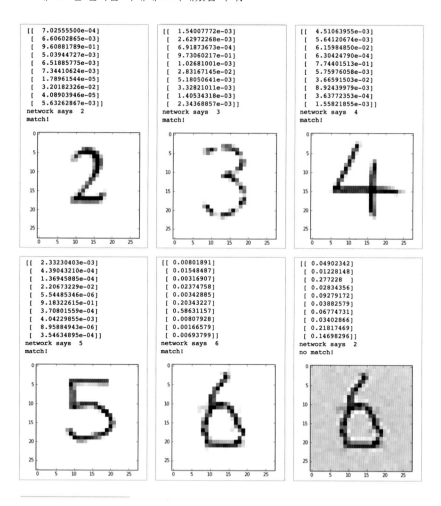

___

2　저자가 만든 이미지는 깃허브 저장소에서 my_own_images 폴더에 들어 있습니다. 이를 사용할 수도 있고, 혹은 코드의 테스트 데이터 모음을 불러오는 부분에서 여러분이 직접 만든 손글씨 이미지로 지정할 수도 있습니다.

우리의 신경망은 일부러 손상을 가한 3을 포함해서 직접 만든 이미지 대부분에 대해 정확히 인식했음을 확인할 수 있습니다. 단, 노이즈를 추가한 6에 대해서는 실패했습니다.

신경망이 정말 잘 동작한다는 점을 여러분 자신에게 입증하기 위해서라도 꼭 여러분이 직접 만든 이미지로 실험해보기 바랍니다.

손상되거나 변형된 이미지를 어디까지 인식할 수 있는지도 관찰해보기 바랍니다. 신경망이 얼마나 탄력적으로 반응하는지 놀라게 될 것입니다.

## CHAPTER 23

신경망의 마음속 들여다보기

신경망은 단순한 규칙에 의해 해결할 수 없는 문제를 푸는 데 유용합니다. 예를 들어 손으로 쓴 숫자 이미지를 인식해 해당 이미지가 어떤 숫자라고 결정하기 위해 일련의 규칙을 적용한다고 생각해보십시오. 결코 쉽지 않을뿐더러, 결과도 그다지 성공적이지 않을 것입니다.

불가사의한 블랙박스

신경망이 학습되어 테스트 데이터에 대해 잘 동작하면 이제 우리는 불가사의한 블랙박스를 가지게 된 셈입니다. 우리는 신경망이 답을 **어떻게** 내는지 모릅니다. 그저 답을 내놓을 뿐입니다.

우리가 그저 답을 얻는 데에만 관심이 있고 그 과정이야 어떻든 상관없다면 이 것은 별문제가 아닐 것입니다. 하지만 이런 식으로 학습 과정이 블랙박스로 남 게 되어 이에 대한 이해 또는 지식으로 연결되지 않는다면, 이 것은 머신러닝 방 법론의 단점이라고 할 수밖에 없습니다.

이제 우리는 신경망의 내부를 들여다봄으로써 신경망이 학습한 것을 이해할 수 있을지, 학습 과정에서 수집한 지식을 시각화할 수 있을지 살펴보겠습니다.

신경망이 학습한 결과인 가중치는 볼 수 있었습니다. 하지만 그다지 유용한 정보를 주는 것 같지는 않았습니다. 신경망은 학습한 내용을 다른 연결 노드의 가중치를 거쳐 전파하는 식으로 동작합니다. 이런 특징은 마치 생물학적 뇌와 같이 손상에 탄력적이라는 장점으로 이어집니다. 하나 또는 상당수의 노드를 제거하더라도 신경망의 동작을 완전히 손상시키는 것은 불가능할 것입니다.

여기에 한 가지 기발한 아이디어가 있습니다.

역질의

일반적으로 우리는 학습된 신경망에 질문을 던지고 답을 얻습니다. 우리가 해온 예제에서 질문은 사람의 손으로 쓴 숫자의 이미지였으며 답은 0 ~ 9 사이의 숫자로 표현되는 레이블이었습니다.

만약 우리가 이 과정을 거꾸로 진행한다면 어떻게 될까요? 레이블을 출력 노드에 집어 넣고 이 신호를 이미 학습된 신경망에 거꾸로 전파시켜 입력 노드에서 이미지를 출력하게 하는 겁니다. 다음 그림에서 일반적인 질의와 **역질의**[backwards query]의 개념을 비교해 표현해봤습니다.

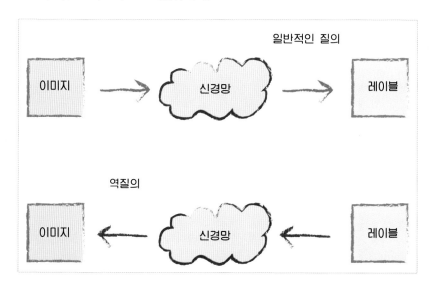

우리는 신호를 신경망을 통해 전파하는 방법을 이미 알고 있습니다. 신호를 연결 노드의 각각의 가중치와 조합해 이를 재조합함으로써 활성화 함수를 적용하는 과정 말입니다. 이러한 과정은 반대 방향으로도 동일하게 적용될 수 있습니다. 유일한 차이점은 역 활성화 함수가 적용된다는 점입니다. 순방향으로의 활성화가 $y = f(x)$였다면 역방향으로의 활성화는 $x = g(y)$일 것입니다. 대수학을 활용한다면 로지스틱 함수에서 이는 어려운 작업이 아닙니다.

$$y = 1 / (1 + e^{-x})$$
$$1 + e^{-x} = 1 / y$$
$$e^{-x} = (1 / y) - 1 = (1 - y) / y$$
$$-x = \ln [(1 - y) / y]$$
$$x = \ln [y / (1 - y)]$$

이것을 **로지트 함수**logit function라고 합니다. 파이썬의 scipy 라이브러리는 `scipy.special.expit()` 함수를 통해 시그모이드 함수의 기능을 제공하던 것과 유사하게 `scipy.special.logit()` 함수로 로지트 함수의 기능을 제공합니다.

로지트 함수를 적용하기 전에 신호가 유효한지 확인할 필요가 있습니다. 이게 무슨 말이냐고요? 기억하겠지만 로지스틱 시그모이드 함수는 임의의 입력 값을 받아 0과 1 사이의 값을 출력하지만 0과 1을 포함하지는 않습니다. 로지트 함수는 동일한 범위인 0과 1 사이의 값(0과 1은 불포함)을 입력 값으로 받아서 결과 값을 출력하게 됩니다. 결과 값은 양수, 음수 상관없이 어떤 값도 가능합니다. 이를 위해 로지트 함수가 적용되어야 하는 계층에서는 입력 값을 받은 다음에 그 범위를 조정해줘야 합니다. 우리는 0.01 ~ 0.99 사이의 범위를 선택하겠습니다.

항상 그렇듯이 코드는 깃허브에서 볼 수 있습니다. 파일명은 part3_neural_network_mnist_backquery.ipynb입니다.

레이블 0

레이블 0을 이용해 역질의를 해보겠습니다. 다시 말해 출력 노드에 입력 값을 제공할 때 첫 번째 노드는 0.99의 값을 가지고 나머지 노드들은 0.01의 값을 가진다는 것입니다. 배열은 [0.99, 0.01, 0.01, 0.01, 0.01, 0.01, 0.01, 0.01, 0.01, 0.01]의 형태를 가지게 됩니다.

그 결과, 입력 노드에서는 다음과 같은 이미지를 출력하게 됩니다.

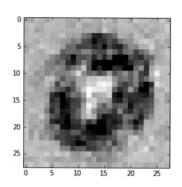

흥미롭지 않은가요?

이 이미지는 신경망의 마음속을 들여다볼 수 있는 특별한 통찰력을 제공합니다. 이게 무슨 의미일까요? 신경망의 마음을 어떻게 해석할 수 있을까요?

우선 눈에 띄는 것은 이미지가 둥근 형태를 가진다는 점입니다. 우리는 레이블 0에 대한 답을 요구하므로 이는 상식적으로 납득이 가는 결과입니다.

또한 어두운 지점, 밝은 지점, 중간 회색을 띄는 지점 등을 발견할 수 있습니다.

- 어두운 지점은 만약 펜으로 쓴다고 한다면 실제로 펜이 지나가면서 '0'이라는 숫자를 구성하는 부분입니다. 0의 형태 부분에 어두운 지점이 집중적으로 나타나므로 잘 형상화한 것으로 보입니다.
- 밝은 지점은 펜이 지나가지 않는 부분입니다. 0이라는 숫자를 생각해보면 가운데 부분이 밝게 나타나므로 이 역시 잘 형상화된 것으로 보입니다.
- 신경망은 회색 지점에는 전반적으로 무관심합니다.

이로써 우리는 신경망이 레이블 0인 이미지를 분류할 때 학습한 내용에 대해 전반적으로 이해할 수 있었습니다.

보다 많은 계층을 가지거나 보다 복잡한 문제를 해결해야 하는 복잡한 신경망에서는 이처럼 쉽사리 해석이 가능한 결과를 얻기 어렵기 때문에, 우리가 방금 본 사례는 신경망의 기능에 대한 통찰력을 얻을 수 있는 아주 좋은 사례입니다. 여러분도 직접 실험을 통해 이를 확인해보기 바랍니다.

뇌 스캐닝

나머지 숫자들에 대한 역질의의 결과는 다음과 같습니다.

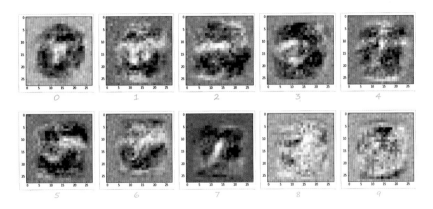

흥미로운 이미지들이군요! 마치 신경망의 뇌에 초음파 스캐닝을 한 모습 같습니다.

이들 이미지에 대해 몇 가지 해석을 해보면 다음과 같습니다.

- 7은 매우 선명하게 보입니다. 펜이 지나가는 어두운 지점을 통해 볼 수 있습니다. 또한 펜이 지나가지 않아야 하는 밝은 부분 또한 명확합니다. 이런 두 가지 정황으로 볼 때 이는 7이라고 유추할 수 있습니다.
- 3도 유사하게 나타납니다. 어두운 지점과 밝은 지점이 잘 구분되어 3임을 파악할 수 있습니다.

- 2와 5도 어느 정도 선명하게 구분됩니다.

- 4는 마치 4개로 분리된 사분면 같은 형태를 보이고 있다는 점에서 흥미롭습니다.

- 8은 마치 눈사람 같은 형태를 가지는 밝은 부분으로 구성되어 있습니다. 8은 이러한 눈사람 형태의 '머리와 몸' 지점을 피해 가는 부분에 의해 특징지어진다는 점을 암시합니다.

- 1은 좀 혼란스럽습니다. 펜이 지나가야 할 지점보다는 펜이 피해야 할 지점에 집중하고 있다는 느낌이 듭니다. 하지만 상관없습니다. 신경망이 실제 데이터로부터 학습한 결과이기 때문입니다.

- 9는 전혀 선명하지가 않습니다. 확실히 어두운 지점이 한 군데 있으며 몇 개의 세밀한 형태를 가지는 밝은 지점으로 주로 구성되어 있습니다. 신경망이 이렇게 학습했는데도 다른 숫자들에 대한 학습과 함께 전체적으로는 97.5%의 정확도를 보인 것입니다. 학습 데이터가 더 많으면 9에 대해서도 보다 선명한 템플릿을 학습할 수 있지 않을까 생각합니다.

우리는 이로써 신경망의 마음속을 들여다보며 통찰력을 얻을 기회를 가져봤습니다.

## CHAPTER 24

회전을 통해 새로운 학습 데이터 만들기

MNIST 데이터는 사람들이 직접 쓴 숫자와 관련해 풍부한 예제를 가지고 있습니다. 다양한 스타일의 필체가 포함되어 있으며 좋은 필체의 데이터와 안 좋은 필체의 데이터를 모두 포함합니다.

신경망은 가급적 이처럼 변형에 대해 다양하게 학습하는 것이 좋습니다. 데이터 내에 수많은 형태의 숫자 4가 있다는 점은 도움이 크게 됩니다. 찌그러진 4, 폭이 넓은 4, 회전되어 있는 4 등 다양한 변형이 존재합니다. 심지어 사람들의 필체에 따라 4라는 숫자의 위쪽 부분이 닫혀 있는 경우도, 열려 있는 경우도 존재합니다.

만약 우리가 이러한 변형을 직접 만들어서 예제에 추가해 학습할 수 있다면 더 유용하지 않을까요? 어떻게 하면 될까요? 이러한 손글씨 수천 장을 모으기는 쉽지 않습니다. 우리가 직접 쓸 수도 있겠지만 너무 손이 많이 가는 일일 것입니다.

좋은 아이디어가 있습니다. 현재의 예제들에 변형을 가해서 새로운 예제들을 만드는 것입니다. 예를 들어 현재의 예제들을 시계 방향과 반시계 방향으로 10도씩 회전시킴으로써 새로운 예제들을 만들 수 있는 것입니다. 각각의 학습 데이터에 대해 2개씩 데이터를 더 만들 수 있게 되겠네요. 물론 회전각을 다르게 줌으로써 수많은 변형을 만들 수도 있겠으나, 일단 우리의 아이디어가 통하는지를 검증하는 차원에서 10도와 −10도의 회전각을 적용해 시도해보겠습니다.

다시 한번 파이썬의 확장 라이브러리가 우리의 작업을 도와줄 것입니다. `ndimage.interpolation.rotate()` 함수는 행렬을 주어진 각도만큼 회전합니다. 우리는 입력 신호의 리스트를 받도록 우리의 신경망을 디자인했기 때문에, 입력 값은 784의 길이를 가지는 1차원의 리스트가 되어야 한다는 사실을 기억하고 있을 것입니다. 우리는 이 1차원의 리스트를 28 × 28의 행렬로 변환한 다음에 회전하고, 신경망에 입력 값으로 전달할 때에는 이를 다시 784의 길이를 가지는 리스트의 형태인 입력 신호로 원상 복구할 것입니다.

`scaled_input` 행렬이 존재한다는 전제하에 `ndimage.interpolation.rotate()` 함수의 사용법은 다음과 같습니다(색깔을 입혔습니다).

```
# 회전된 변형 이미지를 생성
# 반시계 방향으로 10도 회전
inputs_plus10_img = scipy.ndimage.interpolation.rotate(scaled_input.reshape(28,28),
10, cval=0.01, reshape=False)
# 시계 방향으로 10도 회전
inputs_minus10_img = scipy.ndimage.interpolation.rotate(scaled_input.reshape(28,28),
-10, cval=0.01, reshape=False)
```

원래의 `scaled_input` 행렬이 28 × 28 행렬로 변형된 다음 크기가 조정되는 것을 확인해주세요. reshape 매개변수를 False로 명시함으로써 라이브러리가 이미지를 찌그러뜨리는 것을 방지했고, 따라서 회전이 일어난 후에도 이미지의 어떤 부분도 잘리지 않습니다. cval은 배열의 원소를 채우기 위해 사용되는 값인데, 이 원소들이 원래의 이미지에는 존재하지 않다가 이제 보여야 하는 부분이기 때문입니다. 우리는 신경망의 입력 값으로 0이 들어가는 것을 방지하기 위해 범위를 조정했기 때문에 기본값으로 0.0이 아니라 0.01을 가지게 합니다.

작은 MNIST 학습 데이터의 일곱 번째 레코드인 레코드 6은 손글씨 '1'입니다. 원래의 이미지와 추가된 2개의 변형 이미지를 다음과 같이 확인할 수 있습니다.

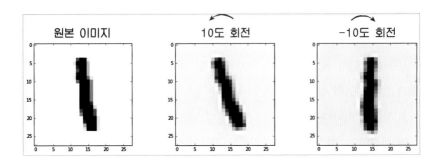

명백하게 장점이 보입니다. 원본 이미지를 10도 회전한 이미지는 일반적인 1과는 반대의 기울기를 가지게 쓰는 스타일의 사람이 쓴 것처럼 보입니다. 원본 이미지를 −10도 회전한 이미지는 더 흥미로운데, 이 이미지는 사실 원래의 이미지보다 더 똑바로 생긴 것을 볼 수 있습니다. 어쩌면 1을 더 제대로 학습할 수 있는 대표적인 데이터가 될 수도 있을 것 같습니다.

양방향으로 회전한 데이터를 추가적으로 학습할 수 있는 코드를 보겠습니다. 코드는 깃허브에서도 볼 수 있습니다. 파일명은 **part3_mnist_data_set_with_rotations.ipynb**입니다.

학습률을 0.1로 설정하고 한 주기의 학습을 마치자 성능은 0.9669였습니다. 회전한 학습 이미지가 없을 때의 0.954에 비해 상당한 진전을 보인 것입니다. 얀 르쿤 교수의 웹사이트에 있는 다른 결과들과 비교해봐도 상당히 최상위권에 속하는 성능입니다.

주기를 증가함으로써 성능을 더 끌어올릴 수 있을지 실험을 해보겠습니다. 학습 데이터가 훨씬 더 많아지면서 학습 시간도 연장되었기 때문에 보다 신중하게 한 걸음씩 진행하기 위해 학습률도 0.01로 감소시키겠습니다.

여러 가지 내재된 제약들, 즉 특정한 신경망의 구조나 학습 데이터의 불완전성

등으로 인해 우리가 100%의 성능을 기대하지는 않는다는 점을 기억할 겁니다. 사실 98% 이상의 성능을 얻는 것은 기대하기 어렵습니다. 여기에서 '특정한 신경망의 구조'라는 것은 각각의 계층에서의 노드의 선택, 은닉 계층의 선택, 활성화 함수의 선택 등을 의미합니다.

다음 그래프에서 학습 이미지에 회전각을 달리함에 따른 성능의 차이를 확인할 수 있습니다. 비교를 위해 회전 데이터가 없는 경우의 성능도 볼 수 있습니다.

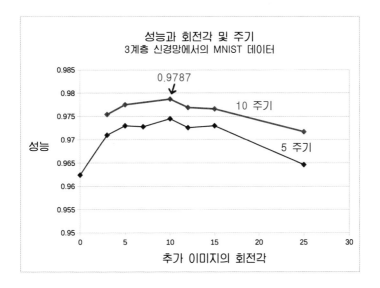

5주기일 때 최선의 결과는 0.9745, 약 97.5%였습니다. 이는 다시 한번 기존의 기록을 갱신하는 수치입니다.

회전각이 커질 때 성능이 떨어진다는 점에 주목할 필요가 있습니다. 회전각이 크다는 것은 그 숫자를 제대로 표현하지 못한다는 것을 의미하므로 상식적으로 이해가 되는 결과로 보입니다. 예를 들어 3이라는 숫자를 90도 회전했다고 생각해봅시다. 그것은 더 이상 3이 아닙니다. 따라서 회전각이 너무 큰 학습 데이터를 추가하면 잘못된 데이터를 추가하는 것과 마찬가지이므로 학습의 품질을 떨어뜨리게 되는 결과를 초래하게 되는 것입니다. 추가되는 데이터의 가치를 최대화하기 위해 적절한 각도는 10도 정도로 보입니다.

그래프를 다시 보면 10주기를 돌렸을 때 최고 성능은 0.9787로 거의 98%에 육박합니다! 이는 이렇게 간단한 네트워크로 달성할 수 있는 거의 최고의 성능으로, 매우 놀라운 결과입니다. 우리는 많은 연구자들이 연구한 다양한 기법을 적용하지 않고도 자부심을 느낄 만한 결과를 달성한 것입니다.

수고하셨습니다!

이 책을 읽음으로써 사람은 쉽게 해결할 수 있는 문제가 컴퓨터에게는 (전통적인 컴퓨터의 접근 방식으로 접근할 때) 얼마나 어려운 문제인지를 실감했을 것이라 기대합니다. 따라서 이미지 인식이 인공지능에서 도전 영역의 한 가지로 자리 잡아왔던 것입니다.

신경망은 이미지 인식뿐만 아니라 광범위한 범위의 어려운 문제를 해결하는 데 엄청난 발전을 가져왔습니다. 신경망에 동기를 부여한 것은 생물학적 뇌였습니다. 오늘날의 슈퍼컴퓨터에 비해 매우 단순하고 느린 비둘기나 곤충의 뇌조차도 하늘을 날거나 음식을 구하거나 둥지를 만드는 등 복잡한 업무를 수행해낸다는 점 말입니다. 게다가 이러한 생물학적 뇌는 손상이나 불완전한 신호에도 탄력적으로 반응합니다. 디지털 컴퓨터와 전통적인 컴퓨팅은 이런 상황에 전혀 대응해 오지 못했습니다.

오늘날 신경망은 인공지능의 환상적인 성공에 핵심적인 역할을 담당합니다. 신경망과 머신러닝에 대해 지대한 관심이 계속 이어지고 있는데 그 중심에는 머신러닝의 위계적인 방법론이 이용되는 **딥러닝**deep learning이 있습니다. 2016년 초에 구글의 딥마인드는 바둑 세계 챔피언을 이긴 바 있습니다. 바둑은 체스보다도 훨씬 더 깊이 있는 전략과 미묘함을 필요로 하고 전문가들조차도 컴퓨터가 사람을 이기는 것은 몇 년 후에나 가능할 것이라고 생각했기 때문에 알파고의 승리는 인공지능의 역사에서 위대한 이정표가 되는 것입니다. 물론 그 중심에는 신경망의 역할이 있었습니다.

필자는 이 책을 통해 여러분이 신경망의 내부에 숨어 있는 핵심 아이디어는 사실 매우 단순하다는 사실을 깨달았으리라 기대합니다. 또한 신경망을 이용해 다양한 실험을 하는 과정에서 흥미를 느꼈기 바랍니다. 많은 분이 머신러닝이나 인공지능의 연관 분야를 더 깊이 탐구해나가고자 하는 마음을 다잡았을 것으로 기대합니다.

그렇다면 이 책을 쓴 소기의 목적을 달성한 셈입니다.

감사합니다.

APPENDIX

부록

기초 미분

여러분은 지금 운전을 하고 있습니다. 크루즈 모드를 설정해 시속 30마일로 달리고 있습니다. 이제부터 가속 페달을 밟습니다. 계속 밟고 있다 보니 속력이 시속 35, 40, 50, 60마일로 증가합니다.

차의 속도가 변화하는 것입니다.

부록 A에서는 자동차의 속도처럼 변하는 것에 대한 생각을 해보고 그 변화를 수학적으로 표현하는 방법에 대해 알아보겠습니다. 수학적으로 표현한다는 것은 어떤 의미일까요? 그것은 바로 사물들이 서로 간에 서로 어떻게 연관되어 있는지를 이해하는 것입니다. 즉, 하나의 사물의 변화가 다른 사물에 어떤 변화를 주는지 알 수 있게 됩니다. 예를 들면 내 시계의 시간에 따라 차의 속도가 어떻게 변화하는지, 강우량에 따라 식물의 키가 어떻게 변화하는지, 끄는 힘을 변화함에 따라 용수철의 길이가 어떻게 변화하는지 말입니다.

수학자들은 이를 **미분**이라고 부릅니다. 사실 이 부록의 제목에 미분이라는 단어를 쓸지 말지 망설였습니다. 많은 사람이 미분은 어렵고 무서운 주제라 회피하려고 하기 때문입니다. 필자는 미분이 많은 사람에게 두려운 존재가 된 이유는 잘못된 교육과 교과서 때문이라고 생각합니다.

이 부록을 읽고 나면 여러분은 사물이 수학적으로 정확한 방식으로 어떻게 변화하는지 알아내는 것이 그다지 어려운 일이 아니라는 사실을 깨닫게 될 것입니다. 사실 이것이 미분의 전부입니다!

여러분이 이미 학교에서 미분을 배웠다고 하더라도, 우리는 미분이 역사적으로 어떻게 만들어졌는지부터 이해해나갈 것이기 때문에 이 부분을 읽어보는 것이 도움이 될 것입니다. 수학이라는 학문을 개척한 수학자들이 사용했던 아이디어와 도구를 여러분의 뒷주머니에 넣어뒀다가 언젠가 다양한 종류의 문제를 풀 때 꺼낸다면 매우 유용하게 사용할 수 있을 것입니다.

역사적으로 미분을 최초로 개발한 사람이 누구인지에 대해서는 아직도 논쟁이 있습니다. 라이프니츠와 뉴턴이 모두 자신이 미분을 최초로 개발했다고 주장했기 때문입니다.

고트프리트 라이프니츠   아이작 뉴턴

직선

준비운동을 겸해서 매우 쉬운 시나리오부터 시작해보겠습니다.

여러분은 크루즈 모드로 시속 30마일로 달리는 차 안에 있습니다. 빠르지도 않고 느리지도 않은 그저 시속 30마일로 이동하고 있습니다.

다음 표는 시간에 따른 속도를 보여줍니다. 시간은 매 30초마다 측정했습니다.

시간 (분)	속도 (마일/시간)
0.0	30
0.5	30
1.0	30
1.5	30
2.0	30
2.5	30
3.0	30

이 표를 그래프로 시각화하면 다음과 같이 표현됩니다.

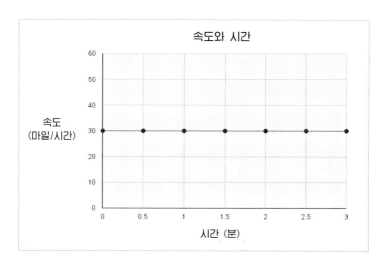

시간의 흐름에 따라 속도는 변하지 않는다는 것을 확인할 수 있습니다. 따라서 속도의 그래프는 똑바른 수평선 형태입니다. 올라가지도(속도 증가) 내려가지도(속도 감소) 않고 그저 시속 30마일에 머무르고 있습니다.

속도를 수학적으로 표기해보겠습니다. 속도를 s로 쓰면 다음과 같습니다.

$$s = 30$$

만약 누군가가 시간의 흐름에 따라 속도가 어떻게 변화했느냐고 묻는다면 우리는 변하지 않았다고 할 것입니다. 변화율은 0입니다. 다시 말해 속도는 시간에 대해 의존 관계를 가지지 않습니다. 의존도는 0입니다.

우리는 사실 방금 미분을 한 것입니다.

미분은 어떤 사물의 변화에 따라 다른 사물이 어떻게 변화하는지의 관계를 설정하는 것입니다. 이 예에서 우리는 **시간의 변화에 따라 속도가 어떻게 변하는지**를 고려하게 됩니다.

이를 수학적으로 수식으로 표현하면 다음과 같습니다.

$$\frac{\delta s}{\delta t} = 0$$

위의 수식의 왼쪽 항은 '시간이 변화할 때 속도는 어떻게 변화하는가' 또는 's 가 t에 어떻게 의존하는가' 정도로 해석하면 될 것입니다.

즉 이 수식은 시간의 변화에 따라 속도는 변화하지 않는다는 점을 수학자의 간결한 방식으로 표현한 것입니다. 다른 식으로 말하면 시간의 경과는 속도에 영향을 미치지 않는다는 것입니다. 속도의 시간에 대한 의존도는 0입니다. 수식에서 0은 바로 이런 의미입니다. 속도와 시간은 완전히 독립적인 관계입니다.

사실 이처럼 독립적인 관계라는 사실은 s = 30이라는 속도만의 수식을 보더라도 명확히 확인할 수 있습니다. 이 수식 어디에도 시간에 대한 언급은 없습니다. 즉 t라는 기호가 그 어디에도 보이지 않는다는 말입니다. 따라서 우리는 $\delta s / \delta t$ = 0이라는 수식을 도출하기 위해 복잡한 미분을 할 필요가 없습니다. 그저 수식을 보기만 함으로써 이해 가능합니다. 수학자들은 이런 것을 일컬어 '검증적으로by inspection' 알 수 있다고 말합니다.

$\delta s / \delta t$는 변화율을 표현하는 수식으로서, 이를 **미분계수**derivative라고 부릅니다. 자

세한 설명은 하지 않겠지만, 여러분은 앞으로도 미분계수라는 단어를 수없이 접하게 될 것입니다.

다음은 자동차의 가속 페달을 밟을 때 어떤 일이 일어나는지 볼 차례입니다. 기대되지 않나요?

경사를 가지는 직선

시속 30마일로 달리고 있는 차가 있습니다. 가속 페달을 서서히 밟자 차가 가속하기 시작합니다. 가속 페달을 계속 밟으면서 계기판의 속도계를 보고 매 30초마다 속도를 기록했습니다.

30초가 경과하자 차는 시속 35마일로 달리게 되었습니다. 1분 경과 후에는 시속 40마일, 90초 경과 후에는 시속 45마일, 2분 후에는 시속 50마일이 되었습니다. 우리 자동차는 매 1분 경과할 때마다 시속 10마일씩 가속하고 있는 것입니다.

이를 표로 정리하면 다음과 같습니다.

시간 (분)	속도 (마일/시간)
0.0	30
0.5	35
1.0	40
1.5	45
2.0	50
2.5	55
3.0	60

다시 한번 이를 시각화해보겠습니다.

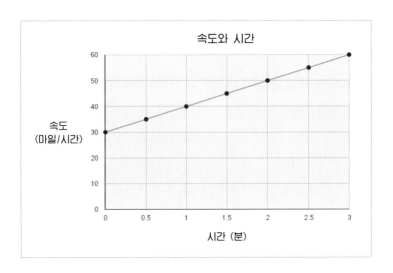

이 그래프를 보니 속도가 시속 30마일에서 시작해서 60마일까지 **일정한 비율로** 증가하는 것을 확인할 수 있습니다. 우리는 매 30초 경과 시마다 속도의 증가분이 동일하다는 점에서 일정한 비율로 달리고 있다는 것을 확인할 수 있으며, 이에 따라 속도의 그래프가 직선으로 나타나게 되는 것입니다.

이 속도를 수식으로 표현하면 어떻게 될까요? 우선 시간이 0일 때 속도는 30이되어야 합니다. 그리고 매 분마다 10마일씩 더해나가게 됩니다. 따라서 다음과 같이 수식으로 표현할 수 있습니다.

$$speed = 30 + (10 * time)$$

기호를 이용하면 다음과 같이 표현할 수 있습니다.

$$s = 30 + 10t$$

우선 30이라는 상수가 존재함을 확인할 수 있습니다. 그리고 $(10 * time)$을 통해 매 분마다 시속 10마일씩 더해나가게 된다는 것을 알 수 있습니다. 바로 이 10이 우리가 그린 직선의 **기울기**라는 것을 눈치채셨을 것입니다. 직선의 일반적인 수식은 y = ax + b 이며 여기에서 a가 기울기를 의미한다는 사실을 기억할 겁니다.

그렇다면 시간의 변화에 따른 속도의 변화는 어떻게 수식으로 표현할까요? 이미 이에 대해 언급한 바 있습니다. 속도는 매 분마다 시속 10마일씩 증가한다고 말입니다.

$$\frac{\delta s}{\delta t} = 10$$

이 수식의 의미는 속도와 시간 사이에 의존관계가 존재한다는 것입니다. $\delta s / \delta t$가 0이 아니기 때문입니다.

직선 y = ax + b가 있을 때 그 기울기는 a이므로 s = 30 + 10t라는 직선에서의 기울기는 10이라는 사실을 '검증적으로' 알 수 있습니다.

지금까지 살펴본 미분의 내용은 어렵지 않았을 것입니다. 이제 가속 페달을 좀 더 세게 밟을 차례입니다!

곡선

방금 정지된 자동차를 출발시켰으며 가속 페달을 점점 더 세게 밟고 있다고 상상해봅시다. 최초에는 정지해 있었으므로 초기 속도는 0이 됩니다.

가속 페달을 세게 밟기 때문에 자동차의 속도는 일정한 비율로 증가하지 않습니다. 대신 속도가 점점 더 빠르게 증가합니다. 이 말은 속도가 매 분마다 10마일씩 증가하는 것이 아니라, 우리가 가속 페달을 밟는 동안 그 증가하는 속도도 계속해서 증가한다는 의미입니다.

이번 예를 위해 다음 표처럼 매 분마다 속도를 측정했다고 생각하겠습니다.

시간 (분)	속도 (마일/시간)
0	0
1	1
2	4
3	9
4	16
5	25
6	36
7	49
8	64

이 표를 자세히 들여다보면 매 분의 속도가 시간의 제곱인 것을 알 수 있습니다. 다시 말해 2에서의 속도는 $2^2 = 4$, 3에서의 속도는 $3^2 = 9$, 4에서의 속도는 $4^2 = 16$과 같군요.

이 수식 또한 간단히 표현이 가능합니다.

$$s = t^2$$

인위적으로 만들어낸 예제이기는 하지만 우리가 미분을 어떻게 해야 할지 좋은 예가 될 것입니다.

이 표를 시각화하면 시간의 경과에 따라 속도가 어떻게 변화하는지 감을 잡을 수 있습니다.

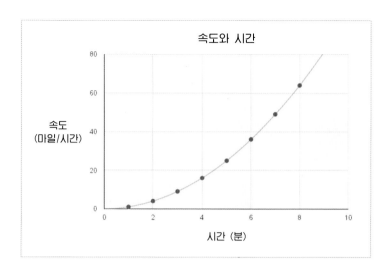

속도가 매우 빠른 비율로 증가하고 있음을 볼 수 있습니다. 이제 그래프는 더 이상 직선이 아닙니다. 시간이 조금만 더 경과하면 속도가 폭발적으로 증가해 매우 빨라질 것이라고 예상할 수 있습니다. 20분 후에는 시속 400마일, 100분이 경과하면 시속 10,000마일이 될 것입니다.

흥미로운 질문은 이것입니다. 시간에 대한 속도의 변화율은 어떻게 될까요? 다시 말해 시간의 변화에 따라 속도는 어떻게 변할까요?

이 질문은 특정 시간에서의 속도가 어떻게 되냐는 질문과는 다른 질문입니다. 우리는 $s = t^2$이라는 수식을 가지고 있으므로 이미 이에 대해 알고 있습니다.

이 질문은 이런 겁니다. 시간의 어떤 순간에서 속도의 **변화율**은 어떤 값을 가지는가? 이 예제에서처럼 그래프가 곡선으로 나타나는 경우에 이 질문은 어떤 의미를 가지는 것일까요?

앞의 두 예제를 생각해보면 속도의 변화율은 시간에 대한 속도의 그래프의 기울기였습니다. 자동차가 시속 30마일로 일정하게 달릴 때 속도는 변화하지 않으므로 변화율은 0이었습니다. 차가 일정하게 속도를 높여가는 경우에 변화율은 매 분당 10마일이었습니다. 그리고 매 분당 10마일이라는 변화율은 시간의 어떤 순간에도 항상 동일했습니다. 2분에도 10마일, 4분에도 10마일, 심지어 100분에도 10마일이었던 것입니다.

우리는 이처럼 앞의 두 예제에서 적용했던 아이디어를 곡선에도 그대로 적용할 수 있을까요? 네, 그렇습니다. 이제부터 상세히 설명하겠습니다.

손으로 구하는 미분

예를 들어 3분에 어떤 일이 일어나는지 살펴보겠습니다.

3분 경과 시 속도는 시속 9마일입니다. 우리는 3분 이후에는 속도가 더 빨라진다는 것을 알고 있습니다. 3분 경과 시의 속도를 6분 경과 시의 속도와 비교해봅시다. 6분 경과 시 속도는 시속 36마일입니다. 6분 이후에도 속도는 더더욱 빨라질 것입니다.

여기에서 우리는 6분 이후에서의 속도 증가가 3분 이후에서의 속도 증가보다 더 클 것이라는 사실을 알고 있습니다. 이것이 바로 3분 경과 시와 6분 경과 시에 벌어지는 일의 진정한 차이인 것입니다.

이를 다음과 같이 시각화해 살펴보겠습니다.

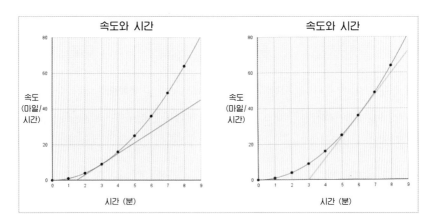

6분에서의 기울기가 3분에서의 기울기보다 더 큰 것을 볼 수 있습니다. 이 기울기가 우리가 원하는 변화율입니다. 중요한 사항이니 다시 한번 말하겠습니다. 어떤 순간의 곡선의 변화율은 그 순간에서의 곡선의 기울기입니다.

하지만 곡선의 기울기를 어떻게 측정할 수 있을까요? 직선의 기울기는 쉽게 구할 수 있었지만 곡선의 기울기는 어떻게 구해야 할까요? 우리는 탄젠트tangent라고 불리는 직선을 그어줌으로써 기울기를 **추정**estimate할 수 있습니다. 탄젠트는 곡선과 접하게 그리는 직선인데, 해당 순간의 바로 그 지점에서 곡선과 동일한 기울기를 가지도록 그려지게 됩니다. 다른 방법이 개발되기 전까지 사람들은 주로 이 방식을 이용해서 곡선의 기울기를 구해왔습니다.

약간의 연민을 마음속에 품고 이 어림셈에 가까운 방식을 시도해보겠습니다. 다음 그래프에서는 속도 그래프와 더불어, 6분이라는 순간에서 속도 곡선에 접하는 탄젠트를 보여줍니다.

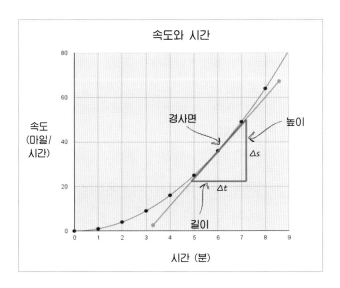

수학 시간에 배운 대로, 기울기를 구하기 위해서는 경사면의 높이를 길이로 나누어줘야 합니다. 이 그래프에서 높이(속도)는 Δs로 표현되며 길이(시간)는

Δt로 표현됩니다. Δ라는 기호는 델타^{delta}라고 부르는데 작은 변화를 의미합니다. 즉 Δt는 t 순간의 작은 변화를 뜻합니다.

기울기는 Δs / Δt로 표현됩니다. 이 경사면에 대해 삼각형의 크기는 어떤 크기라도 상관없으며, 자를 이용해 높이와 길이를 잽니다. 제가 측정한 결과에 따르면 Δs는 9.6, Δt는 0.8로 나타났습니다. 이제 우리는 기울기를 구할 수 있습니다.

어떤 순간에서의 변화율 = 그 순간에서의 기울기

$$= \frac{\Delta s}{\Delta t}$$

$$= 9.6 / 0.8$$

$$= 12.0$$

우리는 방금 중요한 결과를 구해냈습니다! 6분에서의 속도의 변화율은 12.0 mph/m이라는 것입니다. 즉, 분당 시속 12.0마일의 변화율을 가진다는 것입니다.

자에 의존해 측정하는 방식(심지어 탄젠트의 위치는 손으로 잡아줬습니다!)이 정확하지 않다는 것은 명백한 사실입니다. 좀 더 정교한 방식을 알아보겠습니다.

손으로 구하지 않는 미분

다음 그림을 보면 새로운 직선이 표시되어 있습니다. 이 직선은 곡선상의 한 점에 접하지 않으므로 탄젠트는 아닙니다. 하지만 어떤 식으로든 3분 지점에 중심을 잡고 있는 것으로 보입니다.

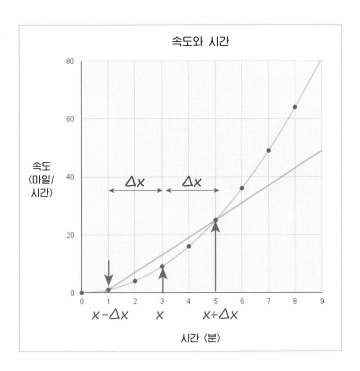

네, 사실 3분이라는 시간을 중심으로 직선을 그은 것이 맞습니다. 우리의 관심 순간인 3분을 중심으로 그 위와 아래의 시간을 선택했습니다. 다시 말해 t = 3을 기준으로 위아래로 2분의 차이가 나는 지점인 t = 1과 t = 5를 선택했다는 것입니다.

이를 수학적으로 표현하면 2분의 Δx를 가진다고 합니다. 그리고 x − Δx와 x + Δx를 선택한 것입니다. Δ는 '작은 변화'를 의미하므로Δx는 x에서의 작은 변화를 의미합니다.

이렇게 한 이유는 곧 알게 될 테니 계속 읽어나가기 바랍니다.

x − Δx와 x + Δx 시점의 속도에 각각 점을 찍고 이를 직선으로 이어주면, 이 직선은 중간 지점인 x에서의 탄젠트와 거의 동일한 기울기를 가지게 됩니다. 앞의 그림을 다시 보고 직선을 유심히 보기 바랍니다. 네, 맞습니다. x 지점에서의 실제 탄젠트와 완전히 동일하지는 않을 것입니다. 하지만 우리는 이를 잡아나갈 것입니다.

이 직선의 기울기를 고민해봐야 하겠습니다. 기울기는 경사면의 높이를 길이로 나눈 것이라고 했는데, 이와 동일한 접근 방법을 취하겠습니다. 다음 그림에는 높이와 길이가 나타나 있습니다.

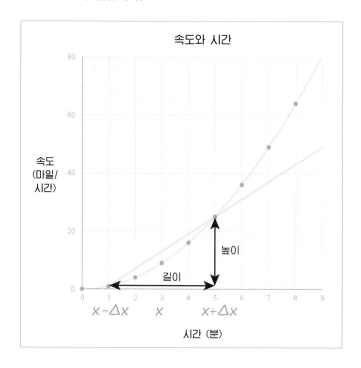

높이는 $x - \Delta x$ 지점(1분)에서의 속도와 $x + \Delta x$ 지점(5분)에서의 속도의 차가 될 것입니다. 각 지점에서의 속도는 $1^2 = 1$과 $5^2 = 25$이므로 차는 24가 됩니다. 길이는 $x - \Delta x$와 $x + \Delta x$의 차가 되므로 1과 5의 차는 4가 됩니다.

$$기울기 = \frac{높이}{길이}$$

$$= 24 \,/\, 4$$

$$= 6$$

t = 3에서의 탄젠트와 유사한 기울기를 가지는 이 직선의 기울기는 6 mph/m 이 됩니다.

지금까지 학습한 내용을 정리해봅시다. 첫 번째 접근 방법은 손으로 탄젠트를 그림으로써 곡선의 기울기를 구하는 것이었습니다. 이러한 접근 방법은 정확할 수가 없으며, 반복 업무에 금방 지치고 지루함을 느끼고 실수를 하게 마련인 사람이 이를 여러 번 반복해서 하는 것은 불가능합니다. 두 번째 접근 방법은 손으로 탄젠트를 그리지 않는 대신 곡선의 기울기와 유사한 기울기를 가지는 것으로 보이는 다른 직선을 만드는 것이었습니다. 이 방식은 컴퓨터에 의해 자동화될 수 있으므로 사람의 노력 없이 빠른 속도로 여러 번 반복 수행하는 데 문제가 없습니다.

좋습니다만, 아직 충분하지 않습니다.

두 번째 접근 방식 역시 아직은 근사치입니다. 이를 개선하려면 어떻게 해야 할까요? 이를 수학적으로 정확한 방법으로 구해내는 것이 바로 우리의 목표입니다.

마법이 일어나는 곳이 바로 이 순간입니다. 수학자들이 개발해 너무나 즐겨 사용하는 바로 그 멋진 도구를 보겠습니다.

만약 우리가 길이를 더 작게 하면 어떻게 될까요? 즉 Δx를 작게 만들면 어떻게 될까요? 다음 그림을 보면서 생각해보겠습니다. 그림은 여러 Δx에 대한 기울기 직선을 보여줍니다.

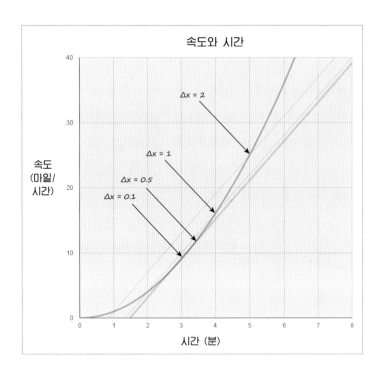

여기에서 우리는 $\Delta x = 2.0$, $\Delta x = 1.0$, $\Delta x = 0.5$, $\Delta x = 0.1$인 각각의 경우에 대해 직선을 그려봤습니다. Δx가 작아지면 작아질수록 직선이 3분 지점으로 근접해감을 확인할 수 있습니다. 이를 통해 우리는 Δx를 작게 만들면 만들수록 3분에서의 실제 탄젠트와 점점 더 가까워진다는 것을 알 수 있습니다.

결국 Δx가 무한히 작아지면 직선은 무한히 실제 탄젠트에 근접하게 됩니다.

이처럼 정답을 근사치로 일단 잡아두고, 편차를 점점 더 작게 함으로써 개선해 나가는 방법은 매우 강력합니다. 수학자들은 이와 같은 방법을 이용해 직접적으로는 공략이 어려운 문제들을 정복하고는 합니다. 정면 돌파가 아니라 측면 공격으로 해법을 찾는 방식이라고 비유할 수 있겠습니다.

그래프 없이 하는 미분

다시 한번 말하지만 미분은 사물이 어떻게 변화하는지에 대해 수학적으로 정확한 방식으로 이해하는 것을 의미합니다. 이제 작은 Δx의 아이디어를 우리의 자동차의 속도 예제의 수식에 적용함으로써 이를 수학적으로 정확하게 표현할 수 있을지 보겠습니다.

앞에서 배운 내용을 정리하면 속도는 시간의 함수로 $s = t^2$으로 표현됩니다. 우리는 시간의 함수로서 속도가 어떻게 변화하는지 알고 싶습니다. 이러한 변화는 그래프상에서 s를 t에 대해 그렸을 때 s의 기울기라는 사실을 이미 앞에서 살펴본 바 있습니다.

변화율 $\delta s / \delta t$는 가상의 직선상에서 도출된 높이를 길이로 나눈 값이지만 Δx는 무한히 작아집니다.

높이는 어떻게 될까요? 앞에서 본 대로 높이는 $(t + \Delta x)^2 - (t - \Delta x)^2$입니다. 이는 $s = t^2$에서 t의 위, 아래쪽으로 작은 값(Δx)을 더해준 것뿐입니다.

길이는 어떻습니까? 앞에서 본 대로 길이는 $(t + \Delta x)$와 $(t - \Delta x)$의 차이므로 $2\Delta x$가 됩니다.

이제 거의 다 왔습니다!

$$\frac{\delta s}{\delta t} = \frac{높이}{길이}$$

$$= \frac{(t + \Delta x)^2 - (t - \Delta x)^2}{2\Delta x}$$

식을 풀어서 정리해보겠습니다.

$$\frac{\delta s}{\delta t} = \frac{t^2 + \Delta x^2 + 2t\Delta x - t^2 - \Delta x^2 + 2t\Delta x}{2\Delta x}$$

$$= \frac{4t\Delta x}{2\Delta x}$$

$$\frac{\delta s}{\delta t} = 2t$$

운 좋게도 아주 깔끔하게 답이 나왔습니다!

그렇습니다. 수학적으로 정확한 변화율은 바로 $\delta s / \delta t = 2t$인 것입니다. 이는 t라는 순간에 속도의 변화율은 언제나 $\delta s / \delta t = 2t$가 된다는 의미입니다.

$t = 3$분일 때 $\delta s / \delta t = 2t = 6$이 됩니다. 사실 앞에서도 근사치 방법을 이용해서 이를 구한 바 있습니다. $t = 6$일 때에는 $\delta s / \delta t = 2t = 12$가 되며 우리가 앞에서 구한 값과 일치하는 것을 확인할 수 있습니다.

$t = 100$분이면 어떨까요? $\delta s / \delta t = 2t = 200$ mph/m이 됩니다. 다시 말해 100분이 경과하면 우리의 자동차는 분당 시속 200마일이라는 속도의 변화율을 가지게 된다는 것입니다.

우리가 방금 한 작업이 얼마나 강력하고 멋진 방법인지 잠시 생각해보겠습니다. 우리는 어떤 순간에라도 자동차의 속도의 변화율을 정확히 계산할 수 있는 수학적 수식을 가지게 된 것입니다. 그리고 앞에서 이야기했던 대로 속도 s의 변화는 실제로 시간에 의존적이라는 것을 보게 되었습니다.

$s = t^2$의 예에서는 계산이 깔끔하게 떨어져 좋기는 했지만, 대신에 우리는 Δx를 줄여나갈 기회조차 얻지 못했습니다. 이번에는 자동차의 속도가 조금 더 복잡한 예를 시도해보겠습니다.

$$s = t^2 + 2t$$

$$\frac{\delta s}{\delta t} = \frac{높이}{길이}$$

이번에는 높이가 어떻게 될까요? 높이는 t + Δx에서의 속도와 t − Δx에서의 속도의 차이므로 $(t + \Delta x)^2 + 2(t + \Delta x) - (t - \Delta x)^2 - 2(t - \Delta x)$가 됩니다.

길이는 $(t + \Delta x)$와 $(t - \Delta x)$의 차이므로 이전과 동일하게 $2\Delta x$가 됩니다.

$$\frac{\delta s}{\delta t} = \frac{(t + \Delta x)^2 + 2(t + \Delta x) - (t - \Delta x)^2 - 2(t - \Delta x)}{2\Delta x}$$

이를 풀어서 정리해보겠습니다.

$$\frac{\delta s}{\delta t} = \frac{t^2 + \Delta x^2 + 2t\Delta x + 2t + 2\Delta x - t^2 - \Delta x^2 + 2t\Delta x - 2t + 2\Delta x}{2\Delta x}$$

$$= \frac{4t\Delta x + 4\Delta x}{2\Delta x}$$

$$\frac{\delta s}{\delta t} = 2t + 2$$

이번에도 너무나 깔끔한 답이 나와버렸네요. 하지만 지금 우리는 패턴을 발견해가고 있는 중으로, 헛수고한 것은 아니니 너무 걱정 말기 바랍니다.

이번에는 다른 예를 보겠습니다. 자동차의 속도를 시간의 3제곱으로 설정하겠습니다.

$$s = t^3$$

$$\frac{\delta s}{\delta t} = \frac{높이}{길이}$$

$$\frac{\delta s}{\delta t} = \frac{(t + \Delta x)^3 - (t - \Delta x)^3}{2\Delta x}$$

이를 펼쳐서 정리하면 다음과 같습니다.

$$\frac{\delta s}{\delta t} = \frac{t^3 + 3t^2\Delta x + 3t\Delta x^2 + \Delta x^3 - t^3 + 3t^2\Delta x - 3t\Delta x^2 + \Delta x^3}{2\Delta x}$$

$$= \frac{6t^2\Delta x + 2\Delta x^3}{2\Delta x}$$

$$\frac{\delta s}{\delta t} = 3t^2 + \Delta x^2$$

앞의 예에서는 Δx가 상쇄되어 없어졌는데, 드디어 이번에는 Δx를 포함하는 결과를 얻었습니다.

앞에서 언급한 전제에 의하면 Δx가 점점 작아져서 무한히 작아져야만 정확한 기울기를 구할 수 있습니다.

여기가 중요한 부분입니다! $\delta s / \delta t = 3t^2 + \Delta x^2$이라는 식에서 Δx가 점점 더 작아지면 Δx에는 어떤 일이 생기게 될까요? 당연하게도 Δx는 사라지게 됩니다! 놀랍게 들릴지 모르겠지만 아주 작은 값을 가지는 Δx를 생각해보십시오. 아주 작은 값, 더 작은 값, 더 작은 값…을 반복해보면 결국 0에 가까워집니다. 결국 Δx는 0이 됩니다.

이제 우리가 원하던 수학적으로 정확한 답을 구할 수 있습니다.

$$\frac{\delta s}{\delta t} = 3t^2$$

환상적인 결과입니다! 우리는 미분을 하기 위한 강력한 수학적 도구를 활용해봤습니다.

패턴

지금까지 우리는 Δx와 같은 델타를 이용해 미분계수를 구하고 이를 점점 더 작게 했을 때 어떤 일이 일어나는지에 대해 살펴봤습니다. 하지만 사실 이런 복잡한 작업 없이 구할 수 있는 더 간단한 방법이 있습니다.

우리가 지금까지 구한 미분계수에 어떤 패턴이 있는지 보겠습니다.

$s = t^2$ $\longrightarrow$ $\dfrac{\delta s}{\delta t} = 2t$

$s = t^2 + 2t$ $\longrightarrow$ $\dfrac{\delta s}{\delta t} = 2t + 2$

$s = t^3$ $\longrightarrow$ $\dfrac{\delta s}{\delta t} = 3t^2$

t의 함수의 미분계수는 모두 동일한 함수이지만 t의 지수^{power}가 1씩 줄어들고 있음을 볼 수 있습니다. t^4은 t^3이 되고 t^7은 t^6이 되는 식입니다. 아주 간단합니다. t는 사실 t^1이기 때문에 이의 미분계수는 $t^0 = 1$이 됩니다.

3이나 4, 5 같은 상수는 없어지게 됩니다. a나 b, c 등 변수의 형태로 쓴 상수도 변화율을 가지지 않으므로 역시 사라지게 됩니다. 변화율을 가지지 않기 때문에

상수constant라고 부르는 것입니다.

다른 면을 보면 t^2은 t가 아니라 $2t$가 되며, t^3는 t^2이 아니라 $3t^2$이 됩니다. 이처럼 지수가 1만큼 줄어들기 전에 승수multiplier로 이용되는 단계가 하나 더 존재합니다. 예를 들어 $2t^5$에서는 지수 5가 1만큼 줄기 전에 승수로 이용되기 때문에 $5 * 2t^4 = 10t^4$가 됩니다.

이러한 미분에서의 기본 규칙을 정리하면 다음과 같습니다.

$$y = ax^n \longrightarrow \frac{\delta y}{\delta x} = nax^{n-1}$$

연습을 위해 몇 가지 예를 더 살펴보겠습니다.

$$s = t^5 \longrightarrow \frac{\delta s}{\delta t} = 5t^4$$

$$s = 6t^6 + 9t + 4 \longrightarrow \frac{\delta s}{\delta t} = 36t^5 + 9$$

$$s = t^3 + c \longrightarrow \frac{\delta s}{\delta t} = 3t^2$$

우리가 신경망에서 필요로 하는 미분은 이 정도입니다. 즉 $y = ax^3 + bx^2 + cx + d$ 같은 **다항식**의 경우만 살펴봤습니다. $\sin(x)$나 $\cos(x)$ 같은 함수의 미분까지 살펴보지는 않지만 이 정도로도 상당히 많은 경우에 활용이 가능할 것입니다.

신경망의 구축에서 알아두면 좋을 한 가지 도구가 더 있습니다. 이제 이에 대해 알아보겠습니다.

함수의 함수

다음과 같은 함수가 있다고 생각해봅시다.

$$f = y^2$$

그리고 y는 다음과 같습니다.

$$y = x^3 + x$$

그렇다면 우리는 이를 $f = (x^3 + x)^2$이라고 쓸 수 있습니다.

y의 변화에 따라 f는 어떻게 변하게 될까요? 다시 말해 $\delta f / \delta y$는 어떻게 나올까요? 방금 학습한 지수 규칙을 적용하면 간단히 $\delta f / \delta y = 2y$가 됩니다.

조금 더 흥미로운 질문을 던져보겠습니다. x의 변화에 따라 f는 어떻게 변할까요? f와 x의 관계는 위에서 정리한 대로 $f = (x^3 + x)^2$이기 때문에 여기에 규칙을 적용하면 될 것 같기는 하지만, 순진하게 $2(x^3 + x)$처럼 적용되지는 않습니다.

우선 답부터 보겠습니다.

패턴은 다음과 같습니다.

$$\frac{\delta f}{\delta x} = \frac{\delta f}{\delta y} \cdot \frac{\delta y}{\delta x}$$

이를 **연쇄 법칙**chain rule이라고 부르는데, 이는 정말로 강력한 도구입니다.[1]

---

[1] 신경망의 역전파에서 연쇄 법칙은 핵심 중의 핵심입니다.

연쇄 법칙을 이용하면 마치 양파 껍질을 까듯이 각 계층의 복잡성을 한 층 한 층 풀어나갈 수 있게 됩니다. 우리는 궁극적으로 $\delta f / \delta x$를 풀어야 하는 상황입니다. 그런데 $\delta f / \delta y$와 $\delta y / \delta x$는 매우 쉽게 풀 수 있습니다. 이 2개를 쉽게 구할 수 있다면 이제 우리는 불가능해 보였던 문제에 대해 미분을 할 수 있게 됩니다. 연쇄 법칙이 복잡한 문제를 쉬운 부분들로 나누어 정복할 수 있기 때문입니다.

예를 다시 보고 연쇄 법칙을 적용해보겠습니다.

$$f = y^2 \quad \text{그리고} \quad y = x^3 + x$$

$$\frac{\delta f}{\delta x} = \frac{\delta f}{\delta y} \cdot \frac{\delta y}{\delta x}$$

첫 번째 부분은 $(\delta f / \delta y) = 2y$입니다. 두 번째 부분은 $(\delta y / \delta x) = 3x^2 + 1$입니다. 이제 연쇄 법칙을 이용해 이 두 부분을 조합해줍시다.

$$\frac{\delta f}{\delta x} = (2y) * (3x^2 + 1)$$

우리는 $y = x^3 + x$임을 알고 있으므로 이 식을 x만의 식으로 표현할 수 있습니다.

$$\frac{\delta f}{\delta x} = (2(x^3 + x)) * (3x^2 + 1)$$

$$\frac{\delta f}{\delta x} = (2x^3 + 2x)(3x^2 + 1)$$

아마 어떤 분들은 왜 처음부터 x에 대해 f를 작성하고, 이 다항식에 대해 지수 규칙을 적용해 미분하지 않았느냐고 생각할 수 있을 것입니다. 그렇게 할 수도 있었지만 강력한 도구인 연쇄 법칙을 잘 설명하기 위해 의도적으로 이렇게 구성

했음을 알립니다.[2]

다른 변수들과 독립적인 변수를 처리하는 방법을 익히기 위해, 마지막으로 하나의 예를 더 보겠습니다.

다음과 같은 함수가 있습니다.

$$f = 2xy + 3x^2z + 4z$$

이 함수에서 x, y, z는 서로 간에 독립적입니다. 독립적이라는 의미는 x, y, z는 어떤 값이든 될 수 있으며 다른 변수가 어떤 값을 가지든 상관하지 않으며, 다른 변수들의 변화에 영향을 받지 않는다는 의미입니다. 앞의 예에서처럼 $y = x^3 + x$이라면 y는 x에 영향을 받게 됩니다.

여기에서 $\delta f / \delta x$는 어떻게 될까요? 식을 부분으로 나눠서 보겠습니다. 첫 번째 부분은 $2xy$이므로 이를 x에 대해 미분하면 $2y$가 됩니다. 이렇게 간단한 이유는 y가 x에 대해 독립적이기 때문입니다. $\delta f / \delta x$로 구하고자 하는 것은 x가 변화할 때 f가 어떻게 변화하느냐는 것뿐입니다. 만약 y가 x와 독립이라면 우리는 y를 상수로 취급할 수 있게 됩니다. 그저 2, 3, 10과 같은 숫자처럼 말입니다.

두 번째 부분은 $3x^2z$입니다. 규칙을 이용해 미분하면 $2*3xz = 6xz$를 얻게 됩니다. 여기에서도 x와 z는 서로 독립적이기 때문에 우리는 z를 그저 2, 4, 100과 같은 상수로 취급하게 됩니다. z의 변화가 x에 전혀 영향을 끼치지 않는 것입니다.

마지막 부분은 $4z$로 아예 x가 포함되어 있지 않습니다. 따라서 이 부분은 상수로 취급되며 완전히 없어져버립니다.

최종 답은 다음과 같습니다.

---

[2] 이 방법을 이용해서 미분을 하면 이렇게 됩니다. $f = (x^3 + x)^2$인 상태에서 $f' = 2*(x^3 + x)(x^3 + x)' = 2*(x^3 + x)(3x^2 + 1) = (2x^3 + 2x)(3x^2 + 1)$. 따라서 동일한 결과를 얻게 됩니다.

$$\frac{\delta f}{\delta x} = 2y + 6xz$$

이 예에서 중요한 점은 독립적인 변수들은 과감히 무시한다는 점입니다. 이를 잘 기억하면 상당히 복잡한 수식에 대해서도 미분을 수월하게 할 수 있게 됩니다. 물론 우리가 신경망을 만들어나갈 때에도 큰 힘이 될 것입니다.

스스로 하는 미분!

여기까지 오셨다면 정말 잘하신 겁니다!

이제 여러분은 미분이 무엇인지에 대해 통찰력을 가지게 되었으며 근사치에서 시작해서 점점 더 개선해나간다는 점도 이해하게 되었습니다. 일반적으로는 풀기 어려운 문제에 미분을 활용해 도전할 준비가 된 것입니다.

부록 A에서 학습한 지수 감소와 연쇄 법칙이라는 두 기법을 통해 우리는 신경망의 동작 원리에 대한 이해뿐만 아니라 다양한 상황에서 미분을 수행할 능력을 가지게 되었습니다.

앞으로 여러분의 새로운 능력을 맘껏 활용하기 바랍니다!

라즈베리 파이에서의 신경망 구현

부록 B에서는 라즈베리 파이에서 IPython을 활용해보겠습니다.

지면을 할애해 이런 작업을 하는 이유가 있습니다.

- 라즈베리 파이는 노트북에 비해 훨씬 더 **저렴**하기 때문에 보다 많은 사람에게 **접근성**이 좋습니다.
- 라즈베리 파이는 매우 오픈되어 있습니다. 라즈베리 파이는 **무료**로 제공되는 **오픈소스**인 리눅스 운영체제에서 돌아가는데, 리눅스 내에 들어가는 소프트웨어들도 파이썬을 비롯해 무료이며 오픈소스인 소프트웨어들로 구성되어 있습니다. 오픈소스가 가치가 있는 이유는 기본적으로 작동 원리를 이해할 수 있고 내 작업을 남들과 공유할 수 있으며 내 작업물 위에 다른 사람들이 추가적인 작업을 할 수 있다는 점입니다. 교육은 동작 원리를 배우고 자신만의 것을 만들어보는 것이어야 하지, 코드를 볼 수도 없는 상품화된 소프트웨어를 사는 것을 배우는 것이 되어서는 안 됩니다.
- 이런저런 이유로 라즈베리 파이는 소프트웨어나 하드웨어 구축 등 컴퓨터를 배우고자 하는 어린이와 학생에게 매우 인기가 있습니다.
- 라즈베리 파이는 PC나 노트북만큼 강력한 성능을 가지고 있지는 않습니다. 그럼에도 파이썬을 이용한 신경망을 라즈베리 파이에서 구현할 수 있다는 것을 증명하는 것은 충분히 흥미로우면서도 가치 있는 도전이 될 것입니다.

필자는 일반적인 라즈베리 파이보다 작고 저렴한 '라즈베리 파이 제로'를 사용할 것입니다. 따라서 신경망을 돌리는 작업이 더욱 해볼 만한 가치가 있는 작업이 될 것 같습니다. 라즈베리 파이 제로는 4파운드(미화 5달러) 정도면 구매할 수 있습니다.

제 라즈베리 파이는 이렇게 생겼습니다. 동전과 비교해보면 얼마나 작은지 실감할 수 있을 것입니다.

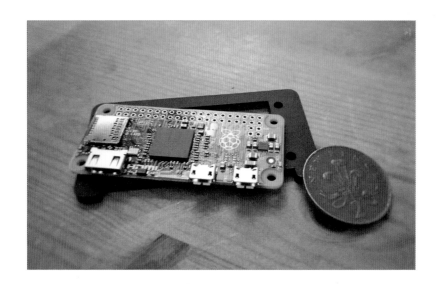

IPython 설치

이제부터 여러분이 라즈베리 파이를 구했고 키보드와 마우스, 모니터, 그리고 인터넷에 접속할 수 있는 상태라고 가정하겠습니다.

운영체제에는 몇 가지 옵션이 가능하지만, 우리는 라즈베리 파이의 공식 운영체제로 가장 많이 사용되는 라즈비안Raspbian이라는 운영체제를 사용하겠습니다. 라즈비안은 유명한 데비안 리눅스 배포판을 기반으로 해 라즈베리 파이에서 잘 동작하도록 만들어진 운영체제입니다. 여러분의 라즈베리 파이에는 대부분 이 운영체제가 이미 설치되어 있을 것입니다. 만약 그렇지 않다면 문서를 읽어보고 설치하기 바랍니다(https://www.raspberrypi.org/downloads/

raspbian/). 만약 운영체제를 직접 설치하는 것이 부담스럽다면 운영체제가 설치되어 있는 SD 메모리 카드를 구입하는 것도 가능합니다.

라즈베리 파이를 구동하면 다음과 같은 바탕화면을 보게 됩니다. 저는 바탕화면 그림이 다소 산만해서 제거했습니다.

좌측 상단에 메뉴 버튼과 함께 몇 가지 단축 아이콘이 존재하는 것을 확인할 수 있습니다.

우리는 IPython을 설치함으로써 웹브라우저에 IPython 노트북을 띄워 작업할 것입니다. 소스 코드 파일이나 명령어에 대해 걱정할 필요 없이 말입니다.

IPython을 설치하기 위해 명령어를 이용해보겠습니다.

상단에 검은색 모니터의 모양을 가진 단축 아이콘을 클릭해 터미널 응용프로그램을 열겠습니다. 이 아이콘 위에 마우스를 올려보면 자신이 터미널이라고 알려줄 것입니다. 이를 실행하면 다음과 같이 검은 상자 창이 뜹니다. 우리는 이 창 안에서 명령을 내릴 것입니다.

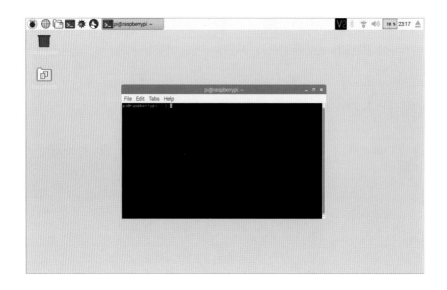

라즈베리 파이에서 시스템에 중요한 변화를 야기하는 명령은 아무나 내리지 못합니다. 특별한 권한을 가져야만 가능합니다. 터미널에 다음과 같이 입력하겠습니다.

```
sudo su -
```

이 명령을 내리면 프롬프트가 달러 기호($)에서 해시 기호 (#)로 변하게 됩니다. 이는 이제 여러분이 특별한 권한을 얻었으며 중요한 작업을 할 수 있게 되었다는 것을 의미하는데, 한편으로는 그만큼 명령을 내릴 때 주의를 더 기울여야 한다는 의미이기도 합니다.

다음 명령어를 입력하면 여러분의 라즈베리에 설치되어 있는 소프트웨어들의 목록을 갱신하고, 최신 버전으로 업데이트합니다. 때로는 추가적으로 필요한 소프트웨어를 함께 설치하기도 합니다.

```
apt-get update
apt-get dist-upgrade
```

최근에 소프트웨어를 업데이트한 적이 없다면 많은 소프트웨어들이 업데이트를 수행할 것입니다. 이 과정에서 수많은 텍스트가 정신 없이 지나가는 것을 보게 될 것입니다. 대부분은 무시하고 그냥 두면 됩니다. 가끔 업데이트 중간에 멈춰 업데이트의 허락을 요구하는 경우가 있을 텐데, 이때에는 그저 y를 눌러 계속 진행하면 됩니다.

모든 업데이트가 끝났다면 IPython을 설치하기 위한 명령을 내릴 차례입니다. 이 책을 집필하고 있는 현재 기준으로 라즈비안의 소프트웨어 패키지에는 우리가 앞에서 이용했던 것처럼 깃허브에 올리고 누구나 이를 보고 다운로드할 수 있게 해주는 최신 버전의 노트북이 포함되어 있지 않습니다. 이 경우 `apt-get install ipython3 ipython3-notebook` 같은 명령을 실행합니다.

노트북을 굳이 깃허브에 올릴 필요가 없다면 그냥 라즈베리 파이에 딸려 오는 예전 버전의 IPython과 노트북을 사용해도 됩니다.

정말 최신의 IPython과 노트북 소프트웨어를 설치하려면 파이썬 패키지 인덱스로부터 보다 최신의 소프트웨어를 얻기 위해 `apt-get` 명령어뿐만 아니라 `pip` 명령어를 사용해야 합니다. 차이점은 `pip`는 운영체제의 소프트웨어 매니저인 `apt`가 아니라 파이썬에 의해 관리된다는 점입니다. 다음 명령을 통해 원하는 모든 것을 얻게 됩니다.

```
apt-get install python3-matplotlib
apt-get install python3-scipy

pip3 install jupyter
```

설치 관련된 텍스트들이 화면에서 지나간 다음에 설치 작업이 완료될 것입니다. 설치에 걸리는 시간은 여러분의 라즈베리 파이 모델과 인터넷 속도에 따라 다소 차이가 있을 것입니다. 필자의 경우 설치가 완료된 화면은 다음과 같았습니다.

라즈베리 파이는 보통 SD 카드라고 불리는 메모리 카드를 사용합니다. 디지털 카메라에 사용하는 메모리 카드와 비슷하다고 생각하면 됩니다. 라즈베리 파이는 일반적인 컴퓨터처럼 큰 저장 공간을 가지고 있지 않습니다. 다음 명령어를 통해 설치 과정에만 필요한 소프트웨어 패키지들을 삭제하겠습니다.

```
apt-get clean
```

라즈비안 최신 버전은 에피파니 웹 브라우저를 크로미엄(크롬의 오픈소스 버전)으로 교체했습니다. 에피파니는 크로미엄보다 훨씬 가볍고 라즈베리 파이 제로에서 더 잘 작동합니다. 따라서 에피파니를 IPython 노트북을 사용할 기본 브라우저로 설정하기 위해 다음 명령어를 입력합니다.

```
update-alternatives --config x-www-browser
```

그러면 현재 기본 브라우저를 보여주고 새로운 기본 브라우저를 선택하라고 물어볼 것입니다. 에피파니에 해당하는 번호를 선택하면 됩니다.

모든 설치 작업이 완료되었습니다. 커널 업데이트처럼 라즈베리 파이의 핵심부를 건드리는 중요한 업데이트를 한 분이 있다면 라즈베리 파이를 재구동하는 것도 좋을 것입니다. 라즈베리 파이의 재구동은 좌측 상단의 메인 메뉴의 하부 메뉴로 존재하는 **Shutdown**을 클릭한 후 이때 나오는 창에서 **Reboot**를 선택하면 됩니다.

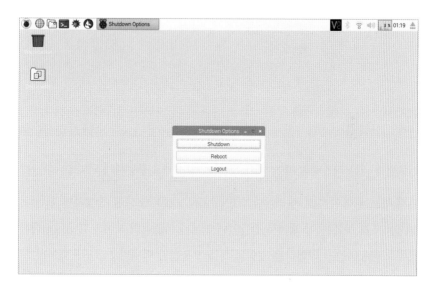

라즈베리 파이가 재구동되면 터미널에서 아래 명령어를 입력해 IPython을 시작합니다.

```
jupyter-notebook
```

명령어를 실행하면 웹 브라우저가 자동으로 열리면서 IPython 메인 페이지가 보일 것입니다. 이제 여러분은 새로운 IPython 노트북을 만들 수 있습니다. 주피터는 노트북을 돌리기 위한 새로운 소프트웨어입니다. 많은 분들이 **ipython3 notebook**이라고 명령어를 입력해왔을 텐데, 이 명령어도 당분간은 함께 사용이 가능할 것입니다.

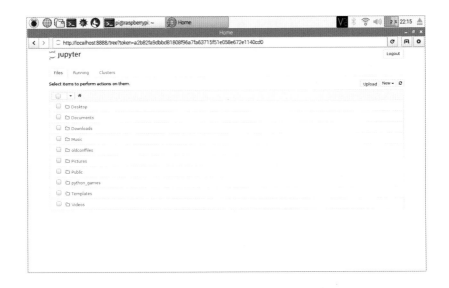

이로써 우리는 라즈베리 파이에 IPython을 설치하고 구동하게 되었습니다!

이제 평소에 하던 대로 여러분만의 IPython 노트북 코드를 작성하면 됩니다. 하지만 우리 목표는 이 책에서 만들었던 코드가 라즈베리 파이의 IPython에서 제대로 작동하는지 확인하는 것이었죠. 노트북뿐만 아니라 MNIST 데이터 모음도 깃허브에서 구하겠습니다. 웹브라우저의 새로운 탭에서 이 책의 깃허브 저장소로 이동합시다(`https://git.io/vXCXO`).

깃허브 프로젝트 페이지가 나오면 우측 상단의 [**Clone or download**] 버튼을 클릭해서 파일을 다운로드합니다.

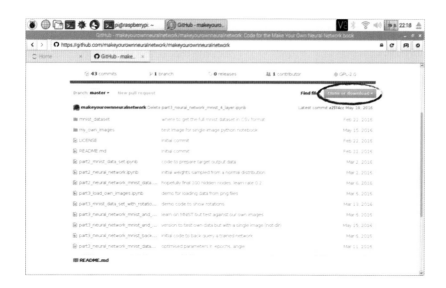

혹시 에피파니에서 버튼을 눌러 다운로드가 되지 않는다면 주소창에 다음 주소를 입력해서 파일을 다운로드합니다.

```
https://github.com/makeyourownneuralnetwork/makeyourownneuralnetwork/archive/
master.zip
```

다운로드가 끝나면 브라우저가 알려줄 것입니다. 새로운 터미널을 열고 다음 명령어를 통해 파일의 압축을 해제한 후, 압축 원본은 삭제해 디스크 공간을 확보하기 바랍니다. 경로는 각자의 환경에 따라 다를 수 있습니다.

```
unzip Downloads/makeyourownneuralnetworkmaster.zip
rm f Downloads/makeyourownneuralnetworkmaster.zip
```

파일들은 makeyourownneuralnetwork-master라는 디렉터리에 풀릴 것입니다. 원한다면 보다 짧은 이름으로 변경해도 좋습니다.

깃허브 사이트는 큰 파일을 업로드하는 것을 허용하지 않기 때문에 미니 버전의 MNIST 데이터만 올려뒀습니다. 전체 데이터를 다운로드하려면 **mnist_dataset** 디렉터리로 이동한 후 다음 명령어를 실행하면 됩니다. 이를 통해 CSV 포맷으로 된 전체 학습/테스트 데이터 모음을 다운로드할 수 있습니다.

```
cd makeyourownneuralnetworkmaster/mnist_dataset
wget c http://pjreddie.com/media/files/mnist_train.csv
wget c http://pjreddie.com/media/files/mnist_test.csv
```

다운로드에 걸리는 시간은 인터넷 접속 상태나 라즈베리 파이의 모델에 따라 다소 차이가 있을 것입니다.

이제 IPython 노트북과 MNIST 데이터의 준비를 완료했습니다. 방금 명령을 수행했던 터미널은 닫되, IPython을 실행했던 터미널은 그대로 둡니다.

웹 브라우저로 돌아가보면 **makeyourownneuralnetwork-master**라는 새로운 폴더가 보일 텐데, 이 폴더를 클릭해 들어갑니다. 폴더에 있는 모든 노트북이 정상적으로 열려야 합니다. 폴더 내 노트북 목록은 다음과 같을 것입니다.

작동 여부 확인하기

신경망을 학습시키고 테스트하기 전에 파일을 읽고 이미지를 출력하는 작업이 잘 되는지 확인하겠습니다. part3_mnist_data_set_with_rotations.ipynb 노트북을 열어보겠습니다. 다음 그림과 같이 노트북이 열리고 실행될 준비가 되어야 정상입니다.

Cell 메뉴에서 Run All을 클릭해 노트북의 모든 명령을 실행합니다. 여러분의 컴퓨터에서 작업할 때와는 다르게 시간이 좀 걸릴 것입니다. 잠시 후 회전된 숫자의 이미지를 볼 수 있어야 합니다.

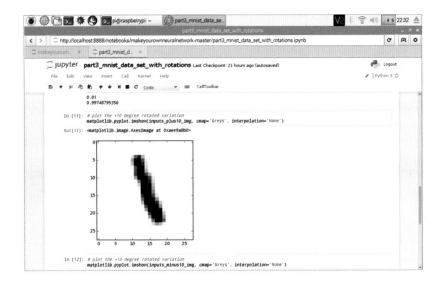

이를 통해 파일로부터 데이터를 불러오고 행렬, 이미지, 시각화를 위한 파이썬 확장 모듈을 불러오는 작업이 모두 성공적으로 동작했음을 확인할 수 있습니다.

이제 **File** 메뉴에서 **Close and Halt**를 클릭해 노트북을 닫습니다. 그냥 브라우저의 탭을 닫지 말고 이런 식으로 노트북을 닫아주는 것을 권장합니다.

신경망의 학습과 테스트

이제 신경망을 학습시켜보겠습니다. part2_neural_network_mnist_data. ipynb 노트북을 열기 바랍니다. 이 노트북은 21장에서 우리가 만든 파일과 같은 내용이고 이번에는 라즈베리 파이에서 이용하고자 하는 프로그램입니다. 이미지를 회전한다거나 하는 작업은 포함되지 않았으므로 비교적 간단한 코드입니다. 라즈베리 파이는 일반적인 컴퓨터보다 많이 느리기 때문에 연산을 줄이기 위해 일부 매개변수는 사용하지 않는 게 좋습니다. 프로그램이 돌아가는 몇 시간 내내 기다리다가 포기해버리는 것보다는 낫습니다.

필자의 경우 은닉 노드의 개수를 10개로, 주기를 1로 대폭 줄였습니다. 하지만 데이터는 미니 버전이 아닌 전체 버전의 MNIST를 사용했습니다. **Cell** 메뉴의 **Run All**을 클릭해 실행해보십시오. 그리고 기다립니다….

제 경우 PC에서는 1분이면 끝났을 작업이 25분이나 걸렸습니다. 라즈베리 파이의 가격이 PC의 1/400 정도에 불과하다는 점을 고려하면 그렇게 느린 것도 아니죠? 사실 필자는 밤새 돌아갈 것으로 예상했기에 그렇게 나쁜 결과는 아닌 것 같습니다.

이로써 우리는 불과 4파운드(미화 5달러) 가격의 라즈베리 파이 제로에서도 IPython 노트북을 이용해 신경망을 학습하고 테스트하는 코드를 작성할 수 있다는 사실을 증명해 보였습니다. 단지 시간이 좀 더 걸렸을 뿐입니다!

INDEX

INDEX